고사성어로 읽는 정사 삼국지

고사성어로 읽는 정사 삼국지

2022년 10월 6일 초판 1쇄 인쇄
2022년 10월 17일 초판 1쇄 발행

펴낸곳 이로츠
지은이 정원제
출판등록 2016년 3월 15일(제2016-000023호)
주소 서울특별시 은평구 녹번동 107-2번지 201호
문의 yrots100@gmail.com
ISBN 979-11-980209-0-1(04900)

979-11-957768-7-0 (세트)

고사성어로 읽는 정사 삼국지

정원제 지음 | 허진모 감수

머리말

본서는《허진모 삼국지》를 집필하는 과정 중 어느 시기에서부터인가 조금씩 자라난 것이다. 처음에는 권말 부록이나 중간에 삽입하는 글 정도로 여기며 가볍게 정리하기 시작했다. 하지만 점차 분량이 늘어나고 내용이 깊어지면서 전체 이야기의 흐름을 위해서라도 독립시키는 편이 낫겠다고 판단하였다. 그리하여《허진모 삼국지》의 후반 작업이 한창이던 시기부터 필자가 도맡아서 집필하게 되었고 이제야 세상에 내어놓는다.

그런데 본서에 등장하는 고사성어들이 모조리 삼국지 이야기에서 유래한 것은 아니다. 우리에게 익숙한 고사성어들 중에 삼국지에서 유래한 고사성어들이 많은 것은 사실이지만, 그래도 백년에 가까운 세월 속에 흩어놓으면 아무 것도 아니다. 때문에 본서는 정사《삼국지(三國志)》와

《삼국지연의(三國志演義)》에서 인용된 다양한 고사성어들도 함께 다루고 있다. 아울러 독자들이 자연스럽게 이야기의 흐름을 따라갈 수 있도록 징검다리처럼 구성하였다. 비록 그림은 없지만 마치 '삼국지 만화'같은 느낌이 들기를 바라는 바이다.

끝으로 감사의 말을 전하며 마무리하겠다. 사실 개인적으로, 서문 말미에 감사 인사하는 것을 별로 좋아하지 않는다. 수많은 시상식에서 수상자들이 감사한 분들 나열하는 모습이 너무 식상했기 때문이다. 하지만 이번만큼은 필자도 그런 식상한 행동을 해야 할 것 같다. 본서에 대한 감수와 함께 다양한 조언을 아끼지 않고 해주었던 허진모 작가에게 감사한 마음을 전하고자 한다. 덕분에 기나긴 작업을 무사히 마무리할 수 있었다.

《사기(史記)》에 부기지미(附驥之尾)라는 말이 있다. '파리가 천리마의 꼬리에 붙어 천리를 간다'는 말이다. 그간 커다란 천리마에 붙어서만 가던 작은 파리 한 마리가 이제 가냘픈 날갯짓을 시작하려 한다.

-2022년 9월 정원제

일러두기

1. 본서는 삼국지 이야기의 정사(正史)를 근간으로 하여 진행하였다. 중간 중간 《삼국지연의》와 비교하여 읽는 묘미를 더하였고 연의의 저자가 정사를 어떻게 각색하였는지도 살펴볼 수 있게 하였다.

2. 본문과 별도로 짙게 색칠된 부분에는, 해당 고사성어가 유래한 배경 등을 자세히 설명하고 있다. 정사의 흐름을 먼저 즐기고 싶은 독자라면 색칠된 부분을 스킵하고 다음 이야기로 넘어가도 무방하다.

3. 짙게 색칠된 부분에는 삼국시대 이전 춘추전국시대와 진한(秦漢)시대의 이야기들이 다수 포함되어 있다. 권말에 수록된 '삼국시대 이전 간략 연표'를 참조하면서 읽다보면 삼국시대 이전 중국사도 대략적인 개요를 잡을 수 있을 것이다.

4. 삼국지의 줄거리를 어느 정도 알고 있는 독자라면 본서를 군이 처음부터 차례대로 읽지 않아도 된다. 먼저 읽고픈 대목이나 궁금한 고사성어부터 찾아 읽어도 이해할 수 있도록 구성하였다. 간혹 서로 긴밀하게 이어지는 이야기가 있더라도 해당 챕터를 넘어가지는 않는다.

5. 본서는 진수가 편찬한 《삼국지(三國志)》와 배송지주 그리고 《후한서(後漢書)》와 《진서(晉書)》에 기록된 정사를 위주로 구성하였으며 《삼국지연의》에서 인용한 경우 반드시 《삼국지연의》 혹은 《연의》에 의해 기술한다고 밝혔다.

6. 본문에 등장하는 연도 및 인물들의 연령은 《사기(史記)》〈표(表)〉(신동준 역), 《원본역주 정사 삼국지》(진기환 역), 《자치통감(資治通鑑)》(권중달 역), 《전국책(戰國策)》(신동준 역)을 주로 참조하였으며 필요에 따라 다른 자료를 참조하여 보완하였다. 하지만 언제나 이와 다른 주장이나 설도 있을 수 있으므로 1~2년 정도 차이가 날 수 있음을 알려둔다.

7. 인명 중 독음이 여러 가지인 경우 통상적으로 널리 사용되는 경우를 따르며, 필요에 따라 《설문해자(說文解字)》, 《한한한대자전(漢韓大字典)》(민중서림), 《한한대사전(漢韓大辭典)》(장삼식 저) 등 다양한 자료를 참조하여 표기하였다.

8. 본서에 등장하는 고사성어는 크게 네 종류로 나눌 수 있다.

첫째, 정사에서 유래한 고사성어이다. 정사 《삼국지》나 배송지주에 기록된 내용에서 유래한 고사성어를 말한다. 〈정사 유래〉로 약칭하겠다.

(⑩ 삼고초려(三顧草廬), 백미(白眉))

둘째, 정사에서 유래하지는 않았지만 등장인물들이 인용한 고사성어이다. 정사《삼국지》나 배송지주에서 확인할 수 있지만 유래는 삼국시대보다 이전인 고사를 말한다. 본서에 등장하는 고사성어 중 가장 높은 비중을 차지한다. 〈정사 인용〉으로 약칭하겠다. (⑩ 득롱망촉(得隴望蜀), 순망치한(脣亡齒寒))

셋째,《삼국지연의》에서 유래한 고사성어이다. 즉 정사에서 해당 문구나 구체적인 사건을 찾을 수 없고《삼국지연의》에서 유래한 것으로 인정되는 경우이다. 본서에 등장하는 고사성어 중 가장 낮은 비중을 차지한다. 〈연의 유래〉로 약칭하겠다. (⑩ 도원결의(桃園結義), 오관참육장(五關斬六將))

넷째,《삼국지연의》에서 인용한 고사성어이다. 정사에서는 등장하지 않고《삼국지연의》에서만 볼 수 있는 고사성어이다. 유래는《삼국지연의》성립 시기보다 이전인 경우에 해당한다. 〈연의 인용〉으로 약칭하겠다. (⑩ 양금택목(良禽擇木), 탐낭취물(探囊取物))

아울러 유래와 인용 사이에서 논란이 있는 성어들도 일부 있음을 양해해주기 바란다. 또한 고사성어의 유래에 대한 필자의 견해도 부족한 부분이 많음을 미리 밝혀둔다.

차례

1장. 흩날리는 흙먼지

2장. 호걸들의 각축

9장. 분구필합(分久必合)

흩날리는 흙먼지

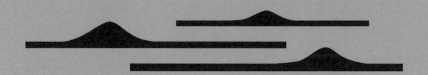

혼란의 시작

때는 바야흐로 후한(後漢) 말, 조정은 날로 어지러워지고 백성들의 삶은 하루가 다르게 점점 더 피폐해져 간다. 환관과 간신들이 득세하며 나라는 더욱 흔들리는 악순환이 이어지는 시기이다.

십상시 十常侍

10여 명의 중상시   -《정사》 유래

후한 말 황제의 곁에서 권력을 휘둘렀던 12명의 환관들을 일컫던 말이다. 시대와 제도가 달라진 현재에도 지도자를 병풍처럼 둘러싸고서 권력을 농단하는 이들을 가리키는 표현으로 널리 사용되고 있다.

서기 168년, 13세의 영제(靈帝)가 후한의 천자로 즉위하였다. 영제가 즉위할 당시부터 이미 환관들의 세력은 매우 막강하였다. 그리고 이는 영제가 성장해 34세의 나이로 병사할 때까지도 지속되었다. 중상시(中常侍)란 황제를 시중드는 직책 중 하나로, 영제의 곁에는 12명의 중상시가 있었다. 당시 이들을 한데 아울러 십상시(十常侍)라 불렀다. 이 중에서 가장 중심인물은 장양(張讓)과 조충(趙忠)이었다. 그런데 영제는 평소 "장양은 내 아버지이고 조충은 내 어머니이다(張常侍是我公 趙常侍是我母)"라고 말하곤 했다.

이들은 황제의 권력을 빙자하여 전횡을 저지르며 지방관들로부터 엄

청난 뇌물을 받고 있었다. 이는 자연스레 백성들에 대한 수탈로 이어졌고 결국 184년, 장각(張角)을 우두머리로 한 황건적(黃巾賊)이 봉기하기에 이른다. 이에 장균(張鈞)이란 신하가 '성난 민심을 달래기 위해 십상시들을 처단해야 함'을 간곡히 상서하였다. 하지만 영제는 오히려 십상시들을 두둔하며 장균의 상서를 묵살해버렸다.

✚ 한(漢)의 관직은 3공(公) 9경(卿)을 근간으로 한다. 지금 우리나라와 비교해보자면 국무총리와 부총리 그리고 여러 명의 장관들로 정부가 구성되는 것과 비슷하다. 그러니 경(卿)이라 하면 장관급이라 할 수 있겠다.

9경 중에 소부(少府)가 있다. 궁중에서 사용하는 각종 의복, 물자 등을 담당하는 직책이다. 그리고 소부의 속관 중에 상서령(尚書令), 시중(侍中) 등이 있다. 시중(侍中)은 임금의 좌우에서 서무 등 각종 업무를 보좌하는 역할이다. 현대의 비서실 역할에 해당한다. 그런데 시중은 환관(宦官)이 아니지만, 시중의 속관들은 대부분 환관들이었다. 이들 환관들이 황제 바로 옆에서 밤낮으로 임금을 모시는 것이다. 이들의 직책으로 중상시, 황문시랑(黃門侍郎), 소황문(小黃門), 황문령(黃門令) 등이 있다.

간략하게 말하자면 소부(少府)가 장관급, 시중이 차관급, 중상시가 국장급, 그이하 직책은 차장급 정도에 해당할 것이다. 중상시는 명문화된 정원이 없지만 전한 초기에는 4명이었다고 한다. 이후 점차 늘어 후한 말 영제 시절에는 12명에 이르렀던 것이다.

●《후한서(後漢書)》〈환자열전(宦者列傳)〉

봉기 蜂起

벌떼처럼 세차게 일어나다

-《정사》인용

민중들이 반기를 들고 일어나는 상황을 일컫는 말이다. 현재는 반란, 반역,
폭거 같은 표현에 비하여 정당한 행동이라는 의미를 나타낸다. 하지만 과거
에는 반란과 별 차이 없이 부정적인 의미로 사용되었다.

낙양의 북동편에 위치한 거록(鉅鹿)군에 장각(張角)이라는 자가 있었다.
장각은 대현양사(大賢良師)를 자칭하면서 부적 태운 잿물과 주문으로 병
자들을 치유했다. 이후 장각을 믿고 따르는 이들이 점차 늘어나게 되었
다. 그러자 장각은 제자들을 각지로 보내 백성들을 현혹하게 하였다. 아
울러 그를 따르는 무리가 늘어나면서 점차 조직화되기 시작했다. 그리
고 마침내 184년 2월, 각 지역에서 일시에 반기를 들고 일어났다. 이때 이
들은 머리에 누런 수건(黃巾)을 둘러 표지로 삼았기에 황건적(黃巾賊)이라
불리었다. 이렇게 일어난 난리가 천하에 큰 파장을 몰고 왔던 것이다.

"원망의 기운이 위로 들끓고 요망한 도적떼가 벌떼같이 일어나기에
이르렀습니다(至使怨氣上蒸 妖賊蜂起)." 이는 189년에 동탁(董卓)이란 자가
올린 상소의 일부분이다. 수년간 천하를 뒤흔들었던 황건적의 환란을
'요망한 도적들이 벌떼같이 일어났다'는 말로 함축한 것이다.

✚ 사마천(司馬遷)은 《사기(史記)》에서 진시황(秦始皇) 사후 진(秦)의 상황에 대해 이렇게 평한 바 있다. '진(秦)의 정치가 무너지자 진승(陳勝)이 먼저 반기를 들었다. 이후 사방의 호걸들이 벌떼처럼 일어나며 서로 다투니 그 수를 이루 헤아릴 수가 없었다(豪傑蠭起 相與并爭 不可勝數).'

여기서 蠭(봉)은 蜂(벌 봉)과 같은 의미로 통용되는 글자이다. 그런데 '벌떼들이 확 일어나는 모습'을 형용하기에는 蜂(봉)보다 蠭(봉)이 좀 더 적합해 보인다. 진승이 거병한 시기는 진시황이 사망하고 1년이 지난 BC 209년 7월이었다.

후한 때 편찬된 자전인 《설문해자(說文解字)》에서는 蠭(봉)의 아랫부분인 蚰도 하나의 독립된 부수였다. 굳이 비교하자면 虫이 하나만 있는 글자들에 비해 벌레 떼의 의미가 좀 더 강하다고 볼 수 있다. 지금 우리에게 익숙한 글자로는 蠢(꿈틀거릴 준)과 蠶(누에 잠)을 예로 들 수 있는데, 蠢(꿈틀거릴 준)의 용례로는 준동(蠢動)이 대표적이다. '준동'의 사전적 의미는 '벌레 따위가 꿈쩍거리다, 하찮은 무리나 불순한 세력 등이 소란을 피우다'이다.

즉 갖가지 벌레들의 알이 겨우내 땅속에 묻혀 있다가 봄에 부화하여 애벌레 상태로 꿈틀꿈틀 땅위로 기어 올라오는 모습을 연상하면 되겠다. 자세히 살펴보면 蠢(준) 한 글자 속에 이런 풍경이 함축되어 있다. 아울러 오랜 세월 쌓인 민중들의 불만이 서서히 표출되는 상황을 '준동'으로 표현하기도 한다. 위정자들의 입장에선 벌레들의 꿈틀거림 정도로 보였을 테지만, 당시 후한의 상황은 이런 민초들의 준동이 점차 봉기의 형태로 가시화되고 있었다.

● 《사기(史記)》〈항우본기(項羽本紀)〉,
《삼국지(三國志)》〈위서(魏書) 동이원유전(董二袁劉傳)〉〈배송지주 속한서(續漢書) 인용〉

종풍이미 從風而靡

바람에 휩쓸리듯 쓰러지다

-《연의》인용

바람이 불어 풀이 일제히 쓰러지는 모습을 표현한 성어이다. 참고로 현대에는 '한 시대를 풍미(風靡)하다'는 형태로 흔히 접할 수 있다.

184년 2월, 장각을 우두머리로 한 황건적들이 일제히 봉기하였다. 이때 장각은 천공장군(天公將軍)을 자칭하였고, 그의 동생 장보(張寶)와 장량(張梁)은 각각 지공장군(地公將軍)과 인공장군(人公將軍)이라 칭하였다. 이후 황건적의 무리들은 전국 각지에서 관청을 불태우고 마을을 노략질하기 시작했다. 이에 여러 주군(州郡)에서 관청을 빼앗겼고 관리들은 도망치기에 바빴다. 채 열흘도 지나지 않아 온 나라가 들끓었다.

　여기서《연의》의 표현을 살펴보겠다. 사방에서 누런 수건을 머리에 두르고 장각을 따라 반란에 가담한 백성들이 수십만에 이르렀다. 이러한 황건적의 세력이 워낙 거대하여 관군은 마치 바람 불면 쓰러지는 풀과 같이 무너졌다(賊勢浩大 官軍望風而靡).

✛ BC 205년 10월, 한(漢)의 명장 한신(韓信)이 정형(井陘)에서 조(趙)나라를 상대로 대승을 거두었다. 물을 등지고 진을 쳐서 싸웠던 이른바 '배수진(背水陣)'으로 유명한 전투이다. 이 전투에서 한신은 장군 이좌거(李左車)를 생포하였다. 그런데 한신은 이좌거를 마치 스승 대하듯 매우 존중하며 예우하였다.

"이제 저는 북쪽으로 연(燕), 동쪽으로 제(齊)를 치려고 합니다. 어찌해야 공을 세울 수 있겠습니까?"라며 계책을 물었다. 이에 이좌거가 "신은 패망한 나라의 포로입니다. 어찌 그런 큰일을 꾀할 수 있겠습니까?"라며 사양하였다. 하지만 한신이 재차 간곡하게 조언을 구하니 결국 자신의 의견을 말하였다.

"지금 장군을 위한 계책으로는 진군을 멈추고 군사들을 쉬게 하면서 조나라를 살피는 것이 최선입니다. 그런 연후에 유세하는 이를 보내 장군의 장점을 알리기만 하면 됩니다. 그러면 연나라는 복종하지 않을 수 없을 것입니다. 연나라가 복종한 후에 제나라로 유세하는 이를 보내 이를 알리도록 하십시오. 그러면 제나라도 따르게 될 것입니다. 자고로 용병할 때는 먼저 기세로 적의 사기를 꺾은 후에 싸운다 하였으니 이를 두고 하는 말입니다."

이를 따르기로 한 한신이 연나라에 사자를 파견하였다. 그러자 연나라는 마치 바람에 휩쓸리듯 복종하였다(燕從風而靡).

● 《사기(史記)》〈회음후열전(淮陰侯列傳)〉,
《후한서(後漢書)》〈황보숭주준열전(皇甫嵩朱儁列傳)〉, 《삼국지연의》1회

부관참시 剖棺斬屍

관을 꺼내 시신의 목을 베다   -《정사》 인용

처형해야 할 죄인이 이미 사망해버린 경우 시신을 꺼내어 목을 베는 끔찍한
형벌을 말한다.

황건적들의 움직임이 본격화되자 조정에서는 부랴부랴 군신회의를 소
집하였다. 그리하여 황보숭(皇甫嵩)과 주준(朱儁), 노식(盧植) 등에게 황건
적을 토벌하라는 중임을 맡기기로 하였다.

먼저 4월에 주준은 영천(潁川)군에서 벌어진 황건적과의 전투에서 패
하였다. 이에 5월 황보숭이 주준과 합세하여 영천군 내에 있는 장사(長社)
현을 확보하였다. 그러자 황건적은 수적 우위를 이용하여 장사현을 포위
하였다. 이에 황보숭과 주준은 바람이 거세게 부는 저녁에 불을 지르며
황건적들을 앞뒤에서 공격하였다. 이때 마침 조정에서 파견한 조조(曹操)
라는 30세의 장수도 힘을 보태며 대승을 거두었다. 이에 황보숭 등은 여
세를 몰아 인근 여남(汝南)군 등에 있는 황건적들까지도 물리쳤다.

이후 승전을 거듭한 황보숭은 10월, 광종(廣宗)현에서 장각의 동생 장
량(張梁)과 맞붙게 되었다. 그런데 이때 장량이 이끄는 무리들은 훈련이
잘 된 정예병들이었다. 이에 황보숭은 일단 군영을 닫고 군사들을 쉬게
하면서 상황을 지켜보기 시작했다. 이후 황건적들의 경계가 풀어지는 틈
을 타 야간에 군사를 움직였다. 이에 갑작스런 급습을 당한 황건적은 대

패하였고 장량도 붙잡혀 처형되었다.

그런데 이 전투가 있기 얼마 전 황건적의 수장인 장각이 병사하고 말았다. 이에 황보숭은 장각의 관을 파낸 후 시신의 목을 베어 그 수급을 낙양으로 보냈다(乃剖棺戮屍 傳首京師). 그리고 11월에는 장각의 남은 동생 장보(張寶)마저 전투에서 패한 뒤 붙잡혀 처형되었다. 이렇게 장각 삼형제가 모두 사망함으로써 184년 2월에 처음 일어났던 황건적의 난은 해를 넘기지 않고 진압되었다. 그렇게 일단락되는 듯 보였다.

✚ 부관참시(剖棺斬屍)의 유래에 대해서는 명확하게 말하기 어렵다. 하지만 《사기(史記)》에서 이와 비슷한 사례를 찾아볼 수는 있다.

BC 506년, 오(吳)의 왕 합려(闔閭)가 초(楚)나라를 공격하였다. 합려는 아들 부차(夫差), 월(越)의 왕 구천(句踐)과 함께 수많은 이야기에 등장하는 인물이다. 그런데 이 공격에는 오자서(伍子胥)라는 인물도 참전하고 있었다. 오자서는 본래 초나라 출신이지만 BC 522년에 초평왕(楚平王)이 자신의 부친과 형을 주살하자 오나라로 망명하였다. 그리고 그동안 오직 초나라에 대한 복수만을 생각하며 살아왔다.

이렇게 펼쳐진 전투에서 오나라 군이 연이어 승리를 거두었고 마침내 초나라의 도성이 함락되었다. 그러자 오자서는 자신의 원한을 풀기 위해 오래 전에 사망한 초평왕의 무덤을 파헤친 뒤 그 시신을 꺼내 채찍질을 3백번이나 하였다(出其 尸 鞭之三百). 이른바 굴묘편시(掘墓鞭屍) 고사의 유래이다.

● 미상(未詳) / 《사기(史記)》〈오자서열전(伍子胥列傳)〉,
《후한서(後漢書)》〈황보숭주준열전(皇甫嵩朱儁列傳)〉

도원결의 桃園結義

복숭아나무 정원에서 의형제를 맺다.   -《연의》유래

비록 혈연은 아니지만 뜻을 같이 하는 사람들이 공동의 목적을 이루기 위해 결의(結義)함을 일컫는 말로 널리 쓰이는 표현이다.

낙양의 북동쪽에 탁군(涿郡)이라는 고을이 있었다. 여기에 유비(劉備)라는 청년이 홀어머니와 함께 살고 있었다. 어려서 부친을 여읜 유비는 신발과 자리를 짜서 팔아 생계를 유지하였다. 한때 유비는 노식(盧植)의 문하에서 공부한 적도 있다. 노식은 문무를 겸비한데다 매우 강직한 인물이었다. 유비가 노식에게 가르침을 받은 시기는 대략 175년에서 180년 사이, 즉 유비가 15세에서 20세 가량 되던 무렵이다. 하지만 유비는 독서보다는 호걸이나 협객들과 사귀는 것을 더 좋아했다. 나름 사교성이 좋았던지 유비를 따르는 이들이 꽤 많은 편이었다.

그러던 184년 황건적의 난이 일어났다. 이에 맞서 의병들도 각지에서 일어났고 유비도 군사를 일으켰다. 하지만 재산이 거의 없었던 유비는 당시 일대를 돌며 말을 팔던 상인들의 후원을 받아 군사를 모을 수 있었다. 이때 관우(關羽)와 장비(張飛)라는 호걸 두 명이 항상 유비를 따르며 호위하였다.

관우는 타 지역 출신으로 탁군에 숨어살다가 유비가 군사를 모을 때 함께 하게 되었는데 연배는 유비랑 엇비슷했다. 장비는 유비와 같은 탁

군 출신으로 나이는 두 사람보다 몇 살 정도 어렸다. 이들 셋은 항상 같은 침상에 기거하며 마치 형제처럼 지냈다(恩若兄弟). 아울러 함께 죽기로 맹세하기도 하였다(誓以共死). 이후 유비는 교위(校尉) 추정(鄒靖)을 따라 황건적 토벌에 참여하여 공을 세웠다.

《연의》에서는 이들이 복숭아나무 정원에서 하늘에 제사를 지내며 의형제를 맺는 장면이 자세히 묘사된다(於桃園中 備下烏牛白馬祭禮等項 三人 焚香 再拜而說誓). 청년 세 명이 이렇게 의리로 뭉친 것이다.

＋ 유비가 당대의 석학인 노식 문하에서 배울 수 있었던 것은 노식 또한 탁군 출신이었기 때문이다. 그런데 175년 무렵 노식은 구강(九江)군 태수에 임명되었다. 구강군은 장강(長江) 일대에 있는 고을로, 탁군과는 제법 거리가 있다. 노식은 구강군 일대에서 반역한 이민족들까지도 원만히 포섭하며 맡은 바 임무를 충실히 수행하였다.

이후 노식은 질병을 이유로 구강군 태수직을 사임하였지만 얼마 지나지 않아 여강(廬江)군의 태수로 다시 부임하게 된다. 그리고 1년 후엔 의랑(議郞)이 되어 입조한다. 당시 노식은 이런 식으로 탁군과 여러 임지를 오가는 생활을 이어가고 있었는데 그런 틈틈이 후학들을 가르쳤던 것이다. 이런 노식과 같은 뛰어난 인물이 근방에 있었던 것은 유비에게 큰 행운이었다고 하겠다. 그리고 이때 멀리 요서(遼西)군에서 탁군까지 유학 온 청년도 있었다. 이름은 공손찬(公孫瓚). 유비보다 나이가 몇 살 많아 유비가 늘 형처럼 따랐다고 한다.

● 삼국지(三國志)〈촉서(蜀書) 선주전(先主傳) / 관장마황조전(關張馬黃趙傳)〉,《삼국지연의》1회

2

무너져가는 한(漢)

황건적의 난을 겪었음에도 한(漢)의 조정은 아무런 교훈도 얻지 못하였다. 여전히 계속되는 환관들의 전횡과 뿌리 깊은 부정부패는 장차 어떤 결과를 초래하게 될 것인지!

매관매직 賣官賣職

관직을 팔다 — 《정사》 인용

관직을 돈으로 팔고 산다는 의미로 부정부패가 만연한 상황을 대표하는 성어이다. 간혹 매관육작(賣官鬻爵)이라 표현하기도 한다. 육작(鬻爵)이란 '작위(爵位)를 판다'는 의미이다.

184년에 온 천하를 떠들썩하게 했던 황건적의 난은 단 몇 달 만에 진압되었다. 하지만 그동안 곪았던 상처가 치유된 것은 아니었다. 무엇보다도 부패한 관리들로 인한 폐해가 여전했다. 특히 187년에는 공공연하게 관내후(關內侯)의 작위를 팔았다(是歲 賣關內侯). 5백만 전이면 관내후 작위를 살 수 있었고 대대로 물려줄 수도 있었다. 관내후란 멀리 지방에 있는 영지를 하사받지 않고 도읍에 머물며 봉록을 받는 제후를 가리킨다.

그런데 관직과 작위를 파는 일이 이때가 처음은 아니었다. 이때로부터 9년 전인 178년에 서저(西邸)라는 관서를 두고 관직과 작위를 팔기 시작했다(初開西邸賣官). 아예 매관매직을 주관하는 관서가 있었던 것이다. 관내후를 포함해 여러 관직들이 가격대별로 다양하게 고객을 기다리고 있었다.

여기서 잠시 《연의》의 한 대목을 살펴보겠다. 이 무렵 각지에서 크고 작은 반란이 끊이지 않고 그런 사정을 전하는 상소 또한 빗발쳤다. 하지만 영제는 이를 전혀 모르고 있었다. 십상시들이 중간에서 감추고 제대로 아뢰지 않았기 때문이다. 하루는 영제가 십상시들과 연회를 즐기고 있었다. 이때 간의대부 유도(劉陶)가 통곡하며 "천하가 위태로운 것이 아침저녁에 달려 있는데 폐하께서는 환관의 무리들과 술이나 마시고 계십니까!"라고 하였다.

이에 영제가 "천하가 태평한데 무슨 일이 있단 말이오?"라며 의아해하였다. 그러자 유도가 "각지에서 도적떼들이 일어나고 있습니다. 이는 모두 십상시들이 매관매직을 일삼아 그 해가 백성들에게 미치기 때문입니다."라며 간하였다.

✚ 매관(賣官)이란 표현의 정확한 유래에 대해 확언하기는 어렵지만 《관자(管子)》에서 참고해볼 만한 문구를 찾을 수는 있다. 〈팔관(八觀)〉편에서 "상과 벌이 신뢰를 잃으면 5년 내에 무너지고, 관직과 작위를 팔면 7년 내에 망하고, 인륜을 거스르며 짐승과 같이 행동하면 10년 내에 멸망한다(賞罰不信 五年而破 上賣官爵 七年而亡 背人倫而禽獸行 十年而滅)"고 하였다. 황건적의 난이라는 큰 환란을 겪고도 한의 지도층은 이전보다 전혀 나아진 점이 없었다. 《관자》에서 지적한 경우 중에서 지금 한의 조정은 과연 어느 경우에 해당할까?

● 미상(未詳) / 《관자(管子)》〈팔관(八觀)〉, 《후한서(後漢書)》〈효영제기(孝靈帝紀)〉

엄목포작 掩目捕雀

눈을 가리고 참새를 잡는다   -《정사》 인용

참새가 사람을 보고 도망칠까봐 사람 자신의 눈을 가린 채 참새를 잡으려
한다는 말이다. 같은 맥락의 말로 '도둑이 종을 훔칠 때 소리가 날까봐 두려
워 자기 귀를 막고 훔친다'는 엄이도령(掩耳盜鈴)이 있다.

189년 4월, 영제가 34세의 나이로 병사하였다. 그리고 소제(少帝) 유변(劉
辯)이 즉위하였고 생모인 하(何)태후가 수렴청정하게 된다. 그런데 영제
가 젊은 나이에 갑작스럽게 병사하였을 뿐 아니라 유변을 확실하게 태자
로 책립하지도 않았었다. 때문에 소제는 그 출발부터 매우 불안정한 상
태였다.

이때 대장군이자 하태후와 남매 사이인 하진(何進)은 고민에 빠져 있
었다. 바로 십상시를 중심으로 한 환관 세력들 때문이었다. 신료들은 하
루빨리 환관들을 처단해야 한다고 하였지만 하태후가 십상시 등 환관들
을 감싸고 있었던 것이다. 이에 하진이 외부의 군벌을 낙양으로 불러들
여 하태후를 겁박하려고 하였다. 그러자 주부(主簿) 진림(陳琳)이 하진에
게 이렇게 간하였다.

"《주역》에 이르길 '사냥꾼의 도움 없이 사슴을 쫓는다'고 하였고, 속
언에 '눈을 가리고서 참새를 잡는다'고 하였습니다(易稱卽鹿無虞 諺有掩目
捕雀). 한낱 미물이라도 속여서는 뜻한 바를 이룰 수 없는데 하물며 나라

28

의 대사를 속여서 처리할 수 있겠습니까? 지금 장군께서 조정의 큰 권위를 갖고 있고 군권을 장악하고 계십니다. 날아가는 용과 달리는 호랑이의 기세로 생사를 처결할 수 있으니 환관들을 제거하는 일은 숯불을 뒤적여 머리카락 태우는 것만큼 쉬운 일입니다. 도리에 맞게 권한을 갖고서 신속하게 처리한다면 하늘과 백성들 모두가 따를 것입니다. 헌데 이런 유리한 상황을 멀리한 채 도리어 외부 세력을 끌어들이려 하고 계십니다. 군사를 불러들인다면 그 중 강한 자가 나서려 할 것입니다. 이른바 창과 방패를 거꾸로 쥐고 자루를 상대에게 넘겨주는 꼴입니다. 성공할 수 없을뿐더러 큰 혼란만 야기하게 될 것입니다."

● 미상(未詳) / 《삼국지(三國志)》〈위서(魏書) 왕위이유부전(王衛二劉傳)〉

복수불반 覆水不返

엎질러진 물은 다시 담지 못한다

-《정사》 인용

더 이상 되돌릴 수 없는 일을 가리킬 때 관용적으로 사용하는 표현이다.

대장군 하진이 환관들을 어떻게 처리해야 할지를 두고 고민하고 있을 무렵, 하루는 하진의 남동생 하묘(何苗)가 하진에게 이렇게 말하였다. "예전에 우리는 매우 빈천하였지만 환관들의 도움으로 부귀를 이루었습니다. 또 그들 덕분에 나라의 일을 수월하게 처리하였습니다. 물은 엎지르면 다시 담을 수 없습니다(覆水不可收). 응당 깊이 생각하시어 환관들과 화친해야 합니다."

이렇게 하진은 결단을 내리지 못한 채 계속 머뭇거리기만 하였다. 그러자 하진의 부장인 원소(袁紹)는 "환관들과의 싸움은 이미 시작되었고 형세도 분명해졌습니다. 일을 자꾸 미루면 변란이 생길 것인데 장군께서는 무엇을 더 기다리시기에 결단을 내리지 못하십니까?"라며 재촉하였다. 그래도 하진이 결단을 내리지 못하니 원소는 각 주군에 하진의 이름으로 공문을 보내어 환관의 친속을 체포하라는 지시를 내렸다. 결국 외부의 군대를 불러들이기로 한 것이다.

✚ 복수불반(覆水不返)이란 고사성어는 일반적으로 《습유기(拾遺記)》가 출전이며 강태공(姜太公) 부부의 이야기에서 유래했다고 널리 알려져 있다. 강태공, 즉 여상(呂尙)은 BC 11세기에 주(周)를 세우는 데 기여한 건국 공신이다. 그런데 《습유기》는 판타지 같은 이야기가 상당수인 서적으로, 역사서와는 거리가 아주 멀다고 할 수 있다.

다시 말해 '엎질러진 물' 이야기는 어디서 유래한 것인지 알 수 없다고 하는 편이 옳을 듯하다. 아울러 복수불반(覆水不返) 외에 복수불반분(覆水不返盆), 복수불수(覆水不收) 등 표현도 매우 다양하다.

● 미상(未詳) / 《후한서(後漢書)》〈두하열전(竇何列傳)〉

양탕지비 揚湯止沸

물을 덜어내어 끓는 것을 식히다   -《정사》 인용

물이 끓고 있는데 불을 끄지 않고 물만 덜어낸다는 말로, 근본적인 해결을
하지 않는다는 의미를 나타낸다.

하진과 원소의 지시가 각지로 전해졌지만 선뜻 움직이는 세력이 거의 없
었다. 그런데 이에 즉각 반응한 이가 있었으니 바로 동탁(董卓)이었다. 동
탁은 과거 병주(幷州)자사를 지낸 바 있고 황건적의 난이 일어났을 때는
토벌군으로도 참가하였다. 그 동안 서북쪽 방면에서 세력을 키우던 중
조정의 부름을 받고 달려 왔던 것이다. 그리고 이 무렵에는 낙양 근방 하
동(河東)군에 머물며 상황을 주시하고 있었다. 그러던 중 동탁이 조정에
표문을 올렸다. 앞서 황건적의 난을 '요적봉기(妖賊蜂起)'라 불렀던 상소
와 같은 시기에 올린 것이다.

　"중상시 장양(張讓) 등은 폐하의 총애를 등에 업고 천하를 어지럽혔습
니다. 신이 듣기로 끓는 물을 식히려면 물을 덜어내기보다 장작을 꺼내
야 한다고 하였습니다(臣聞揚湯止沸 莫若去薪). 또한 아프더라도 종기를 짜
내는 것이 약을 먹는 것보다 낫다고 하였습니다. 지금 신은 폐하 근처에
있는 악인들을 제거하려 합니다. 이제 북과 징을 울리며 낙양으로 진군
하여 장양 등 더러운 세력을 제거하겠습니다."

　한편 궁 안에서는 환관들이 위기감을 크게 느끼고 있었다. 하진이 머

뭇거리는 사이 이런저런 말들이 새어 나갔기 때문이다. 그러던 189년 8월, 마침내 십상시들이 하진을 꾀어 살해하고 말았다. 그러자 원소를 포함한 하진의 부하장수들이 환관들을 무차별적으로 학살하기 시작했다. 이제 후한의 상황은 그야말로 복수불반(覆水不返)이 되어 버린 듯하다.

✚ 이 표현은 《여씨춘추(呂氏春秋)》에서 유래를 찾을 수 있다. 〈진수(盡數)〉편에는 건강을 유지하기 위한 기본적인 섭생 요령이 소개되어 있는데, 중요한 것은 빠뜨린 채 자꾸 엉뚱한 방법을 찾으려 하는 행태를 비판하는 표현이다.

"이는 비유하자면 활쏘기와 같다. 활을 쐈는데 맞추지 못했다고 해서 과녁만 손을 보면 도움이 되겠는가? 또한 물이 끓는데 끓는 물로 그치게 하지 못하나니 그 불을 치워야만 하는 것이다(夫以湯止沸 沸愈不止 去其火則止矣)."

● 《여씨춘추(呂氏春秋)》〈계춘기(季春紀) 진수(盡數)〉,《후한서(後漢書)》〈동탁열전(董卓列傳)〉

3

동탁의 농권

십상시와 하진의 암투 끝에 권력을 잡은 이는 엉뚱하게도 동탁이라는 군벌이었다. 갑자기 권력을 쥐게 된 동탁! 과연 한(漢)의 운명은 어떻게 될 것인가!

망탁조의 莽卓操懿

왕망 동탁 조조 사마의.   -《정사》유래

왕망(王莽), 동탁(董卓), 조조(曹操), 사마의(司馬懿) 이렇게 네 사람의 이름을 딴 것으로, 당(唐)의 학자 조린(趙璘)이 한 말이다. 이후 나라를 빼앗은 자들이라는 부정적 의미로 지금까지 회자되고 있다.

189년 8월, 대장군 하진이 살해되며 궁중에는 한바탕 피바람이 몰아쳤다. 이때 중상시 단규 등은 소제 유변과 진류왕 유협(劉協)을 데리고 피신하였다. 이때 동탁은 멀리서 황궁에 불길이 솟는 것을 보고 급히 병력을 이끌고 진군하였다. 그러고는 뜻밖에 피신해 있던 소제와 유협을 만나게 되었다. 헌데 명색이 천자인 소제는 울기만 할 뿐이고, 한참 동생인 유협이 또박또박 상황을 설명하였다. 이들을 모시고 입궁하면서 동탁이 낙양의 병권을 장악하게 된다. 당초 하진이 하태후와 환관들을 위협하려고 동탁을 불러들였던 것인데 일이 전혀 예상치 못한 방향으로 흘러가고 만 것이다.

이후 동탁이 소제를 폐위시키고 유협을 옹립하니, 이가 바로 후한의 마지막 황제인 헌제(獻帝)이다. 이때 헌제의 나이 9세. 그런데 소제의 생모가 바로 하(何)태후이다. 결국 외척인 하(何)씨 세력을 제거하고 동탁 자신의 입지를 공고히 하기 위해서 취했던 행동이었던 셈이다. 그리고 소제가 폐위되고 얼마 지나지 않아 하태후와 소제 모두 살해되고 만다.

✚ 망탁조의(莽卓操懿)는 걸주유려(桀紂幽厲)와 대구로 언급되는 표현이다. 걸주유려(桀紂幽厲)란 걸왕, 주왕, 유왕, 여왕을 일컫는 말로 모두 나라를 망하게 한 군주들이다. 여기에 조조와 사마의가 함께 거론된 것은 조린(趙璘)이 촉한정통론의 입장에서 이들을 바라보았음을 의미하는 것이다.

그런데 엄밀히 말해 동탁은 나머지 7인과 급이 안 맞다. 7인들은 생전에 왕이었거나 사후에 황제로 추존된 인물들이기 때문이다. 비유하자면 사단장들 모임에 연대장 대령 한 명이 끼어 있는 꼴이다. 그렇지만 오히려 그 때문에 동탁이 비중 있는 인물이라고 볼 수도 있다. 직위도 가장 낮고 권력을 쥐었던 기간도 가장 짧았지만 후한을 망하게 했다는 임팩트가 그만큼 강했던 것이다.

●《삼국지(三國志)》〈위서(魏書) 동이원유전(董二袁劉傳)〉,《인화록(因話錄)》〈징부(徵部)〉

인중여포 마중적토 人中呂布 馬中赤兔

사람 중에서는 여포, 말 중에서는 적토마　　　　　　　　　-《정사》 유래

여포와 적토마의 우수함을 일컫는 말이다. 아울러 무리 중에서 두각을 나
타내는 존재라는 의미도 포함하고 있다.

동탁이 궁성을 장악하고 아직 소제 유변을 폐위하기 전의 일이다. 동탁
이 낙양의 병권을 장악했다고는 하지만, 아직 모든 세력이 동탁에게 고
개를 숙인 것은 아니었다. 대표적으로 정원(丁原)이란 인물이 있었다. 정
원은 얼마 전까지 병주(幷州)자사였고, 이때는 집금오(執金吾)의 관직을
받아 낙양에 주둔 중이었다. 그리고 그의 수하에는 여포(呂布)라는 29세
의 맹장이 있었다. 정원이 병주자사 시절 등용한 이후 줄곧 후대해온 장
수였다. 여포는 기마와 궁술에 능했고 힘도 매우 강하여 비장(飛將)이라
불렸다. 하지만 여포가 정원과 부자관계를 서약했었다는 건《삼국지연
의》의 설정이다.

　당시 세인들이 말하길 "사람 중에는 여포, 말 중에선 적토마(人中有呂
布 馬中有赤兔)"라고 하였다. 그런데 여포가 어떤 과정으로 적토마라는 명
마를 얻게 되었는지는 정사에 언급이 없다. 정확히 언제부터 타고 다녔
는지도 확실하지 않다고 하겠다.

●《삼국지(三國志)》〈위서(魏書) 여포장홍전(呂布臧洪傳)〉(배송지주 조만전(曹瞞傳) 인용)

양금택목 良禽擇木

현명한 새는 나무를 가려 앉는다 　　　　　　　　　　　　　-《연의》 인용

과거에는 임금이 신하를 등용하고 신하는 피동적으로 선택받는 입장일 뿐이었다. 이런 기존의 상식을 뒤집어 신하가 임금을 골라 섬긴다는 의미를 과감히 드러낸 표현이다.

동탁은 자신의 세력을 보다 공고히 하기 위해 여포를 꾀기로 하였다. 구체적인 과정은 정사에 없지만, 동탁의 꼬임에 넘어간 여포는 정원을 살해하고 동탁에게로 가게 된다. 이리 하여 동탁은 여포라는 맹장과 더불어 정원의 병력까지 손에 넣게 되었다. 아울러 동탁과 여포는 부자(父子) 관계까지 서약하였다. 이렇게 세력이 커진 동탁은 더더욱 기고만장하게 되고, 이어 소제를 폐위하고 헌제를 옹립했던 것이다. 이때 노식(盧植)이란 신하가 직언을 하며 반대 의견을 내보지만 역부족이었다. 노식은 앞서 184년에 황보숭, 주준과 함께 황건적을 진압하는 데 공을 세웠던 인물이다.

《연의》에서는 여포가 동탁에게로 넘어가는 대목에서 여포와 동향 출신인 이숙(李肅)이 등장한다. 이숙은 동탁에게 '여포는 이익을 보면 의리를 잊는다(見利忘義)'며 쉽게 설득할 수 있다고 장담하였다. 그리고 정원의 군영으로 여포를 찾아가서는 '현명한 새는 나무를 가려 앉는다(良禽擇木而棲)'라고 설득하였다. 즉 정원을 떠나 동탁 휘하에서 크게 활약하

라고 꼬드긴 것이다. 아울러 동탁이 보낸 선물이라며 적토마도 주었다. 이에 변심한 여포가 그날 밤 정원의 목을 베어 동탁에게로 가게 된다. 《연의》의 작가가 충분히 개연성 있게 이야기를 잘 엮었다고 할 수 있는 대목이다.

➕ 양금택목(良禽擇木)은 《춘추좌전(春秋左傳)》 및 《사기(史記)》 등에 등장하는 말이다. 주인공은 다름 아닌 공자(孔子). BC 484년 공자는 자신의 뜻을 펼치려 제자들과 함께 여러 나라를 전전하고 있었다. 그때 위(衞)나라의 공문자(孔文子)가 공자를 초빙하며 정벌에 관한 계책을 물었다. 이에 공자가 모른다 하고 물러나서는 제자들에게 "새는 나무를 고를 수 있지만 나무가 어찌 새를 고르겠느냐(鳥能擇木 木豈能擇鳥乎)"라며 수레에 올라 급히 떠나버렸다. 난세에는 신하가 군주를 골라 섬긴다는 선례를 보인 셈이다.

참고로 견리망의(見利忘義)는 견리사의(見利思義)란 말을 응용한 것으로 《논어(論語)》〈헌문(憲問)〉편에서 볼 수 있는 표현이다.

● 《춘추좌전(春秋左傳)》〈애공(哀公)11년〉, 《사기(史記)》〈공자세가(孔子世家)〉,
《삼국지(三國志)》〈위서(魏書) 여포장홍전(呂布臧洪傳)〉, 《삼국지연의》3회

입조불추 入朝不趨

조정에서 종종걸음으로 걷지 않는다   -〈정사〉 인용

임금이 신하에게 내리는 특전 중 하나이다. 하지만 점차 본래의 긍정적인
의미에서 멀어져 권력을 함부로 휘두르는 자들의 행동을 표현하는 말로 사
용되는 경우도 적지 않다.

동탁은 태위(太衛)에 오르며 날로 권세를 더해가고 있었다. 그리고 얼마
후 상국(相國)으로 승진하였다. 아울러 조정에서 종종걸음으로 걷지 않
고 칼을 차고 전각에 오를 수 있게 허용되었다(入朝不趨 劍履上殿).

　이후 동탁은 병사를 풀어 백성의 집을 수색하여 재물과 부녀자를 약
탈하였다. 또한 왕릉을 뒤져 부장품을 가져가고, 공주를 겁탈하고 궁인
들을 약탈하는 등 만행을 저질렀다. 아울러 사소한 감정으로 백성들을
함부로 죽이는 경우도 많았다. 또한 신사(神祀)에 모여 있는 백성들을 죽
인 후 머리를 매단 채 낙양으로 귀환하여 도적떼를 소탕했다며 만세를
부르기도 하였다.

✚ BC 202년, 천하를 통일한 한고조 유방에게는 큰 고민이 있었다. 바로 공신들에게 상을 내리며 위계를 정하는 일이었다. 자칫 공신을 불만 세력으로 만들 수도 있는 어려운 과정이었다. 하지만 유방의 마음은 늘 소하(蕭何)를 제일로 두고 싶어 하고 있었다.

이때 악천추(鄂千秋)라는 신하가 말하길 "비록 장군 조참(曹參)이 야전에서 많은 전공을 세웠다고 하지만 이는 단지 한때의 일일 뿐입니다. 폐하는 5년간 초나라 군과 대치하였고 몸만 겨우 달아났던 적도 수차례나 됩니다. 이때마다 소하는 늘 병력을 충원해주었습니다. (중략) 어떻게 하루아침의 공을 세운 자가 만세의 공을 세운 자보다 우위일 수 있겠습니까? 의당 소하를 제일에 놓고 그 다음에 조참을 배치해야 할 것입니다."라고 하였다.

이에 유방이 "옳은 말이오."라며 공신 중에서 소하를 제일로 확정하였다. 아울러 소하가 전상에 오를 때 칼을 차고 신을 신는 것을 특별히 허락하였고 황제를 알현할 때 종종걸음으로 걷지 않아도 되도록 하였다(賜帶劍履上殿 入朝不趨).

● 《사기(史記)》〈소상국세가(蕭相國世家)〉, 《후한서(後漢書)》〈동탁열전(董卓列傳)〉

4

일어나는 호걸들(上)

황건적의 난으로 인해 온 나라가 혼란해지고, 이어 동탁이 집권하며 국정은 점점 더 어지러워진다. 그러자 각지에서 호걸들이 일어나기 시작한다. 이때부터 우리에게 친숙한 인물들이 하나둘 등장하며 삼국지의 본격적인 이야기가 펼쳐진다.

영아부인 무인부아 寧我負人 毋人負我

내가 사람들을 저버릴지언정 사람들이 나를 저버리게 하지는 않을 것이다 -《정사》유래

조조의 냉혹하고 잔인한 성격을 함축해 놓은 대표적인 표현이라 하겠다.

189년 12월, 진류(陳留)군에서 35세의 조조(曹操)라는 인물이 동탁에 대항하여 의병을 일으켰다. 조조는 일찍이 황보숭을 도와 황건적 토벌에도 참여하였고, 십상시의 난 직전에는 전군교위(典軍校尉)로 재직 중이었다. 이후 동탁이 집권하자 도망친 후 가산을 털어 의병을 모은 것이다. 그런데 도망치는 과정이 그리 순탄하지만은 않았다.

조조가 낙양을 떠난 지 얼마 지나지 않아 성고(成皋)현에 도착하였다. 마침 이곳에는 예전부터 인연이 있는 여백사(呂伯奢)라는 사람이 살고 있었다. 이에 조조는 신세를 지기로 마음먹었다. 헌데 여백사는 마침 출타 중이었다. 다행히 그 가족들도 조조를 알고 있었던지 방을 내주며 묵게 해주었다. 그런데 그날 밤 무슨 소리가 들려왔다. 이에 조조는 '나를 해

치려 하는구나!'라고 생각하였다. 그리하여 얼른 칼을 빼내 들고서 눈에 보이는 이들을 모조리 베어버렸다. 헌데 알고 보니 자신을 대접하려고 준비하던 소리였다. 그제야 조조는 자신의 경솔한 행동을 자책하였지만 이미 엎질러진 물이었다. 이에 조조는 "내가 사람들을 저버릴지언정 사람들이 나를 저버리게 하지는 않을 것이다(寧我負人 毋人負我)!"라고 한탄하였다.

그리고 급히 길을 재촉하던 중 중모(中牟)현에 이르렀다. 여기서 관원에게 붙잡힌 조조는 도망자 혐의를 받고 구금되었다. 하지만 다행스럽게도 현리 중에 조조를 알던 이가 있었다. 그가 현령에게 얘기를 잘 해준 덕분에 조조는 풀려나 진류군으로 무사히 갈 수 있었다. 참고로《연의》에서는 조조를 풀어주는 사람이 진궁(陳宮)으로 등장하지만 이는 픽션이다.

●《삼국지(三國志)》〈위서(魏書) 무제기(武帝紀)〉(배송지주 잡기(雜記) 인용)

사세삼공 四世三公

4대에 걸쳐 3공을 배출하다 −《정사》유래

원소가 명문가의 자손임을 소개할 때 빠지지 않는 표현이다. 원(袁)씨 가문
의 계보를 살펴보면 의미를 좀 더 깊이 알 수 있다.

190년 1월, 동탁을 상대로 전국 각지에서 호걸들이 일어났다. 이때 발해
(渤海)태수 원소(袁紹)와 사촌동생 원술(袁術)을 포함해 기주(冀州)자사 한
복(韓馥), 진류(陳留)태수 장막(張邈) 등 많은 이들이 거병하였고 여기에
조조도 합세하였다. 그리고 이들 연합군의 맹주로 원소가 추대되었다.

원소는 당초 대장군 하진의 휘하에 있었다. 이후 동탁이 정권을 잡고
소제를 폐위할 때 반대 의견을 내고 도주하였다. 이에 동탁이 원소를 잡
아들이려 하자 신료들이 "원(袁)씨 일문은 4대에 걸쳐 은덕을 베풀었기
에 문생과 관리들이 천하에 널렸습니다. 차라리 원소를 용서하고 태수
한 자리를 준다면 다른 걱정은 안 해도 될 것입니다."라며 만류하였다.
이렇게 하여 원소가 발해군의 태수에 임명되었다. 하지만 동탁의 예측과
달리 원소가 자신에 맞서 거병하자, 대노한 동탁은 낙양에 있던 원소의
숙부 원외(袁隗) 등 원씨 일족을 모조리 처형해버렸다.

✚ 사세삼공(四世三公)이란 원소의 고조부인 원안(袁安) 이래 '4대에 걸쳐 3공의 지위에 올랐다'는 말이다(自安以下 四世居三公位). 요즘에도 옛날에 정승을 몇 명 배출한 가문이라고 자랑하는 경우를 종종 볼 수 있다. 앞서도 언급한 바 있지만 한(漢)의 기본 관제는 3공(公) 9경(卿)이다. 그러므로 3공, 즉 태위(太尉), 사도(司徒), 사공(司空)이라 하면 최고위직을 일컫는 말이다. 당시엔 3공 벼슬에 오른 친척만 있어도 그 가문의 큰 영광이었다. 그런데 '4대에 걸쳐 3공을 배출한 가문'이라면 대단한 명문가임에 틀림없다.

원안은 86년에서 92년 사이 사공과 사도를 역임하였다. 그리고 원안의 작은 아들 원창(袁敞), 원안의 손자 중에서 원탕(袁湯)이 3공의 반열에 오른다. 그리고 원탕의 아들 원봉(袁逢)과 원외(袁隗)가 각각 사공과 사도가 됨으로써 내리 4대에 걸쳐 3공이 나오게 된 것이다. 원술이 바로 원봉의 아들이고 원소는 원봉의 형인 원성(袁成)의 아들이다.

간혹 사세오공(四世五公)이라는 말도 종종 볼 수 있는데, 이는 4대에 걸쳐 3공의 벼슬을 역임한 사람이 총 5명임을 말하는 것이다.

● 《후한서(後漢書)》〈원장한주열전(袁張韓周列傳)〉
《삼국지(三國志)》〈위서(魏書) 동이원유전(董二袁劉傳)〉

치주고회 置酒高會

술판을 크게 벌이다   -《정사》 인용

성대하게 베푸는 연회를 뜻한다. 하지만 여기서는 '거나한 술판' 정도로 번역하는 편이 더 어울릴 것 같다.

동탁에 대항하여 각지에서 군웅들이 거병하자 동탁은 장안(長安)으로 도읍을 옮기려 하였다. 그런데 막상 제후들 중에서는 적극적으로 나서서 싸우려는 이가 없었다. 동탁을 물리친다는 명분으로 군사를 일으키기는 했지만 막상 본인의 전력이 타격을 입는 것은 싫었기 때문이다. 이때 조조가 나서서 출진을 독려해보았지만 여전히 서로 양보의 미덕을 보이며 눈치 보기에 급급했다. 이에 조조는 단독으로라도 군사를 움직여 진격하려 하였다. 이때 어릴 적부터 친구였던 진류태수 장막이 도움을 주었을 뿐 호응하는 이가 거의 없었다.

그런데 당시 동탁 휘하에는 서영(徐榮)이라는 뛰어난 장수가 있었다. 급히 동탁을 추격하던 조조는 변수(汴水)에서 서영의 기습을 받고 큰 타격을 입었다. 더구나 조조가 타고 있던 말마저 다치고 말았다. 이때 사촌동생인 조홍(曹洪)이 자신이 타고 있던 말을 조조에게 내준 덕분에 겨우 위기에서 벗어날 수 있었다. 그런데 조조가 연합군이 집결해 있는 산조(酸棗)현으로 퇴각해서 보니 병력은 10여 만이나 되는데 장수들은 매일 술판을 크게 벌이며 싸울 생각은 전혀 하지 않고 있었다(太祖到酸棗 諸軍

兵十餘萬 日置酒高會 不圖進取). 그야말로 조조로서는 미치고 펄쩍 뛸 노릇이었다.

이에 조조는 제후들을 질책하며 동탁을 압박할 구체적인 방책도 제시하였지만 결국 받아들여지지 않았다. 이에 조조는 물러나 자신의 병력부터 보충하기로 마음먹었다. 이를 위해 하후돈과 함께 양주(揚州)로 이동한 후 병사들을 모집하기 시작했다.

✚ BC 205년 봄, 한고조 유방(劉邦)이 56만의 대군을 이끌고 진격하였다. 목표는 초(楚)나라의 도성인 팽성(彭城). 그리고 4월 마침내 팽성이 함락되었다. 이윽고 팽성에 입성한 유방은 각종 보물과 미녀들을 차지하고는 날마다 연회를 성대하게 베풀었다(收其貨寶美人 日置酒高會).

한편 이 무렵 항우(項羽)는 제(齊)나라를 공격하고 있었다. 그러던 중 팽성이 함락되었다는 소식을 전해 듣자 곧바로 정예병사 3만을 추려 초나라로 향하기 시작했다. 나머지 병력은 제나라에 대한 공격을 계속하게 하였다. 그렇게 신속히 행군한 항우는 어느 틈에 팽성에 이르러 방심하고 있던 한나라 군을 급습하였다. 이에 수적인 우세에도 불구하고 유방은 참패를 당하고 말았다.

● 《사기》〈항우본기(項羽本紀)〉, 《삼국지(三國志)》〈위서(魏書) 무제기(武帝紀)〉

5 일어나는 호걸들(下)

동탁을 물리치겠다는 의(義)를 내세우며 각지에서 호걸들이 일어난 지 수개월째. 하지만 이후 이들이 보여준 모습은 매우 실망스러웠다. 그러던 차에 홀연히 나타난 손견이란 인물의 활약은 단연 돋보일 수밖에 없었다.

우도할계 牛刀割鷄

닭 잡는데 소 잡는 칼을 쓰다 　　　　　　　　　　　　　　　　　－《연의》 인용

작은 일을 하는 데 지나치게 큰 도구를 사용함을 뜻하는 말이다.

장안으로 향하는 동탁을 추격하던 조조가 큰 타격을 입으며 패퇴하였다. 그러자 연합군 진영에서는 더 이상 아무도 앞장서 나서려 하지 않았다. 그런데 이즈음 남쪽에서 장사(長沙) 태수 손견(孫堅)이 나타났다. 장사군은 장강 이남에 위치한 고을이다. 때문에 손견의 진군 방향은 여타 세력들과 다를 수밖에 없었고 거병한 시기도 다른 이들에 비해 다소 늦었던 것으로 보인다.

　그러던 191년 초, 손견이 북진하던 중 양현(梁縣) 부근에서 동탁의 기습을 받았다. 이번에도 동탁군을 이끄는 지휘관은 서영(徐榮)이었다.* 이에 포위된 손견은 수십 기만을 거느리고 겨우 탈출하였다. 평소 손견은

* 이 전투의 지휘관이 서영(徐榮)이었다는 것은 《후한서》와 《자치통감》의 기록에 근거한 것이다. 서영은 당시 동탁 휘하에 있던 장수 중 숨은 실력자였던 것으로 보인다. 하지만 아쉽게도 자세한 행적에 대해선 알려진 바가 거의 없다.

붉은 두건을 쓰고 전투에 임했는데, 이때 부하장수인 조무(祖茂)가 손견의 두건을 대신 쓰고 말을 달려 추격군을 유인한 덕분에 빠져나갈 수 있었다. 그리고 얼마 후 손견은 전열을 가다듬고 진군하여 양인취(陽人聚)에서 동탁군을 대파하였다. 이 전투에서 동탁의 장수인 화웅(華雄)이 전사하였다.

여기서 잠시 《연의》를 살펴보겠다. 동탁이 제후들에 맞설 대책을 의논하는 장면에서 여포가 출진하려 하였다. 그러자 여포의 등 뒤에서 누군가가 "닭을 잡는 데 어찌 소 잡는 칼을 쓰려 하십니까(割雞焉用牛刀)?"라 하였다. 동탁이 보니 바로 화웅이었다. 화웅은 정사에서 손견과의 전투에서 전사했지만 《연의》에서는 관우와의 일대일 대결에게 목이 베이는 것으로 각색된 장수이다.

✚ 이 표현의 유래는 《논어》이다. 한번은 공자가 제자인 자유(子游)가 다스리는 고을에 방문하였다. 그런데 공자가 당도해보니 고을 여기저기에서 현악기 소리와 함께 노래 부르는 소리가 들렸다. 이를 들은 공자가 웃으면서 자유에게 "닭을 잡는데 어찌 소 잡는 칼을 쓰느냐(割鷄焉用牛刀)?"라 물었다.

이런 작은 고을에서 예악(禮樂)을 가르치는 건 좀 과하지 않은가 하는 것이다. 이에 자유가 "선생님께서 예전에 '군자가 도를 배우면 백성들을 아끼고, 소인들이 도를 배우면 이끌기 수월하다'고 하셨습니다."라 답하였다.

● 《논어(論語)》〈양화(陽貨)〉,
《삼국지(三國志)》〈오서(吳書) 손파로토역전(孫破虜討逆傳)〉, 《삼국지연의》5회

제랑득호 除狼得虎

이리를 제거하려다 범을 들이다

-《정사》유래

어떤 문제를 없애려다 더 큰 문제를 야기함을 일컫는 표현이다. '이리 피하려다 범 만난 격'이라 하며, 유사한 표현으로 피장봉호(避獐逢虎)가 있다. 참고로 전호후랑(前虎後狼)은 앞뒤로 범과 이리를 만나 살 길이 막혔다는 뜻이다.

손견이 동탁을 상대로 전투를 벌일 당시 군량의 대부분을 원술에게서 공급받고 있었다. 그런데 손견이 동탁을 상대로 큰 승리를 거두자 손견과 원술 사이를 이간질하는 무리들이 생겨났다. 이에 원술에게 말하길 "만약 손견이 낙양을 차지하게 되면 다시는 제어할 수 없게 될 것입니다. 이는 마치 이리를 제거하려고 하다가 범을 들이는 꼴입니다(此爲除狼而得虎也)."라고 하였다.

이를 들은 원술이 손견에게 군량을 보내지 않았다. 그러자 손견이 밤새 말을 달려 원술을 찾아갔다. 그러고는 땅에다 그림을 그려가며 간곡하게 말하길 "지금 우리들이 개인의 안위를 돌보지 않고 모인 것은, 위로는 반적을 토벌하고 아래로는 원(袁)씨 가문의 사적인 원한을 씻으려는 것입니다. 저와 동탁은 개인적인 원한도 없는데 장군께선 참소하는 말만 듣고 저를 의심하시는 겁니까?"라고 하였다. 이에 원술이 손견에게 다시 군량을 보내주었다.

이후 동탁은 부하 장수인 이각(李傕)을 보내 손견과 화친을 시도하였다. 손견이 천거하는 자가 있으면 자사나 태수에 임명해주겠다는 조건도 제시하였다. 그만큼 당시 손견의 군세가 막강했다고 볼 수 있다. 하지만 손견은 "동탁은 천명을 거역하고 무도하여 왕실을 전복시켰다. 지금 동탁의 세력을 멸하여 온 천하에 보여주지 못한다면 나는 죽어서도 눈을 감지 못할 것인데 어찌 화친을 하겠는가?"라며 이각을 쫓아냈다.

이후 손견은 낙양에서 90리 떨어진 대곡(大谷)으로 진격하였다. 하지만 동탁은 이미 낙양을 불태우고 함곡관을 지나 장안으로 이동하고 있었다. 이에 손견은 낙양성으로 들어가 동탁이 파헤쳐 놓은 황릉을 정비하였다.

●《삼국지(三國志)》〈오서(吳書) 손파로토역전(孫破虜討逆傳)〉〈배송지주 강표전(江表傳) 인용〉

몽진 蒙塵

먼지를 뒤집어쓰다

-《정사》 인용

임금이 도성을 버리고 난을 피해 도망칠 때 관용적으로 사용하는 표현이다.
우리나라에서는 1592년 임진왜란 당시 선조(宣祖)의 경우가 대표적이다.

191년 당시 헌제의 나이는 이제 겨우 11세였다. 어느새 즉위한지 3년이
되었지만 할 수 있는 것은 아무 것도 없었다. 때문에 어린 헌제를 대신해
유주자사 유우(劉虞)를 천자로 옹립하려는 시도가 있었다. 반(反)동탁 연
합의 맹주인 원소와 기주자사 한복 등이 이를 주도하였다.

이에 유우가 정색을 하며 "지금 천하가 붕괴되며 혼란하며 황제께서
몽진하시었소(今天下崩亂 主上蒙塵). 우리는 국은을 입고도 나라의 치욕을
설욕하지 못하고 있소. 제군들이 각자의 지역에서 협력하면서 황실 옹위
에 진력을 다해야 하는데 오히려 역모를 꾀하며 나까지 더럽히려 하는
것이오!"라며 거절 의사를 분명하게 밝혔다.

✚ 몽진(蒙塵)이란 표현의 유래는《춘추좌전(春秋左傳)》으로, 배경이 되는 시기는 BC 636년이며 주인공은 주양왕(周襄王)이다.

　　BC 770년에 주(周)가 거의 망할 위기에 처하며 동쪽으로 천도한 이래, 주 왕실의 권위는 계속해서 내리막을 걷고 있었다. 주양왕은 그 흐름에 가속도를 붙인 인물이라고 할 수 있다. 주양왕은 재위 중에 제후국인 정(鄭)나라와 싸우기도 하고, 적(翟)나라와 싸우기도 하였다. 다분히 별다른 명분 없이 감정적으로 벌인 듯이 보이는 다툼들이다. 걸주(桀紂) 같은 폭군은 아닐지 모르지만 명군이 아니었던 건 분명해 보인다.

　　그러던 BC 636년, 주양왕이 적나라에 쫓겨 정나라로 달아나게 되었다. 그러자 정나라에서는 주양왕을 범(氾)이라는 지역에 머물게 하였다. 이에 주양왕은 각국에 사자를 보내 이를 알렸고 그 중에는 노(魯)나라도 있었다. 내용인 즉 "과인이 덕이 없어 정나라의 범(氾)땅에서 들판살이를 하고 있소."라는 것이었다. 이에 노나라의 대부 장문중(臧文仲)이 사신에게 답하길 "천자께서 먼지를 뒤집어쓰고 계신데, 어찌 감히 신하들에게 달려가 위로하지 않겠습니까(天子蒙塵于外 敢不奔問官守)?"라고 하였다. 참고로 장문중은《논어》에도 짧게나마 언급되는 인물이다.

●《춘추좌전(春秋左傳)》〈희공(僖公)24년〉,
《후한서(後漢書)》〈유우공손찬도겸열전(劉虞公孫瓚陶謙列傳)〉

영아재고장 嬰兒在股掌

팔에 안긴 갓난아기   -《정사》유래

고장(股掌)이란 넓적다리와 손바닥으로, 앉은 자세에서 넓적다리 위에 손을 엊고 아기를 안은 모습을 말한다. 즉 목도 제대로 가누지 못하는 갓난아기의 머리를 손바닥으로 감싸 쥐고 젖 먹이는 모습을 표현한 것이다.

191년, 반(反) 동탁 연합은 거의 무너져가고 있었다. 그런데 이 무렵 연합군의 맹주였던 발해태수 원소는 매우 궁핍하여 기주자사 한복에게 경제적으로 의존하는 처지였다. 그런데 원소는 한복에게 감사하기는커녕 도리어 기주를 탐내기 시작했다. 기주는 황하 하류의 이북에 위치하는 넓은 주로, 동북편에는 공손찬이 자리하고 있었다. 공손찬은 한때 유비와 동문수학했던 인물인데, 이 당시 한복은 공손찬을 상당히 두려워하고 있었다. 이에 원소는 이 점을 파고들었다. 순심(荀諶)과 생질인 고간(高幹)을 보내 한복의 두려움을 부추긴 것이다.

"공손찬이 기세를 올리며 남하하니 여러 군들이 호응하고, 또 원소가 동쪽으로 진출하였습니다. 그 뜻을 알 수는 없지만 장군께는 상당한 위기인 것 같습니다." 이를 들은 한복이 "어찌 하면 좋겠는가?"라며 두 사람에 물었다. 그러자 순심이 "공손찬이 일대 세력들과 결합해 공격한다면 당하기 어렵습니다. 또 원씨의 세력도 강합니다. 기주는 천하의 요지이기 때문에 만약 이 세력들이 장군을 공격한다면 큰 위기가 닥칠 것입

니다. 장군은 원씨 가문과 오랜 교분이 있고, 동탁 토벌로 동맹을 맺은 바도 있습니다. 지금은 기주를 원소에게 양보하는 것이 가장 좋은 계책일 것입니다. 그리되면 원소가 장군을 크게 우대할 것입니다."라고 하였다.

이에 겁 많은 한복이 따르려 하였다. 그러자 한복의 신하들이 "기주는 군사가 백만이며 곡식은 10년을 버틸 수 있습니다. 지금 원소는 우리에게 의지해야 겨우 버티는 처지로 마치 팔에 안겨 있는 갓난아기와 같습니다(譬如嬰兒在股掌之上). 젖을 먹이지 않으면 금방 굶어 죽을 것인데 어찌 기주를 통째로 넘겨줄 수 있습니까?"라며 말렸다. 하지만 결국 한복은 기주목 인수를 원소에게 넘겨주고 말았다.

그런데 이후 원소는 자신의 부하들을 주요 지위에 임명하는 등 마치 본래 자기 땅을 되찾은 듯이 행동하였다. 이에 두려움을 느낀 한복이 진류태수 장막에게 의지하였다. 그런데 얼마 뒤 원소가 장막에게 사자를 보냈다. 그리고 그 사자가 장막과 귓속말을 하자, 이를 본 한복이 그 자리에서 물러나서는 측간에서 자결해버렸다. 한때나마 한 주의 책임자였다는 게 믿어지지 않는 행동이다.

● 《삼국지(三國志)》〈위서(魏書) 동이원유전(董二袁劉傳)〉

6

흩어지는 영웅들

동탁에 대항하여 일어났던 제후들의 연합은 이제 완전히 와해되었다. 지금부터는 그저 약육강식과 적자생존의 경쟁만이 있을 뿐이다.

원교근공 遠交近攻

먼 나라와 우호를 맺고 가까운 나라를 공격하다   -《정사》 인용

국경을 접한 세력과 싸우며 영토를 넓히고, 국경을 접하지 않은 세력과는 우호를 맺는 외교 전략을 가리키는 표현이다.

동탁이 소제(少帝)를 폐위할 189년 당시 원술(袁術)은 후장군(後將軍)의 지위에 있었다. 하지만 이후 원술은 동탁을 피해 남양(南陽)군으로 도주하게 된다. 그때가 마침 남양태수가 사망한 직후였기에 원술은 남양군을 손쉽게 차지할 수 있었다. 이 당시 남양군은 토지도 비옥하고 인구도 많은 고을이었다. 하지만 이후 원술이 사치를 일삼고 부역과 세금을 멋대로 징수하여 백성들이 매우 힘들어 하였다.

　게다가 당시에는 사촌형인 원소와도 상당히 벌어져 있었다. 짐작컨대 원소 생모의 출생이 비천하다 하여 그간 속으로 무시해왔을 가능성이 높아 보인다. 둘 다 명문 원가의 자손들이지만 자신과 원소는 엄연히 급이 다르다고 생각해왔을 것이다. 게다가 원술은 형주자사 유표(劉表)와도 사이가 좋지 않았다. 유표가 머물고 있는 양양(襄陽)은 남양군 바로 남쪽

편에 위치한 고을이다. 대신 원술은 멀리 북쪽에 위치한 공손찬과 연합하였다.

반면 이제 막 기주를 차지한 원소는 북쪽으로 접한 공손찬과 계속해서 세력을 다투었다. 그리고 멀리 남쪽에 위치한 유표와 연합하였다. 이렇게 원소와 원술 형제는 서로 딴생각을 갖고서 이웃과 다투면서 멀리 있는 세력들과 교제하고 있었던 것이다(其兄弟攜貳 舍近交遠如此). 혹시라도 이 당시 원술과 원소가 장기적인 전략을 가지고 원교근공(遠交近攻) 정책을 폈던 것은 아닐까. 그럴 가능성은 무척 낮아 보인다.

✚ 이른바 원교근공(遠交近攻)이라 부르는 정책은 전국(戰國)시대 후반 진(秦)나라의 외교 기조였다. 이를 제시한 이는 바로 범수(范雎)*라는 인물이다. 범수는 본래 위(魏)나라 출신인데, 우여곡절 끝에 마침내 진소양왕(秦昭襄王)을 만나 자신의 생각을 설파할 수 있었다. 이때가 BC 268년.

범수가 말하길 "대왕에게는 먼 나라와 우호관계를 맺고 인접한 나라를 치는 계책이 최상입니다(王不如遠交而近攻). 그래야 한 치의 땅을 얻어도 대왕의 것이 되고 한 자의 땅을 얻어도 대왕의 것이 됩니다."라고 하였다.

* 범저(范雎)라고 표기한 자료도 종종 볼 수 있다.

● 《사기(史記)》〈범수채택열전(范雎蔡澤列傳)〉, 《전국책(戰國策)》〈진책(秦策)〉,
《삼국지(三國志)》〈위서(魏書) 동이원유전(董二袁劉傳)〉

왕좌지재 王佐之才

임금을 보좌할만한 재목

-《정사》 인용

임금을 보좌하는 신하, 즉 재상이 될 수 있는 뛰어난 재능을 지녔다는 의미
이다. 간혹 왕좌지재(王佐之材)라고 쓰기도 한다.

191년에 원소가 한복에게서 기주목의 직위를 빼앗을 당시, 한복에게 의
탁한 인물 중에는 순욱(荀彧)이란 인물도 있었다. 그의 이름이 제법 나 있
던 터라 원소 또한 순욱을 상빈으로 예우하였다. 당시 순욱은 한실(漢室)
이 곧 무너질 것이라 보았고 천하를 안정시킬 수 있는 방법이 무엇인지
고민하고 있었다. 하지만 원소의 사람됨을 보았을 때 대업을 성취하기는
어려울 것이라고 판단하였다. 이에 순욱은 원소를 떠나기로 결심하였다.

그리고 순욱이 향한 곳은 조조가 태수로 있는 동군(東郡)이었다. 바로
얼마 전 조조는 동군에 침입한 흑산적들을 물리치고서 태수로 임명된
터였다. 이렇게 순욱을 만나게 된 조조가 함께 여러 사안에 대해 이야기
를 나눠보고는 크게 기뻐했다. 그러고는 자신의 휘하에 순욱을 두며 중
용하였다. 이때 순욱의 나이 29세.

그러나 이 두 사람의 인연은 이때가 처음이 아니었다. 오래 전 조조가
젊은 시절, 하옹(何顒)이란 사람이 조조를 보고는 "장차 한(漢)이 망할 것
인데 그때 천하를 안정시킬 사람은 바로 이 사람일 것이다."라고 말했던
바가 있다. 헌데 이후에 하옹이 순욱을 보고는 "임금을 보좌할 재목이다

(王佐才也)"라고 말했던 것이다. 장차 천하를 안정시킬 사람과 임금을 보좌할 인재의 만남이 이제야 성사된 셈이다.

✚ 전한의 한무제(漢武帝: 재위 BC141~87년) 시절에 동중서(董仲舒)라는 학자가 있었다. 반고가 편찬한 《한서(漢書)》 〈동중서전(董仲舒傳)〉의 평에 이런 표현이 등장한다.

"유향(劉向)이 동중서에 대해 찬하기를 '동중서는 왕을 보좌할 재능이 있었다'고 하였다(劉向稱董仲舒有王佐之材). 그렇기에 이윤(伊尹)이나 여망(呂望)도 그보다 낫지 않다고 보았다."

그야말로 학자와 관료로서 극찬이라 하겠다. 하지만 동중서에 대한 찬사만 있는 것은 아니다. 유향의 평가가 너무 과하다는 의견들도 함께 수록되어 있다.

● 《한서(漢書)》 〈동중서전(董仲舒傳)〉, 《후한서(後漢書)》 〈정공순열전(鄭孔荀列傳)〉

무주공산 無主空山

임자 없는 빈 땅 -《정사》 인용

사람이 전혀 살지 않는 쓸쓸한 곳을 가리키는 말이다. 하지만 경우에 따라서는 '먼저 차지하는 사람이 임자'라는 기회의 땅을 의미하기도 한다.

192년, 낙양의 동쪽에 위치한 지역인 연주(兗州)와 청주(靑州) 일대에 황건적 무리가 창궐하여 노략질을 일삼았다. 이에 연주자사 유대(劉岱)가 황건적을 진압하려 하였다. 그러자 제북상(濟北相) 포신(鮑信)이 유대를 만류하였다. 당장은 전력상 무리라는 것이다. 유대와 포신 모두 반 동탁 연합에 이름을 올렸던 인물들이다. 하지만 유대는 포신의 만류를 뿌리치고 출병을 강행하였다. 그리고 얼마 지나지 않아 포신이 우려했던 대로 황건적과의 전투에서 유대가 전사하고 말았다.

이 당시 조조는 인근에 위치한 동군(東郡)의 태수였다. 이때 조조 휘하의 진궁(陳宮)이란 자가 적극적으로 연주의 관리들을 설득하기 시작했다. "지금 천하가 분열되어 주(州)에 주인이 없소(今天下分裂而州無主). 조 장군은 뛰어난 인재이니 연주목으로 영입한다면 필시 백성들이 평안해질 것이오."

이에 포신 등 인근 태수들과 연주의 관리들이 조조를 연주목으로 추대하였다. 그러고는 전열을 재정비하여 황건적들을 공격하기 시작했다. 이후 이어진 치열한 공방 끝에 그해 겨울 결국 황건적들이 투항하였다.

그러자 조조는 그 중에서 병력을 추려내 자신의 정예병으로 편성하였다. 이른바 청주병(靑州兵)이라 불리는 막강 전투 부대가 탄생한 순간이었다. 참고로 이 당시 자사(刺史)와 목(牧)은 주(州)의 군사와 행정 책임자라는 의미로 혼재되어 기록된 경우를 드물지 않게 볼 수 있다.

✚ 혼란한 시기에 무주(無主)란 '행정력이 부재한 상태'를 가리킨다고 할 수 있다. 남을 해치고 물건을 함부로 빼앗아도 제지할 수 없는 상태가 되는 것이다. 이렇게 되면 선량한 백성들이 피해를 입을 수밖에 없다. 조조는 이런 기회를 놓치지 않았다. 황건적을 소탕하여 백성들을 구한다는 명분도 얻고, 자신의 세력 기반도 갖게 된 것이다. 난세 초반 조조는 태수나 자사가 아니었지만, 이후 줄곧 강한 세력으로 활동할 수 있었던 이유이다.

아쉽게도 공산(空山)의 의미는 명확하지 않다. 무주(無主)는 관용적으로 빈번하게 사용되던 말이었지만, 공산(空山)과 언제부터 한 덩어리로 사용되었는지 정확하게 알 수 없었다.

● 미상(未詳) / 《삼국지(三國志)》〈위서(魏書) 무제기(武帝紀)〉(배송지주 세어(世語) 인용)

고립무원 孤立無援

고립되어 도움 받을 데가 없다

-〈정사〉인용

포위되어 고립되고 원군도 없는 상황을 가리키는 다양한 표현 중 하나이다. 유사한 표현으로 고성낙일(孤城落日), 고립무의(孤立無依), 사면초가(四面楚歌) 등을 꼽을 수 있겠다.

중원의 동쪽 황해를 향해 툭 튀어나온 지형인 산동반도 부근에 북해(北海)라는 고을이 있다. 192년 무렵, 북해상(北海相) 공융(孔融)은 일대에서 봉기한 황건적에게 계속해서 시달리고 있었다. 그러다 황건적에게 성이 포위되어 매우 곤란한 처지에 빠지고 말았다.

그런데 이 당시 북해 인근 동래(東萊)군에 태사자(太史慈)라는 27세의 젊은이가 있었다. 태사자의 모친은 이전에 공융에게 은혜를 입은 바가 있었다. 이에 공융이 위급하다는 소문을 들은 태사자의 모친이 아들에게 공융을 도울 것을 적극적으로 권하였다.

이렇게 하여 태사자가 공융을 찾아가게 된다. 성에 진입하는 데에는 성공했지만 이후 포위망이 점차 견고해졌다. 성을 빠져 나가 원군을 청하기도 쉽지 않은 상황이 되어버렸다. 이후 어렵사리 탈출에 성공한 태사자는 평원(平原)에 있는 유비를 찾아갔다. 184년에 유비는 교위 추정을 따라 황건적 토벌에 공을 세운 바 있다. 이후 이곳저곳의 현령에 임명되었다 사직하기를 반복하였다. 하지만 이 당시에는 평원이라는 제법 큰 고을을 맡고 있었다.

이렇게 유비를 찾아간 태사자가 유비에게 "저 태사자는 공북해(孔北海: 공융)와 혈육도 아니고 같은 고향도 아닙니다. 다만 뜻이 통하여 어려움을 함께 하는 의리가 있을 뿐입니다. 지금 황건적이 북해를 포위하여, 궁지에 몰리고 구원도 없어 아침저녁으로 함락될 위기에 처해 있습니다 (孤窮無援 危在旦夕). 군께서는 인의로 널리 알려졌고 다른 이의 위급을 도와준다 하여 제가 죽음을 무릅쓰고 달려왔으니, 군께서 구원해주시길 바랄 뿐입니다."라고 말하였다. 그러자 유비가 예의를 갖추며 "유비가 세상에 있음을 공북해가 알아주다니!"라고 대답하였다. 그러고는 즉시 3천의 병력을 보내어 공융을 구원하는 데 성공하였다.

● 미상(未詳) / 《삼국지(三國志)》〈오서(吳書) 유요태사자사섭전(劉繇太史慈士燮傳)〉

7

동탁의 최후

여포까지 휘하에 두게 된 동탁의 권세는 하늘 높은 줄 모른다. 장차 동탁과
한실(漢室)의 운명은 어떻게 될까.

분골쇄신 粉骨碎身

뼈가 가루가 되고 몸이 부서지다   -《연의》 인용

대의를 위해 자신의 몸이 으스러지도록 희생하겠다는 의지를 표명하는 것
을 뜻한다. 분신쇄골(粉身碎骨)이라고 쓰는 경우도 있다.

192년의 일이다. 이번에는 특별히 《연의》의 내용부터 살펴보겠다. 절세
미녀 초선(貂蟬)이 등장하는 첫 장면이다. 동탁의 농권이 점점 심해질 무
렵 사도 왕윤(王允)은 자신의 집에서 나라를 걱정하며 하늘을 쳐다보고
있었다. 그런데 어디선가 탄식하는 소리가 들린다. 왕윤이 살펴보니 가기
(歌妓) 초선의 한숨소리였다. 이에 왕윤이 무슨 일인지 따지듯 물었다. 이
에 초선이 대답하길 "천첩이 대신의 은총을 입어 기르시고 가르치시고
너그러이 대해주시니 뼈가 가루가 되고 몸이 부서진다 해도 은혜를 갚
을 길이 없습니다(妾雖粉身碎骨 莫報萬一)."라고 하였다. 이 말을 듣는 순간
불현듯 왕윤에게 한 가지 계책이 떠오른다. 왕윤은 동탁과 여포를 각각
자신의 집으로 초대한 후 초선을 주겠노라고 약속한다.

   이 대목과 관련한 정사의 기록을 살펴보겠다. 여포가 정원(丁原)을 배

신하고 동탁 휘하에 들어간 이후, 동탁은 여포를 후대하며 자신의 호위를 맡겼다. 그런데 평소 동탁은 곧 잘 성질을 부리곤 했다. 그러다 한번은 순간적으로 화가 나 여포에게 창을 던진 적도 있었다. 재빠른 여포가 민첩하게 피해 다행히 별 일은 없었지만 속으로 동탁에 대한 감정이 없을 수는 없었다. 그러던 중 여포는 동탁의 시녀와 사통(私通)하게 된다. 그 이후 여포는 혹여 동탁이 이 일을 알아챌까봐 몹시 불안해하였다.

● 미상(未詳) / 《삼국지(三國志)》〈위서(魏書) 여포장홍전(呂布臧洪傳)〉, 《삼국지연의》 8회

절영지회 絶纓之會

갓끈을 끊은 연회 -《연의》 인용

부하의 잘못을 대범하게 덮어줌으로써 목숨 바쳐 충성하게 만들었다는 고사이다. 주군의 대범함을 논할 때 자주 등장하는 고사이기도 하다.

《연의》에 따르면, 이 무렵 초선은 동탁의 처소에 머물고 있었다. 왕윤이 초선을 여포에게 시집보내겠다고 해놓고는 동탁에게 먼저 바쳐버렸기 때문이다. 그런 줄도 모른 채 여포는 동탁에게 초선을 빼앗겼다고 생각하고 있었다. 그러던 어느 날 여포가 몰래 후원에서 초선과 만나고 있었다. 이때 그만 동탁이 이를 보고 말았다. 머리끝까지 화가 난 동탁이 쫓아가 여포가 옆에 세워둔 방천화극을 여포에게 던졌다. 정사에서 동탁이 던졌던 창이 《연의》에서 이렇게 각색된 것이다.

그렇게 여포는 급히 도망쳤고 동탁은 여포를 뒤쫓았다. 그러다 그만 모사 이유(李儒)와 부딪치고 말았다. 이에 동탁이 "너는 무슨 일로 왔느냐?"라고 물었다. 그러자 이유가 "제가 들어오다가 태사께서 여포를 쫓아 후원으로 가셨다고 들었습니다. 불미스러운 일이라 걱정되어 태사를 뵈러 가는데, 여포가 '태사께서 나를 죽이려 하신다'고 하는 게 아니겠습니까. 이를 말리려 하다가 그만 태사와 부딪치고 말았습니다. 죽을죄를 저질렀습니다."라고 대답하였다.

하지만 아직도 화가 풀리지 않은 동탁은 여전히 여포를 죽이겠다고

하였다. 그러자 이유가 "태사의 말씀이 틀리십니다."라며 옛날 초장왕(楚
莊王)의 이야기를 들려주기 시작했다.

✚ 초장왕은 춘추오패(春秋五霸) 중 한 사람으로, 재위기간은 BC 614년에서 591
년이다. 하루는 초장왕이 신하들과 함께 날이 어두워지도록 잔치를 즐기고 있었
다. 그러던 중 갑자기 등불이 꺼지고 말았다. 그런데 이때를 틈 타 누군가 초장왕
왕후의 옷을 잡아당기며 수작을 부리려 했다. 이에 왕후는 그 자의 갓끈을 잡아
당겨 끊어버리고는 초장왕에게 다가갔다. 그리고 "등불이 꺼진 틈을 타 어떤 놈
이 제 옷을 잡아당겼습니다. 이에 제가 그 자의 갓끈을 끊어 갖고 있습니다. 그러
니 등불이 밝혀지면 갓끈 끊어진 놈을 찾아봐 주십시오."라고 하였다.

이에 초장왕이 좌중을 향해 큰 소리로 외치기를 "오늘 이 자리에서 술을 마시
며 갓끈을 끊지 않는 자는 즐겁지 않다는 뜻으로 알 것이다(與寡人飮 不絶纓者 不
爲樂也)."라고 하였다. 이를 들은 모든 신하들이 일제히 자신이 쓰고 있는 갓의 끈
을 끊었다. 그러고 나서 다시 등불이 밝혀졌고 잔치는 그대로 이어졌다.

얼마 후 초나라는 오(吳)나라와 큰 전투를 벌이게 되었다. 이때 다섯 번의 교전
이 벌어질 때마다 어떤 장수가 선봉에 나서 분전하였다. 덕분에 초나라가 승리를
거둘 수 있었다. 그러자 이를 괴이하게 여긴 초장왕이 전투가 끝난 후 그 장수를
불러 묻기를 "과인이 일찍이 그대를 특별히 여긴 바가 없는데, 어찌하여 죽음을
두려워하지 않고 이리 나서는 것인가?"라고 물었다.

그러자 그 장수가 대답하길 "신은 지난 날 연회에서 갓끈이 끊어졌던 자입니
다. 그때 간과 쓸개가 땅에 쏟아져야 마땅했습니다(當時宜以肝膽塗地). 이에 신은
죽는 날까지 이를 드러내지 않으려 하였습니다. 그러다 오늘 대왕을 위해 싸울
기회를 얻었기에 힘껏 전투에 임하였던 것입니다."라고 답했다

●《한시외전(韓詩外傳)》〈권7〉,《삼국지연의》9회

개세영웅 蓋世英雄

세상을 덮을 만한 영웅 　　　　　　　　　　　　　　　　　　 -《연의》인용

역발산기개세(力拔山氣蓋世). 즉 힘은 산을 뽑고 기개는 세상을 덮는다는 말을
축약해놓은 표현이다.

이유의 이야기를 들은 동탁은 초선을 여포에게 보내려고 반쯤 마음먹었
다. 그런데 이번에는 초선이 가만히 있지 않았다. 결국 초선의 교태에 넘
어간 동탁이 초선을 그대로 자신의 곁에 두게 된다.

한편 여포는 사도 왕윤을 만나 그간의 사정을 이야기하였다. 그러자
왕윤이 여포에게 "태사께서 자네의 아내를 빼앗아 갔으니 이는 참으로
천하의 비웃음거리가 될 일일세. 사람들은 태사가 아닌 나와 자네를 향
해 비웃을 것이네. 나야 이미 늙고 무능하니 별 상관이 없지만, 자네는
세상을 덮을 영웅인데 이런 치욕을 당하는 것이 참으로 안타깝구먼(可惜
將軍蓋世英雄 亦受此汙辱也)!"이라고 하였다. 이를 들은 여포가 탁자를 내
리치며 크게 소리쳤다. 이에 왕윤이 놀라며 사과하려 하였다. 이때 여포
가 말하길 "기필코 이 늙은 도적을 죽일 것입니다. 그리하여 이 치욕을
씻겠습니다."라고 답한다.

이제 정사의 이야기로 마무리 하겠다. 사도 왕윤은 평소 여포와 가깝
게 지내고 있었다. 그러던 어느 날 여포가 왕윤에게 '동탁이 순간적으로
욱하여 자신에게 창을 던진 일'과 '자신이 동탁의 시녀와 사통한 일' 등

을 모두 털어놓았다. 그런데 이 당시 왕윤은 사손서(士孫瑞) 등 몇몇 인사들과 함께 동탁을 주살할 모의를 진행 중이었다. 마침 잘 됐다고 생각한 왕윤이 여포를 끌어들이려 하였다. 이에 여포가 "부자 사이에 어찌 그럴 수 있습니까!"라며 거절하였다. 그러자 왕윤이 "자네는 여(呂)씨일세. 본래부터 동탁과 혈육이 아니네. 게다가 동탁이 언제 갑자기 자네를 죽일지도 모르는데 어찌 그런 소리를 하는가!"라며 여포의 불안감을 부추겼다. 이 사료를 바탕으로 《연의》의 작가가 이렇게 화려한 치정극을 지어낸 것이다.

✚ BC 203년 12월, 항우(項羽)는 해하(垓下)에서 유방(劉邦)이 이끄는 한나라 군사들에게 겹겹이 포위되어 있었다. 이때 항우의 곁에는 애첩인 우(虞)씨가 있었다. 흔히 우미인(虞美人)이라 불리는 여인이다. 자신의 패망이 얼마 남지 않았음을 직감한 항우가 우미인과 함께 술을 마시며 비분강개한 심정으로 시를 지었다. 참고로 추(騅)는 항우가 늘 타고 다니던 말의 이름이다.

力拔山兮氣蓋世	힘은 산을 뽑고 기개는 세상을 덮건마는
時不利兮騅不逝	때가 불리하니 추(騅)도 나아가지 않는구나
騅不逝兮可柰何	추가 나아가지 않으니 어찌하면 좋겠는가
虞兮虞兮柰若何	우(虞)여! 우여! 그대를 어찌하면 좋겠는가

● 《사기》〈항우본기(項羽本紀)〉,
《삼국지(三國志)》〈위서(魏書) 여포장홍전(呂布臧洪傳)〉, 《삼국지연의》 9회

만세가무 萬歲歌舞

만세를 부르고 노래하며 춤추다   -《정사》 유래

만세(萬歲)와 가무(歌舞)가 더해진 성어이다. 큰 경사가 나서 모든 사람들이 즐거워하는 모습을 표현하고 있다.

192년 4월, 동탁은 미앙전(未央殿)으로 향하고 있었다. 얼마 전까지 병이 나 앓고 있던 헌제가 이 무렵 쾌차하였기 때문이다. 동탁이 수레에 올라타려 할 때 말이 놀라 뛰는 통에 옷에 진흙이 튀었다. 그래서 옷을 갈아입느라 출발이 늦어졌다. 이때 동탁의 후처가 불길하다며 동탁을 말렸지만 동탁은 그대로 출발하였다. 동탁이 행차하는 길에 보병과 기병들이 줄지어 호위하였다. 물론 그 중에는 여포도 있었다.

이 무렵 왕윤과 사손서는 몰래 헌제를 만나 상황을 보고하였다. 그리고 조서를 받아 여포에게 건네주었다. 이후 북액문(北掖門) 안에 10여 명의 무사들을 배치해두었다. 여기에는 이숙(李肅)도 있었다. 《연의》에서 여포를 꾀어 동탁 휘하에 들게 했던 인물이다. 이 당시에는 여포와 뜻을 함께 하고 있었던 것이다.

이윽고 문 앞에 동탁의 수레가 이르렀다. 헌데 말의 행동이 이상했다. 자꾸 뒷걸음만 치는 것이었다. 이에 여포가 동탁을 안내하여 문 안으로 들어서자 이숙이 창으로 동탁을 찔렀다. 그런데 동탁은 속에 갑옷을 입고 있어 치명상을 입히지 못했다. 이어 다시 어깨를 찌르자 동탁이 "여포

는 어디에 있느냐?"며 다급히 외쳤다. 그러자 여포가 다가와 "여기 도적을 주살하라는 조서가 있다"고 대답하였다. 이에 동탁이 "강아지를 키워줬더니 감히!"라 하였고 동탁의 말이 채 끝나기도 전에 여포는 다시 한 번 동탁을 찔렀다. 이어 궁 안팎으로 조서를 보내 동탁이 주살되었음을 알렸다. 그러자 사졸들이 일제히 만세를 불렀고 백성들은 길거리에서 노래를 부르며 춤을 추었다(士卒皆稱萬歲 百姓歌舞於道).

●《후한서(後漢書)》〈동탁열전(董卓列傳)〉

각자도생 各自圖生

제각기 살 길을 모색하다 　　　　　　　　　　　　　　　　-《연의》인용

개인이 알아서 각자 살 궁리를 한다는 의미이다. 구명도생(苟命徒生) 혹은 구명도생(救命圖生)도 같은 의미를 나타내는 성어들이다.

동탁이 주살되자마자 그 일족과 그동안 동탁을 따르던 세력들도 일거에 제거되었다. 그런데 이 당시 이각(李催), 곽사(郭汜), 장제(張濟) 등 일부 부하들이 외부에 파견 나가 있는 상태였다. 얼마 후 이들이 돌아왔을 무렵 동탁의 옛 부하들을 사면한다는 소식이 전혀 없었다. 사면은커녕 양주(涼州) 출신들을 모조리 처형한다는 소문마저 돌고 있었다. 양주는 서북쪽 변방으로 동탁의 본거지이다. 이에 다들 두려워하며 어찌할 바를 몰랐다.《연의》에서는 이 대목 '흩어져서 각자 살 길을 모색하려 한다(各自圖生)'는 표현을 사용하고 있다.

　이때 가후(賈詡)라는 인물이 나서서 말하길 "들리는 소문에 의하면 조정에서는 양주 출신들을 다 죽인다고 하는데, 지금 여러분들이 흩어지면 쉽게 붙잡히고 말 것입니다. 차라리 부대를 몰아 장안을 공격해 동탁의 원수를 갚되 만약 실패하거든 그때 도망쳐도 늦지 않을 것입니다."라고 말하였다. 가후 또한 양주 출신으로 얼마 전까지 동탁의 사위 우보(牛輔)를 보좌하고 있었다. 하지만 동탁이 주살되고 얼마 지나지 않아 우보도 살해되었다. 그러니 가후로서는 이제 좋으나 싫으나 이들과 한 배

에 탄 신세였던 것이다.

이에 이각 등이 병사들을 모아 결사적으로 싸워 10여일 만에 장안성을 함락시키고 만다. 이때 여포는 패주하였고 왕윤은 살해되었다. 이후 이각 일당은 장안에 군사들을 풀어 닥치는 대로 노략질하고 살육을 일삼았다. 여포가 동탁을 처단하고 아직 해도 넘기지 못했건만 잔존 세력들이 다시 장안을 차지해버린 것이다.

여러 모로 왕윤의 처신에 대한 아쉬움이 남을 수밖에 없는 대목이다. 사실 어느 선까지 엄벌에 처하고, 어느 선까지 사면하느냐를 결정하는 것은 정말 중요하고도 어려운 문제이다. 하지만 결과적으로 이각, 곽사, 장제, 가후 등을 사지로 몰아넣어 결사항전하게 만들었으니 결코 현명한 대처였다고는 할 수 없다.

●미상(未詳) / 《삼국지(三國志)》〈위서(魏書) 순욱순유가후전(荀彧荀攸賈詡傳)〉, 《삼국지연의》9회

2장

호걸들의 각축

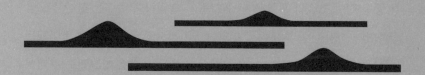

1

조조와 도겸의 악연

권력을 장악하고 농단한 지 불과 3년 만에 동탁은 비참한 말로를 맞고야 말 았다. 하지만 이미 기울어진 한(漢)은 쉽게 제자리를 찾지 못한다. 이제 조조 를 비롯한 뭇 호걸들은 어떤 움직임을 보이게 될까!

불공대천 不共戴天

함께 하늘을 이고 살 수 없다   -《연의》인용

부모의 원수를 가리키는 표현이다. 불구대천(不俱戴天), 불구대천지수(不俱戴 天之讎)의 형태로도 접할 수 있다.

193년, 조조가 서주목 도겸(陶謙)을 공격하였다. 이유는 자신의 부친과 일가친척들이 서주에서 살해된 것에 대한 복수였다. 이에 도겸은 담현 (郯縣)으로 물러나 농성하였다. 이후 조조가 공격하였으나 함락시키지 못하고 물러났다. 하지만 조조는 회군하면서 하비(下邳)와 패군(沛郡) 일 대의 백성들을 도륙하였다.

　이때로부터 몇 년 전, 조조의 부친 조숭(曹崇)이 황건적을 피해 가솔 들을 거느리고 서주의 낭야(琅邪)로 피난하였다. 그런데 이때 도겸의 부 장 중 한명이 조숭의 재물을 탐내 그들을 습격하여 죽이는 불상사가 발 생하였다. 하지만 이 부분에서 도겸이 직접적으로 조숭 피살에 관여했는 지 여부가 명확하지 않다. 여러 사서의 기록들도 다소 엇갈리고 구체적

인 내용도 부족하다.

하지만 분명한 것은, 조조는 명확하게 도겸을 자신의 원수로 규정했다는 점이다. 《연의》에서는 이 대목에서 "도겸은 부친의 원수로 함께 하늘을 이고 지낼 수 없다(此讐不共戴天)."며 복수를 다짐하는 장면이 등장한다. 그래도 무고한 백성들을 학살한 것은 누가 보더라도 지나쳤다.

✚ 이는 《예기(禮記)》에 등장하는 표현이다. 《예기》에 이르길 "부친의 원수는 함께 하늘을 이고 지낼 수 없고, 형제의 원수는 무기를 거둘 수 없으며, 친구의 원수는 같은 나라에 살 수 없다(父之讎 弗與共戴天. 兄弟之讎不反兵. 交游之讎不同國)."라고 하였다. 여기서 무기를 거두지 않는다(不反兵)는 것은, 항상 무기를 지니고 다니며 복수의 기회를 노린다는 의미이다.

●《예기(禮記)》〈곡례(曲禮) 상(上)〉,
《후한서(後漢書)》〈유우공손찬도겸열전(劉虞公孫瓚陶謙列傳)〉, 《삼국지연의》 10회

경천위지 經天緯地

하늘과 땅을 주무르며 다스리다 -《연의》 인용

경(經)은 직물의 날줄, 위(緯)는 씨줄을 가리킨다. 요컨대 '경천위지'란 날줄과 씨줄로 베를 짜듯 천지를 다스림을 뜻한다. 아울러 경위(經緯)는 사물의 조리 나 질서를 의미하는 말로 쓰인다.

194년, 조조가 다시 도겸을 공격하였지만 얼마 지나지 않아 급히 회군하 였다. 후방에서 뜻하지 않은 급습을 당했기 때문이다. 대체 무슨 일이 일 어났던 것일까?

장본인은 바로 여포였다. 아울러 장막(張邈)과 진궁(陳宮)도 함께 하고 있었다. 장막은 진류(陳留) 태수로 조조와 어릴 적부터 친구였다. 또한 반 동탁 연합에서도 조조와 함께 한 바 있다. 이 당시 여포는 갈 곳 없는 신 세였다. 이각과 곽사에게 패퇴한 뒤 원술과 원소에게 의탁하였으나 오래 머물지 못했던 것이다. 그러다 이 무렵 진류를 지나게 되었다.

이때 조조의 부하인 진궁이 장막을 설득하기를 "지금 연주의 군사들 이 도겸을 원정하느라 비어 있는데, 여포는 맹장이지만 갈 데가 없으니 그를 불러들여 함께 연주를 차지하면 이 시대를 주름잡을 수 있습니다." 라 하였다. 이리하여 장막과 진궁이 여포를 앞세워 조조에 반기를 들게 된 것이다. 그러자 일대의 군현들이 대거 장막에게 투항했고, 몇몇 현만 이 남아 힘겹게 저항하였다. 이 때 복양을 지키던 하후돈이 잡혔다가 겨우 풀려나는 등 조조로서는 큰 위기였다.

이 대목 《연의》에서는 진궁이 여포에게 이런 계책을 낸다. "복양성에 큰 부호가 있는데, 그로 하여금 조조에게 서신을 보내게 하십시오. 내용은 '여포가 포악하여 민심이 크게 원망하고 있습니다. 조만간 병력을 여양(黎陽)으로 옮기려 하는데 야간에 진병해 오시면 내응하겠습니다.'라고 하게 하십시오. 이렇게 하여 조조가 성 안으로 들어오면 사방의 성문에 불을 지르고 성 밖에 복병을 두십시오. 조조가 비록 경천위지의 재주가 있다 한들 어찌 달아날 수 있겠습니까(曹操雖有 經天緯地之才 到此安能 得脫也)?"

+ BC 514년, 진(晉)의 대부 위헌자(魏獻子)와 성전(成鱄)이 나누는 대화 중에 등장하는 내용이다. 이때 성전이 위헌자에게 '아홉 가지의 덕(九德)'에 대해 설명하였다.

"능히 마음으로 의로움을 제어하는 것을 도(度)라 하고, 덕행이 바르며 조화로운 것을 막(莫)이라 하고, 널리 사방을 비추는 것을 명(明)이라 하고, 힘써 베풂에도 사사로움이 없는 것을 류(類)라 하고, 게으름 없이 남을 깨우치는 것을 장(長)이라 하고, 선악을 가려내어 상과 벌로서 위엄을 세우는 것을 군(君)이라 하고, 인자하고 화순하여 널리 따르게 만드는 것을 순(順)이라 하고, 선한 것을 가려 좇는 것을 비(比)라 하며, 하늘과 땅을 주무르며 다스리는 것을 문(文)이라 합니다(經緯天地曰文). 이 아홉 가지 덕을 지킨다면 장차 하늘이 준 복록을 후손들에게 물려줄 수 있는 것입니다."

● 《춘추좌전(春秋左傳)》〈소공(昭公)28년〉,
《삼국지(三國志)》〈위서(魏書) 여포장홍전(呂布臧洪傳)〉, 《삼국지연의》 12회

부정모혈 父精母血

아버지와 어머니의 정혈(精血)   -《연의》 인용

사람의 몸은 부모에게 물려받은 소중한 것임을 강조하는 표현이다. 정(精)과
혈(血)은 모두 의학용어로, 현대에도 많이 사용하는 단어인 정신(精神), 정기
(精氣), 혈기(血氣), 심혈(心血) 등에서도 볼 수 있다.

194년 여름 무렵, 여포의 기습으로 시작된 복양 일대의 공방은 이후 해
를 넘기면서 지루하게 이어졌다. 그 와중에 하후돈이 왼쪽 눈에 화살을
맞는 부상을 입기도 하였다. 맹하후(盲夏候)라는 하후돈의 별명이 이렇
게 생겨난 것이다. 하지만 결국 조조가 반격에 성공하였고 장막은 자신
의 부하에게 살해되었다. 이때 여포와 진궁은 붙잡히지 않고 유비에게
로 달아났다. 그런데 《연의》에서는 하후돈이 눈에 화살을 맞았다는 사
실에 극적인 효과를 높이기 위해 허구를 가미시켰다. 난전 중에 날아든
화살이 하후돈의 눈에 명중하였다. 그러자 조조군이 술렁이기 시작했
다. 이때 하후돈이 얼른 화살을 뽑으니 화살촉에 눈알이 박혀 있었다. 이
를 본 하후돈이 "부모님의 정혈을 어찌 버리겠는가(父精母血 不可棄也)!"
라고 외친 다음 눈알을 삼켜버린다. 이를 본 병사들이 모두 기겁을 하며
전세가 순식간에 뒤집어졌고 결과는 조조군의 승리였다. 비록 허구이지
만 하후돈의 강렬한 이미지를 독자들에게 각인시키는 순간이다.

● 미상(未詳) /《삼국지(三國志)》〈위서(魏書) 제하후조전(諸夏候曹傳)〉,《삼국지연의》 18회

총중고골 塚中枯骨

무덤 속의 마른 뼈다귀 —《정사》 유래

몹시 여윈 사람을 표현할 때 종종 사용되는 성어이다. 하지만 본래 의미는 외모가 아닌 사람의 됨됨이를 가리키는 말이다. 마른 뼈다귀만큼이나 쓸모 없는 사람, 애초에 누구를 가리키는 표현이었을까?

194년의 일이다. 2년 넘게 조조와 전투를 이어오면서 서주목 도겸(陶謙)은 점점 쇠약해졌다. 이에 자신의 신하인 미축(糜竺)에게 "유비가 아니면 서주를 안정시킬 사람이 없다."라고 말하였다. 그러고는 얼마 지나지 않아 병사하고 말았다. 이에 미축이 진등(陳登) 그리고 북해상 공융(孔融) 등과 함께 유비를 서주목으로 추대하려 하였다.

먼저 진등이 유비에게 말하길 "지금 나라가 기울어지려 하는데 이때야말로 공을 세우고 큰일을 도모할 때입니다. 서주는 백성도 많고 부유한 곳인데 지금 장군께 서주를 맡기려고 하는 것입니다."라고 하였다. 그러자 유비가 "저보다 원술이 나을 듯합니다. 원술은 명문세가의 자손으로 민심이 귀부하고 지금 근처 수춘(壽春)에 머물고 있으니 서주를 다스릴 만할 것입니다."라고 대답하였다. 그러자 진등이 "원술은 교만하고 사치하여 난세를 바로잡을 인물이 못 됩니다."라고 말하였다.

이때 옆에서 듣고 있던 북해상 공융이 입을 열었다. 공융과 유비는 서로 인연이 있다. 대략 2년 전 공융이 황건적에게 포위되었을 때 유비가 태사자와 함께 공융을 구원한 바 있다. "원술은 무덤 속의 해골이나 마찬가지로 거론할 가치도 없습니다(冢中枯骨 何足介意). 지금 이는 백성들이 드리는 것입니다. 하늘이 내려주는 것과 마찬가지인데 받지 않는다면 후회하실 겁니다." 이렇듯 공융마저 강하게 권하자 마침내 유비가 서주목의 자리에 오르게 된다.

●《삼국지(三國志)》〈촉서(蜀書) 선주전(先主傳)〉

2

헌제의 여정

수년간에 걸쳐 낙양과 장안 사이를 떠돌던 헌제의 긴 여정이 이제 막바지
로 접어들었다. 하지만 이마저도 그저 새로운 고난의 시작이었으니!

난신적자 亂臣賊子

나라를 어지럽히는 신하와 부모의 뜻을 거스르는 자식   —《정사》 인용

의미상 간신(奸臣)이라는 말과 큰 차이가 없으며, 부정적인 뜻으로만 사용되
는 성어이다.

동탁이 192년에 주살되고 이각과 곽사 등이 권력을 잡은 지도 어느새 3
년 가량이 지났다. 하지만 점차 이들 사이에도 균열이 생겨났다. 그리고
급기야는 장안 내에서 대대적인 유혈 충돌이 일어났다. 그로 인해 사망
자가 속출하였고 백성들의 삶도 피폐해졌다. 그러던 195년, 이런 혼란한
틈을 타 헌제가 장안을 탈출하였다. 그러자 뒤늦게 이를 안 이각과 곽사
가 급히 화친을 맺고 헌제의 어가를 추격하기 시작했다.

그리고 195년 11월, 이각과 곽사는 마침내 홍농(弘農)군에서 어가를
따라잡는데 성공했다. 이에 헌제를 호위하는 군사들과 교전이 벌어졌다.
여기서 다수의 전사자가 발생하였고 각종 국가 문서들도 흩어져버렸다.
이때 헌제를 호위하던 장수 중 저준(沮儁)이란 자가 창에 찔려 말에서 떨
어졌다. 이를 본 이각이 자신의 부하에게 "살아나겠나? 아니면 죽겠나?"

라고 물었다. 그러자 이를 들은 저준이 이각을 향해 "흉악한 놈들이 천자를 겁박했으니, 제아무리 난신적자라 하여도 너희들 같은 놈은 없었다(亂臣賊子 未有如汝者)."라며 욕을 하였다.

+《사기》〈공자세가〉에는 공자가 저술한 《춘추(春秋)》에 대해 이렇게 평하고 있다. "《춘추》의 대의가 행해지면 천하의 난신적자가 두려워하게 될 것이다(春秋之義行 則天下亂臣賊子懼焉)."

　　참고로 공자 스스로도 《춘추》에 대해 제자들에게 이렇게 말한 바 있다. "후대에 나를 알아주는 사람이 있다면 그것은 《춘추》때문일 것이요, 나를 비난하는 사람이 있다면 그 역시 《춘추》 때문일 것이다."

●《사기(史記)》〈공자세가(孔子世家)〉, 《후한서(後漢書)》〈동탁열전(董卓列傳)〉

초근목피 草根木皮

풀뿌리와 나무껍질 　　　　　　　　　　　　　　　　　　-《연의》 인용

먹을 것이 없어 굶주리고 어렵게 연명함을 나타내는 다양한 표현 중 하나
이다.

196년 7월 무렵 양봉(楊奉), 동승(董承), 한섬(韓暹) 등이 천신만고 끝에 헌
제를 모시고 낙양에 입성하였다. 하지만 궁궐은 모두 불타버린 상태였고
이들을 기다린 것은 극심한 굶주림뿐이었다. 이에 백관들이 직접 가시덤
불을 헤치고 나물을 뜯으러 다닐 지경이었다. 《연의》에서는 이를 '다들
성을 나가 나무껍질을 벗기고 풀뿌리를 캐어 먹었다(盡出城去 剝樹皮掘草
根 食之)'라고 묘사하고 있다.

　다시 정사로 돌아와 낙양으로 환도한 이후에도 조정은 여전히 안정되
지 않은 상태였다. 더구나 양봉, 동승, 한섬 등이 서로 공을 다투며 불화
하기까지 하였다. 이에 동소(董昭) 등의 신하들이 헌제에게 인근에 있는
조조를 부르라고 권하였다. 헌제가 이를 윤허하자 조조가 신속히 낙양
에 입성하여 도성을 호위하게 된다. 드디어 조조가 권력의 중심에 서게
된 것이다.

　그러자 얼마 지나지 않아 한섬이 도주해버렸다. 이후 헌제는 조조에
게 조정의 업무를 총괄하게 하였다. 그리고 9월에는 황폐해진 낙양을 대
신에 허현(許縣)으로 도읍을 옮기기로 결정하였다. 이때 양봉이 헌제 일

행을 탈취하려고 시도하였지만 금세 물러나 도망치고 말았다. 이리하여 험난했던 헌제의 여정이 일단락되었다. 낙양에서 장안으로, 장안에서 다시 낙양으로, 그리고 결국에는 허현에 자리 잡게 된 것이다. 낙양에서 즉위할 당시 9세였던 헌제도 어느새 자라 16세가 되었다.

✚ 초근목피(草根木皮)의 유래는 명확하게 말하기는 쉽지 않다. 굶주림을 표현하는 말은 너무나 다양하고, 유사한 표현도 많기 때문이다. 일반적으로 초근목피(草根木皮)란 표현의 유래는 《금사(金史)》로 알려져 있는데, 《금사》는 14세기에 편찬된 사서이다. 요컨대 '초근목피'의 유래는 분명하지 않으며, 상당히 후대에 다듬어진 표현이라고 알아두면 충분하지 않을까라고 조심스레 주장해본다.

● 미상(未詳) / 《삼국지(三國志)》〈위서(魏書) 무제기(武帝紀)〉, 《삼국지연의》 14회

임기응변 臨機應變

상황에 따라 적절하게 대처하다

-《정사》 인용

구습이나 이론에 얽매이지 않고 상황에 따라 융통성 있게 행동함을 일컫는 표현이다.

조조가 헌제를 영입하였다는 소식을 들은 원소는 조조에게 한 통의 서신을 보냈다. 그런데 조조 입장에서 보기에 원소의 태도가 너무나 오만하였다. 당시 원소는 동북방 일대에서 매우 큰 세력을 형성하고 있었다. 머지않아 거대 세력인 원소와 맞붙을 수밖에 없음을 직감한 조조는 순욱(荀彧)을 불렀다. 순욱은 한때 원소 휘하에 몸담았던 적이 있었기에 원소와 그 부하들의 장단점을 낱낱이 파악하고 있었다. 이에 순욱이 조조와 원소를 비교하기 시작했다. 여러 항목 별로 나누어 두 사람을 비교하는 이 인물평은 꽤 널리 알려져 있다. 순욱이 조조에게 이렇게 말하였다.

"예로부터 일의 성패는 그 재능에 달렸다고 하였습니다. 재능이 있으면 비록 약자라 하더라도 강대해지고, 진정한 재능이 아니라면 강자라 해도 금세 약자로 바뀌었습니다. 옛날 한고조와 항우의 승부가 이러했습니다. 지금 공과 천하를 다툴 자는 오직 원소뿐입니다. 그런데 원소는 겉으로는 관대하나 내심으로 다른 사람을 시기합니다. 또 사람을 믿더라도 그 충심을 의심합니다. 이에 반해 공께서는 구애받는 것 없이 능력에 따라 인재를 적재적소에 배치합니다. 이는 곧 도량(度量)의 승리입니다.

그리고 원소는 일이 닥쳤을 때 판단이 늦고 결단을 내리지 못해 늘 기회를 놓칩니다. 하지만 공께서는 큰일을 만났을 때 과감히 결단을 내리고 상황에 따라 적절히 대처합니다(能斷大事 應變無方). 이는 곧 책모(策謀)의 승리입니다."

✚ '변화하는 상황에 그때그때 적절하게 대처한다'는 의미의 표현은 무척 다양하다. 대략 응기(應幾), 응변(應變), 기변(機變), 권변(權變) 등을 꼽을 수 있다. 상황이나 문맥에 따라 차이는 있지만, 대부분 긍정적인 의미로 쓰인다. 혼란스러운 시대를 배경으로 하니 '임기응변에 능하다'는 인물평은 칭찬이 되는 것이다.

그런데 《맹자(孟子)》〈진심(盡心)〉편에서는 다소 부정적인 의미로 등장한다. "부끄러움을 아는 것은 사람에게 있어 중요한 일이다. 허나 임기응변에 뛰어난 자는 부끄러운 줄을 모른다(恥之於人大矣. 爲機變之巧者 無所用恥焉)."

● 미상(未詳) / 《삼국지(三國志)》〈위서(魏書) 순욱순유가후전(荀彧荀攸賈詡傳)〉

부유설검 腐儒舌劍

썩은 선비의 칼날 같은 혀 -《연의》유래

함부로 내뱉는 말은 곧 자신을 헤치는 흉기가 될 수 있음을 일컫는 표현이다. 유사한 표현으로 설망어검(舌芒於劍)이 있다.

헌제가 오랜 유랑을 마치고 허도(許都)에 자리를 잡았다는 소식이 알려지자 많은 인재들이 허도로 몰려들기 시작했다. 아직 한(漢)에 희망이 있다고 보았거나 오랜만에 출사할 기회가 열렸다고 본 것이리라. 그 중에는 20세 가량의 젊은 기재인 예형(禰衡)도 있었다.

예형은 어려서부터 재능이 뛰어났다. 하지만 자신의 재주를 믿고 거만하고 오만하여 함부로 독설을 내뱉곤 했다. 당시 예형은 조조의 책사인 순욱에 대해서도 '상가(喪家)에 조문 가는 데나 쓰면 제격인 인물'이라며 폄하하였다. 이후 조조도 예형에 대한 소문을 듣게 되었다. 하지만 예형의 무례한 말과 행동을 본 조조는 그를 등용하려 하지 않았다.

그러면서 말하길 "저런 더벅머리 아이를 없애봤자 참새나 쥐를 죽이는 것이나 마찬가지일세. 저렇게 쓸데없는 명성만 높은 놈을 죽이면 사람들은 내가 인재를 포용하지 못한다고 할 것이네. 형주의 유표에게나 보내버리게."라고 하였다. 이렇게 예형은 유표에게 사자로 파견되었다. 이후 유표는 예형을 상빈으로 대접하였다. 하지만 역시나 예형은 유표 주변 인사들을 폄하하는 말들을 함부로 하였다. 결국 유표는 예형을 강하(江夏)에 있는 황조(黃祖)에게 보내버렸다. 그리고 얼마 지나지 않아 결국 황조가 예형을 베어버렸다.

이렇듯 예형의 무례한 언사와 기이한 행동과 비참한 말로는 《연의》와 정사의 내용이 대체로 유사한 편이다. 다만 《연의》에는 '예형이 황조에게 죽임을 당했다'는 소식을 듣고서 조조가 했던 말이 덧붙어 있다. 이때 조조는 웃으면서 "썩은 선비의 칼날 같은 혀가 결국 제 목을 찔렀구나(腐儒舌劍 反自殺矣)!"라고 말한다.

● 《삼국지(三國志)》〈위서(魏書) 순욱순유가후전(荀彧荀攸賈詡傳)〉(배송지주 평원예형전(平原禰衡傳) 등 인용), 《후한서(後漢書)》〈문원열전(文苑列傳)〉, 《삼국지연의》 23회

3

물고 물리는 싸움

이제 헌제를 품에 안은 조조를 중심으로 이야기가 펼쳐진다. 연호 또한 새롭게 바뀌어 건안(建安). 바야흐로 삼국지의 본격적인 이야기가 펼쳐지는 건안 시대가 열린 것이다.

구호탄랑 驅虎呑狼

범을 몰아 이리를 삼키다   -《연의》 유래

이호경식(二虎競食), 즉 두 마리의 범을 서로 싸우게 하는 계책과 함께 언급되는 전략 중 하나이다. 요지는 내가 가진 전력을 사용하지 않고 주변에 있는 세력들의 힘을 소진시키는 것이라 하겠다.

196년, 원술이 서주목 유비를 공격하였다. 당시 수춘을 근거지로 했던 원술은 자신의 세력을 넓히고자 사방으로 적극적인 공세를 취하고 있었다. 게다가 평소 원술은 유비의 출신이 미천하다하여 상당히 깔보아 온 터였다. 이에 맞서서 유비는 하비(下邳) 동남쪽에 위치한 우이(盱眙), 회음(淮陰) 인근으로 출진하였다. 때마침 조조가 표문을 올려 유비를 진동장군(鎭東將軍)에 임명하였다. 이때 유비 휘하에 있던 진군(陳群)이 말하길 "장군께서 지금 동쪽으로 출병하시면 원술과 다투게 됩니다. 혹여 여포가 우리의 배후를 공격하면 어쩌려고 그러십니까?"라며 출진을 만류하였다. 진군으로서는 당시 유비에게 의탁해 있던 여포가 매우 걱정스러웠던 것이다.

앞서 195년에 여포와 진궁은 조조에게 패하고 나서 유비를 찾아왔었다. 이때 유비는 갈 데 없는 이들을 받아주었다. 하지만 유비는 진군의 간언에도 불구하고 출병을 강행하였다. 그리고 이후 약 한 달간 원술과 대치가 이어졌다. 그러자 진군이 우려했던 대로 여포가 하비성을 기습하였다. 이때 성 안에 있던 조표(曹豹)라는 자가 성문을 열어주어 여포는 손쉽게 하비를 점령할 수 있었다. 아울러 여포는 유비의 가솔들까지 포로로 잡게 된다. 조표는 본래 도겸의 부하였는데, 무슨 이유에서였는지 유비를 배신한 것이다.

《연의》에서는 이런 상황 전체를 순욱이 의도적으로 꾸민 것으로 그리고 있다. 순욱이 조조에게 건의하길 "이것은 범을 몰아 이리를 삼키는 계교입니다(驅虎吞狼之計). 원술에게 사람을 보내어 '유비가 원술의 땅인 남군을 치겠다'는 표를 올렸다고 전하게 하십시오. 그러면 원술이 노하여 유비를 공격할 것입니다. 이때 유비에게 원술을 공격하라는 명령을 내리면 서로 맞붙게 될 것입니다. 그리되면 여포가 가만히 있지 않을 것입니다."라고 하였다.

잘 살펴보면 유비가 진동장군에 임명된 것, 유비와 원술이 다툰 것, 여포가 유비의 뒤통수를 친 것, 조표가 배신하여 여포에 내응한 것 등 사실(史實)에 근거하여 매우 개연성 있게 이야기를 엮었음을 알 수 있다. 여기에 장비가 술을 마시고 조표를 매질한 것은 허구이지만 아마도 조표의 배신을 설명하기 위한 설정이었을 것이다.

●《삼국지(三國志)》〈촉서(蜀書) 선주전(先主傳)〉,《삼국지연의》 14회

원문사극 轅門射戟

원문에서 극을 향해 활을 쏘다 ─《정사》 유래

어떤 문제를 유혈충돌 없이 원만하게 해결한다는 의미로 종종 사용되는 말이다. 아울러 여포의 궁술이 매우 뛰어났음을 증명하는 일화로 두고두고 회자되는 장면이기도 하다.

196년, 여포가 유비의 배후를 기습하여 하비를 빼앗은 직후의 일이다. 이때부터 여포는 서주자사를 자칭하였고 유비는 회군하여 소패(小沛)에 주둔하게 되었다. 어느새 주인이 세 들어 사는 모양새가 된 것이다. 그러자 이번에는 원술이 부장 기령(紀靈)을 보내 유비가 주둔한 소패를 공격하게 하였다. 이에 유비는 여포에게 구원을 요청하였다.

그런데 뜻밖에도 여포가 유비를 구원하기 위해 출진하였다. 당시 여포의 부하들도 이를 의외라고 생각했다. 이에 여포는 부하들에게 '원술을 견제하기 위해서'라고 설명하였다. 그러고는 유비와 기령을 한데 모이게 한 후 이렇게 말하였다.

"현덕(유비)은 나의 아우입니다. 아우가 힘든 처지에 있다기에 도우려고 왔소이다. 본래 나는 남과 다투는 것을 좋아하지 않고 말리는 것을 좋아합니다."라고 말하였다. 그리고 부하를 시켜 끝이 갈라진 무기인 극(戟)을 저 멀리 군영 입구에 세우게 한 후 자리에 모인 모든 이들에게 이렇게 말하였다.

"여러분들은 내가 저 극의 작은 가지를 쏘아 맞추는 것을 구경하되, 단 한 발에 맞추면 화해하고 떠나고 만약 맞추지 못하면 결전을 해도 좋습니다." 이렇게 여포는 활을 들어 화살을 쏘았다. 한참을 날아간 화살은 극의 작은 가지를 정확하게 맞추었다. 이를 본 모든 장수와 병사들이 놀라움을 금치 못했다. 그리고 다음날 양측의 병력이 모두 해산하였다.《연의》에서는 이 상황을 함축하여 원문사극(轅門射戟)이라는 성어로 표현하고 있다.

● 《삼국지(三國志)》〈위서(魏書) 여포장홍전(呂布臧洪傳)〉

누란지위 累卵之危

계란을 쌓아놓은 듯한 위기　　　　　　　　　　　　-《정사》 인용

불안한 형세를 표현할 때 상투적으로 등장하는 표현이다. 태산처럼 안정적 이란 뜻의 태산지안(太山之安)과 대구로 사용되는 경우도 매우 흔하다.

이듬해인 197년의 일이다. 여포의 중재로 유비 공격에 실패한 원술은, 이후 여포와 결탁하여 자신의 지원세력으로 삼고자 하였다. 그리하여 자신의 아들과 여포의 딸의 혼사를 추진하였다. 이를 여포가 수락하자 원술은 사자를 파견해 여포의 딸을 데려오게 하였다. 이 무렵 원술은 스스로 황제를 칭하고 있었는데 이 사실도 여포에게 알렸다.

그런데 이를 들은 패국상(沛國相) 진규(陳珪)는 '이 혼사가 성사되면 여포와 원술의 세력이 합해져 나라의 재난이 될 것이다.'라고 생각하였다. 이에 곧장 여포를 찾아가 설득한다. 진규가 여포에게 말하길 "지금 조조는 천자를 받들고 천하에 위엄을 떨치니, 장군께서는 의당 조조와 협조하면서 방책을 강구해야만 태산처럼 안정될 수 있습니다. 그런데 지금 원술과 혼사를 맺으면 불의하다는 평판을 듣게 될 것입니다. 필시 계란을 쌓아 놓은 듯한 위기에 처하게 될 것입니다(必有累卵之危)."라고 하였다.

진규의 말을 들은 여포가 가만히 생각해보니 예전에 원술에게 좋지 않았던 감정들이 문득 다시 떠올랐다. 그리하여 원술에게 되돌아가던 사자를 추격하여 딸을 데려오게 하였다. 아울러 원술의 사자를 구금하

여 허도로 보내버렸다.

●《한비자(韓非子)》〈십과(十過)〉,《삼국지(三國志)》〈위서(魏書) 여포장홍전(呂布臧洪傳)〉

도탄 塗炭

진흙 수렁과 숯불 구덩이   -《정사》인용

백성들의 비참한 모습을 표현할 때 '도탄에 빠지다'라는 형태로 쓰인다. 간혹 도탄지고(塗炭之苦)라 하여 '진흙 수렁과 숯불 구덩이에 떨어진 듯한 고통'이라 말하기도 한다.

여포의 일방적인 혼담 파기에 원술은 대노하였다. 이에 장훈(張勳) 등을 보내 여포를 공격하였지만 패퇴하였다. 이후 원술은 황제라는 이름에 맞추려는 듯 사치와 낭비를 일삼았고, 수백 명의 궁녀들 모두가 비단옷을 입고 고량진미를 먹었다.

그러던 197년 9월, 조조가 직접 원술에 대한 공격에 나섰다. 그러자 애초부터 조조군의 적수가 되지 못했던 원술군은 금세 와해되어버렸다. 게다가 수춘 일대에 극심한 흉년이 들어 관리와 백성들 모두가 굶주림에 시달리고 있었다. 이때 원술의 관료 중 서중응(舒仲應)이 군량으로 비축된 10만 곡(斛)을 굶주린 백성들에게 모조리 나누어 주었다. 이에 원술이 대노하며 말을 탄 채 병사들 앞에서 서중응을 참수하려 하였다. 그러자 서중응이 말하길 "의당 처형당할 줄 알고 한 일이다. 내 목숨 하나 버리고 백성들을 도탄에서 구하려 하였다(寧可以一人之命 救百姓於塗炭)."라고 하였다. 그러자 원술이 말에서 내려서 서중응을 붙잡고는 "중응! 자네 혼자 천하의 명성을 누리려 하는데 나와 함께 누려보지 않겠는가!"라

고 말하였다.

＋ 도탄(塗炭)은 《서경(書經)》에서 유래한 표현으로 은(殷)나라의 시조 탕왕(湯王)에
관한 이야기에서 등장한다. 기원전 16세기 무렵, 탕왕이 하(夏)나라의 마지막 왕
걸(桀)을 몰아내고 제위에 올랐다. 하지만 탕왕은 무력을 이용한 것을 스스로 부
끄럽게 생각하고 있었다. 이전의 요(堯), 순(舜), 우(禹)가 선양의 방식을 통해 제위
를 계승한 것과 대비된다고 여긴 것이다. 이에 중훼(仲虺)라는 신하가 탕왕에게 글
을 올렸다.

"사람은 천성적으로 욕구를 갖고 태어납니다. 때문에 주인이 없으면 어지러워
지고, 하늘은 총명한 자를 내려 다스리게 합니다. 하나라의 걸왕은 덕을 잃고 백
성들을 도탄에 빠뜨렸습니다(民墜塗炭). 이에 하늘이 폐하에게 용기와 지혜를 내
려 천하에 모범이 되게 하였습니다. 폐하께서 우(禹)임금의 유지를 계승하고 그 법
도를 따른다면 이것이 바로 천명을 받드는 것입니다."

●《서경(書經)》〈상서(商書) 중훼지고(仲虺之誥)〉,
《후한서(後漢書)》〈유언원술여포열전(劉焉袁術呂布列傳)〉

4

조조와 장수의 대결

조조가 자신의 동쪽 편에 위치한 세력들과 다툼을 벌이던 시기, 서쪽 편에서 수시로 조조를 괴롭혔던 장수(張繡)에 관한 이야기이다.

단병접전 短兵接戰

짧은 무기를 들고 맞붙어 싸우다   -《정사》인용

원거리 무기가 아닌 근접 병기를 이용해 싸운다는 뜻이다. 하지만 그 속을 들여다보면 사뭇 비장함이 숨어 있는 표현이기도 하다.

조조가 헌제를 영입한 이후 이각,곽사 등 동탁의 잔존 세력들은 뿔뿔이 흩어지게 된다. 장제(張濟)와 조카인 장수(張繡)도 그 세력 중 하나로 이 무렵 극심한 굶주림에 시달리고 있었다. 이에 이들은 무리를 이끌고 형주 관할의 양현(穰縣)에 침입하였다. 그런데 난전 중에 장제가 화살에 맞아 전사하고 말았다.

이를 들은 형주의 관리들이 형주목 유표에게 축하 인사를 하였다. 헌데 유표는 "장제가 우리 땅까지 쫓겨 왔는데, 주인으로서 싸우기는 하였지만 이는 본래 나의 의도가 아니었다. 그러니 조문할 일이지 축하할 일은 아니다."라고 하였다. 이렇게 하여 장수와 그 병사들은 유표에게 의탁하게 된다. 그리고 얼마 지나지 않은 197년 1월, 조조가 장수를 공격해 왔다. 이에 승산이 없다고 생각한 장수는 조조에게 곧바로 투항하였다.

그런데 여기서 문제가 발생하였다. 조조가 며칠 지나지도 않아 장제의 미망인인 추(鄒)씨를 첩으로 들인 것이다. 추씨는 장수의 숙모인데 장수로서는 큰 모욕이 아닐 수 없었다. 이에 장수가 투항한 지 10여일 만에 조조를 배반하고서 조조의 영채를 급습하였다. 그러자 조조는 급하게 탈출하였고, 맹장 전위(典韋)가 군영 안에 남아 싸움을 이어갔다. 이때 전위를 공격해오는 병사의 수는 점점 늘어나고 전위가 긴 창을 좌우로 휘두르니, 한 번씩 창이 엇갈릴 때마다 창 10여 자루가 부러졌다. 전위의 부하들은 하나 둘 쓰러지고 전위 자신도 수십 군데 부상을 당하였다. 마지막에는 긴 창이 아닌 단도를 들고 맞붙어 싸웠다(短兵接戰). 하지만 끝내 전위는 전사하고 말았다. 얼마후 이를 들은 조조가 그 시신을 찾아오게 하여 전위의 시신 앞에서 통곡하였다.

✚ BC 203년 12월, 항우(項羽)의 최후도 전위와 비슷했다. 한고조 유방과 천하의 패권을 다투던 항우는, 마지막에 자신을 따르는 병사들이 수십에 불과한 상황에서도 단병접전(短兵接戰)을 벌이며 포위한 적병 수백을 격살하였다.

이렇듯 단병접전(短兵接戰)에는 장렬한 분위기가 묻어 있다. '단병접전'에 대한 이야기는 뒤에 또한번 등장하니 그때 다시 이야기하도록 하겠다.

● 《사기(史記)》〈항우본기(項羽本紀)〉,
《삼국지(三國志)》〈위서(魏書) 이이장문여허전이방염전(二李臧文呂許典二龐閻傳)〉

망매지갈 望梅止渴

매실을 떠올려 갈증을 잊게 하다   -《정사》 유래

임기응변에 능한 조조의 일면을 보여주는 이야기이다. 상황에 따라 적절한
거짓말도 큰 효과를 발휘할 수 있음을 보여주는 일화이기도 하다.

197년 1월에 조조에게 큰 타격을 입히고 물러났던 장수(張繡)는 이후 남
양군 일대를 차지하며 웅거하였다. 그리고 유표와 연합하여 수시로 조
조의 후방을 공격하며 괴롭히곤 하였다.

이에 198년 3월, 조조가 남양군 양현(穰縣)으로 직접 출병하여 장수의
부대를 포위하였다. 그러자 유표가 원군을 보내 조조의 배후를 차단하
였다. 이에 조조는 역습을 대비하며 천천히 조심스럽게 물러났다. 이즈
음 조조는 자신의 모사인 순욱에게 서신을 보냈는데, 그 서신에는 '안중
(安衆)현에 도착할 때쯤이면 장수의 부대를 격파하게 될 것'이라는 내용
이 들어 있었다.

이 무렵은 어느새 여름으로 접어들어 매우 무더운 날씨가 이어졌다.
그런데 조조군이 행군하던 중 마실 물이 부족하여 모두가 심한 갈증에
시달리게 되었다. 물 긷는 길(汲道)을 잃어버렸던 것이다. 이때 조조가 군
사들을 향해 큰소리로 말하였다.

"저 앞에 큰 매화나무 숲이 있다. 매실 열매도 넉넉하고 그 맛도 달고
시니 갈증을 해소하기에 충분할 것이다(前有大梅林 饒子甘酸 可以解渴)." 그

러자 이를 들은 병사들 입에 저절로 군침이 돌았다. 그렇게 잠시나마 갈증을 잊고 행군을 계속하던 중 다행히 큰 샘을 발견할 수 있었다.

✚ 조조가 행군 중에 매실을 언급한 일화는 《세설신어(世說新語)》에 단편적으로 소개되어 있다. 그래서 언제 어디서 있었던 사건인지 확정하기는 어렵다. 이에 필자는 당시의 전황 및 시기 등을 고려하여 조조가 장수와 싸우며 양현에서 안중현으로 행군하던 중에 있었던 일화로 추정하였음을 밝힌다.

●《삼국지(三國志)》〈위서(魏書) 무제기(武帝紀)〉, 《세설신어(世說新語)》〈가휼(假譎)〉

사지즉전 死地則戰

사지에서 싸우다

물러날 데 없는 상황에서 최강의 전투력을 발휘하게 하는 전술의 일종이다.

198년 여름, 양현에서 물러난 조조군이 안중현에 이르렀다. 하지만 이때 안중현은 장수와 유표가 험지를 선점하고 있는 상황이었다. 게다가 조조군은 앞과 뒤로 적을 상대해야 하는 상황이라 상당히 불리해 보였다. 이에 조조는 야간에 참호와 도로를 파서 물자를 이동시킨 후 군사들을 매복시켜 두었다. 다음날 날이 밝자 장수와 유표가 조조군의 진영을 샅샅이 살펴보았다. 조조군이 급히 도망친 것으로 판단하고 전군을 몰아 급히 추격에 나서기 시작했다. 그때 조조가 매복했던 병사들에게 일제히 공격을 명하였다. 결과는 조조군의 대승이었다.

조조가 허도로 귀환하였을 때는 198년 7월이었다. 이때 순욱이 조조에게 묻기를 "앞서 서신에 말씀하시길, 적을 격파할 수 있다고 자신 있게 말씀하셨는데 어떤 연유였는지요?"라고 물었다. 이에 조조가 대답하길 "그때 적이 우리의 퇴로를 막았다. 때문에 아군은 사지에서 싸우게 되었으니 반드시 승리할 것이라 생각하였다(與吾死地戰 吾是以知勝矣)"라고 하였다.

✚ 여기서 조조가 언급한 사지(死地)는 단순히 '죽을 곳'이란 뜻을 나타내는 말이 아니다. 《손자병법(孫子兵法)》에서 분류한 아홉 지형 중 하나인 사지(死地)를 가리킨 것이다. 〈구지(九地)〉편에 "분투하면 살 수 있고 그렇지 않으면 죽는 땅을 사지라 한다(疾戰則存 不疾戰則亡者 爲死地)."고 설명하고 있다. 즉 퇴로가 차단된 상황에 몰리면 병사들이 죽기 살기로 싸울 수밖에 없는 것이다(死地則戰). 이른바 '벼랑끝 전술'이라 할 수 있다.

●《손자병법(孫子兵法)》〈구지(九地)〉,《삼국지(三國志)》〈위서(魏書) 무제기(武帝紀)〉

5
여포와 공손찬의 최후

각 세력들 간에 진검승부가 펼쳐지면서 하나둘 탈락자들이 생겨난다. 아울러 삼국지 초반을 화려하게 수놓았던 인물들이 퇴장하며 사뭇 아쉬움을 남기기도 한다.

이란격석 以卵撃石

계란으로 바위를 치다 　　　　　　　　　　　　　　　　　　　　　-《정사》 인용

도저히 상대가 되지 않는 무모한 대결을 일컫는 표현이다.

198년, 여포가 유비를 공격하였다. 이때로부터 9년 전 정원(丁原)에 대한 배신을 시작으로 동탁으로 이어진 여포의 배신은 이제 그리 새삼스러울 것도 없어 보인다. 이에 조조는 애꾸눈 하후돈을 보내 유비를 구원하려 하였다. 하지만 하후돈은 여포에게 패하였다.

그러자 이번에는 조조가 직접 대군을 몰아 출병하였다. 조조가 성 가까이에 이르자 진궁이 여포에게 건의하길 "지금 적은 지쳐 있으니 이때 들이친다면 반드시 이길 수 있습니다."라고 하였다. 하지만 여포는 "저들이 공격하여 오기를 기다렸다가 사수(泗水)로 몰아넣는 편이 나을 것이오."라며 듣지 않았다.

이후 조조는 성을 공격하는 한편으로 항복을 권하는 서신을 보내 여포를 설득하기도 하였다. 이에 여포가 조조에게 투항할 마음을 갖게 되

었다. 이후 조조의 공세가 거세지자 여포가 군사들에게 말하길 "너는 서로 공격하지 말라. 나는 명공(明公)에게 자수할 것이다."라고 하였다. 이에 진궁이 여포에게 이렇게 말하였다. "조조는 역적인데 어찌 명공이라 하십니까! 지금 항복하는 것은 계란을 바위에 던지는 것과 같습니다(今日降之 若卵投石). 어찌 몸을 보전할 수 있겠습니까!"

✚ 순자(荀子)가 조효성왕(趙孝成王) 앞에서, 임무군(臨武君)이란 자와 병법에 대해 논의하는 장면이다. 참고로 조효성왕의 재위 기간은 BC 266년에서 245년이었다. 먼저 임무군이 '병법에서는 변화와 속임수가 중요함'을 논하였다. 그러자 순자가 '그것은 제후들의 일'이라며 비판하고는 군왕이 지향해야 할 바를 설파하기 시작했다.

"어진 자의 용병술은 속임수를 쓰지 않습니다. 속임수를 쓰는 것은 태만하여 군신의 사이가 덕(德)과 멀어져 있을 때에 적용되는 것입니다. 그러므로 걸왕(桀王)과 같은 군주가 걸왕 같은 자를 속일 때는 그러한 용병술로 요행을 바랄 수 있을 것입니다. 하지만 걸왕과 같은 자가 요(堯)임금을 속이는 것은, 비유컨대 바위에 계란을 던지는 것과 같고 끓는 물을 손가락으로 휘젓는 것과 같습니다(若以卵投石 以指撓沸). 또한 물이나 불 속으로 뛰어드는 것과도 같으니 빠져죽거나 타죽게 되는 것입니다."

●《순자(荀子)》〈의병(議兵)〉,
《삼국지(三國志)》〈위서(魏書) 여포장홍전(呂布臧洪傳)〉(배송지주 헌제춘추(獻帝春秋) 인용)

반복무상 反覆無常

말이나 행동이 이랬다저랬다 하며 일정하지 않다 　　　　　　　－《정사》 인용

반복(反覆)은 현재 우리가 사용하는 단어 중에서는 번복(飜覆)과 유사하다고 볼 수 있다. 어떤 판정이나 결정이 뒤집어진다는 뜻으로 사용된다.

조조의 포위가 이어지자 여포의 부하들이 연이어 투항하였다. 결국 여포도 생포되어 결박된 채 조조와 유비 앞으로 끌려왔다. 이때 여포가 "밧줄이 너무 조이니 느슨하게 풀어주시오."라고 청했지만 조조는 "범은 단단히 묶지 않으면 안 된다."고 하였다. 그러자 여포가 "그간 공의 골칫거리는 바로 저 여포였는데 이제 제가 굴복하니 앞으로 걱정이 없을 것입니다. 공께서 보병을 이끄시고 제가 기병을 이끌면 천하를 쉽게 얻을 수 있습니다."라며 빌었다. 이를 들은 조조가 잠시 흔들리는 눈치를 비쳤다. 그러자 옆에 있던 유비가 얼른 나서며 "공께서는 정원과 동탁의 일을 잊으셨습니까?"라 하니 조조가 고개를 끄덕였다. 이에 여포는 "저 귀 큰 놈은 믿을 수가 없구나!"라며 유비에게 욕을 퍼부었다.

《삼국지》의 편찬자인 진수(陳壽)는 여포를 이렇게 평하였다. "여포는 성난 범처럼 용맹했지만 영명하거나 뛰어난 전략이 없었다. 게다가 경솔하고 교활하게 이랬다저랬다 하면서 오직 이익만을 추구했다(輕狡反覆唯利是視). 예로부터 이런 자들이 패망하지 않은 경우가 없었다."

● 미상(未詳) /《삼국지(三國志)》〈위서(魏書) 여포장홍전(呂布臧洪傳)〉

좌대이멸 坐待夷滅

앉아서 멸망하기를 기다리다 —《정사》 유래

진수(陳壽)가 공손찬(公孫瓚)을 평하면서 한 말이다. '앉아서 기다리다'는 의미인 좌대(坐待)와 '멸망'의 동의어인 이멸(夷滅)을 붙였을 뿐이지만 공손찬의 마지막을 이 이상으로 표현할 방법은 없어 보인다.

공손찬은 요서(遼西)군 출신이다. 고구려와 그리 멀지 않은 지역이다. 어려서 탁군(涿郡)에 유학하여 노식(盧植) 문하에서 유비와 함께 공부한 적도 있었다. 이후 공손찬은 이민족들과의 싸움에서 전공을 올리며 차츰 자신의 세력을 넓혔다.

하지만 190년 이후 주변에 자리한 유주목 유우(劉虞)와 반목하였고, 원소와도 계속해서 대립하였다. 이후 수세에 몰린 공손찬은 역현(易縣)으로 군사를 집결한 뒤, 요새를 구축하고 역경(易京)이라 불렀다. 그러고는 엄청난 양의 곡식을 비축하며 "당장 내가 천하의 일을 결판낼 수는 없으니 차라리 군량을 비축하며 기다리는 편이 나을 것이다. 병서에서도 1백 개의 누각은 공격할 수 없다 했는데 이곳의 누각은 1천여 겹이다. 이 군량이 다할 때쯤이면 천하의 대세가 결정되어 있을 것이다."라고 하였다. 이때가 대략 195년 무렵이다.

공손찬으로서는 내심 원소가 패망하기를 기다린 것이었지만, 원소는 패망은커녕 끊임없이 역경으로 공격해왔다. 그럼에도 공손찬은 번번이

버텨냈다. 그러던 199년, 원소가 전군을 동원하여 침공해왔다. 이에 공손찬은 흑산적과 연합하여 원소를 협공할 계획을 세웠다. 하지만 안타깝게도 흑산적에게 보낸 서신이 그만 원소의 손에 들어가 버렸다. 그리고 이를 원소가 역이용하면서 역경이 함락되었고 결국 공손찬은 자결하고 말았다. 이로써 원소가 동북방 일대를 독차지하며 그야말로 자타공인 최대 세력으로 올라서게 되었다.

● 《삼국지(三國志)》 〈위서(魏書) 이공손도사장전(二公孫陶四張傳)〉

6

원술의 말로

스스로 황제를 참칭했던 원술의 마지막 모습이 그려진다. 아울러 허도에서 조조에 눌려 지내는 유비의 모습도 볼 수 있다.

도광양회 韜光養晦

빛을 감추고 덕을 기르다 —《연의》 유래

명성이나 재능을 드러내지 않은 채 조용히 내실을 다진다는 의미로, 중국이 개혁개방에 힘쓰던 1980년대에 매우 유행했던 성어이다.

여포가 패망한 이후 유비는 조조를 따라 허도로 가 함께 지내게 되었다. 당시 조정의 실권은 모조리 조조가 쥐고 있었고 헌제는 허수아비나 마찬가지였다. 이때 조조는 유비를 좌장군(左將軍)에 천거하였고, 수레에 동석하고 수시로 담화를 나누는 등 상당히 후대하였다. 허나 이때에도 유비는 자신의 속내를 드러내지 않고 있었다.

그러던 199년 어느 날, 19세의 청년이 된 헌제가 장인인 동승(董承)에게 의대를 하사하였다. 그런데 그 의대 속에는 '조조를 주살하라'는 밀조가 숨겨져 있었다. 이에 동승은 함께 거사를 진행할 사람들을 하나둘 모으기 시작했다. 그리고 그 중에는 유비도 포함되어 있었다.

《연의》에서 이 대목을 살펴보겠다. 동승과 뜻을 모은 이후 유비는 후원의 밭에 채소를 심고 손수 물을 주면서 자신의 뜻을 감추는 계책을 쓰기 시작했다(就下處後園種菜 親自澆灌 以韜晦之計). 이를 본 관우와 장비가 "형님은 천하 대사에 관심이 없으신 겁니까? 어찌 소인들이나 하는 일을 하시는 겁니까?"라 물었다. 이에 유비는 "이는 아우들이 알 일이 아니네."라고 대답하였다.

혹 도광양회(韜光養晦)란 표현이 청(淸)나라 시절에 유래했다는 견해도 있지만《삼국지연의》를 유래로 보는 의견이 합당해 보인다.

● 《삼국지(三國志)》〈촉서(蜀書) 선주전(先主傳)〉,《삼국지연의》21회

홍문지회 鴻門之會

홍문에서의 모임   -《연의》인용

과거 항우(項羽)와 유방(劉邦)이 한자리에 모였던 연회를 가리킨다. 항우로서
는 가장 큰 기회를 놓친 곳, 반면 유방에게는 가장 큰 위기를 벗어난 곳으로
후세에 회자되는 사건이다.

다시 정사를 살펴보겠다. 유비가 자신의 속마음을 숨기고 지내던 어느
날, 조조가 유비를 불러 함께 식사를 하였다. 그런데 그 자리에서 조조가
유비에게 이렇게 말하였다. "지금 천하의 영웅은 장군과 나 조조뿐이요.
원소 같은 자들은 손에 꼽을 필요도 없소이다." 이를 들은 유비가 깜짝
놀라며 수저를 놓치고 말았다.

　그런데 《연의》에서는 이 대목을 화려하게 장식하려고 애쓴 흔적이 역
력하다. 삼국지의 두 영웅 조조와 유비가 대화를 나누는 매우 드문 장면
이니 《연의》의 저자로서도 그냥 지나치기 어려웠을 것이다. 여기서 조조
는 매실을 보며 예전에 겪은 망매지갈(望梅止渴) 이야기를 유비에게 들려
준다. 이어서 용(龍)에 빗대어 영웅을 논한다. 여기에 유비가 수저를 놓치
는 순간 '천둥소리'도 효과음으로 삽입된다. 콰쾅!

　그리고 뒤늦게 관우와 장비도 조연으로 등장한다. 유비가 조조와 함
께 있다는 소식을 들은 관우와 장비가 급히 유비를 찾아 나섰던 것이다.
이렇게 황급히 도착한 관우와 장비를 본 조조가 "이곳은 홍문지회(鴻門

之會)가 아니거늘 항장(項莊)과 항백(項伯)이 왜 필요할까?"라며 껄껄 웃었다. 그러고는 "여봐라. 저 두 번쾌(樊噲)에게 술을 드리거라!"라고 명하였다.

➕ 여기서 조조가 언급한 홍문지회(鴻門之會)는 BC 207년 12월, 홍문(鴻門)이란 곳에서 열렸던 연회를 말한다. 한고조 유방과 항우가 주인공인 이야기이다. 당시 항우의 책사 범증(范增)은 유방을 제거하기 위해 혈안이 되어 있었다. 장차 자신들을 위협할 세력이라 여겼기 때문이다. 이에 범증은 항우의 사촌동생 항장(項莊)에게 '검무를 추다가 기회를 봐 유방을 베라'고 시켰다. 반면 항우의 숙부인 항백(項伯)은 항장과 함께 검무를 추면서 항장이 유방을 베려 할 때마다 막아주었다.

이렇게 살벌한 칼춤이 이어지던 연회에 뒤늦게 등장한 유방의 부하장수 번쾌(樊噲)! 이때 번쾌를 본 항우가 '장사로다'라며 번쾌에게 술을 내렸다. 이에 번쾌는 그 자리에 선 채로 큰 잔의 술을 마셔버렸다. 그러고는 유방을 변호하기 시작했다. 그사이 유방은 그 자리를 무사히 빠져나갈 수 있었다.

● 《사기(史記)》〈항우본기(項羽本紀)〉,
《삼국지(三國志)》〈촉서(蜀書) 선주전(先主傳)〉, 《삼국지연의》 21회

투서기기 投鼠忌器

쥐를 잡으려다 그릇을 깨뜨릴까 염려된다   –《연의》 인용

비슷한 속담으로는 '벼룩 잡으려다 초가삼간 태운다'를 들 수 있겠다. 간신을
제거하려다 자칫 임금에게 해를 끼칠까 두렵다는 비유로도 쓰이는 성어이다.

이 무렵 조조와 유비가 함께 사냥을 나간 적이 있었다. 그런데 사냥을 하
는 중에 무리가 여기저기 흩어진 틈이 있었다. 그러자 관우가 유비에게
'조조를 처단해버리자'고 하였다. 하지만 유비는 관우의 말을 따르지 않
았다.

정사의 이 간략한 기록을《연의》에서는 상당히 비중 있게 다루고 있
다. 하루는 헌제가 조조와 함께 사냥을 나갔다. 이때 유비와 관우,장비도
함께 하였다. 이윽고 사슴 한 마리가 갑자기 나타나자 헌제가 화살을 연
이어 쏘았지만 맞히지 못했다. 그러자 조조가 헌제의 활과 화살을 빌린
후 사슴을 쏘아 맞추었다. 그러자 병사들은 화살만 보고서 헌제가 쏘아
맞춘 것으로 오해해 일제히 헌제를 향해 만세를 불렀다. 그런데 이때 조
조가 헌제 앞으로 나서 손을 들어 병사들의 축하를 받는 것이 아닌가!
이를 본 모두가 깜짝 놀라 어찌할 바를 몰랐다. 그러자 관우가 칼을 뽑아
조조를 베려 하였지만 유비가 급히 제지하였다.

사냥이 끝난 후 관우가 "조조가 저리 임금을 속이며 업신여기니 제가
저 놈을 죽여 나라의 해악을 제거하려 하는데 형님은 어찌하여 이를 말

리셨던 겁니까?"라며 따지듯 물었다. 이에 유비는 "쥐를 잡으려다가 자칫 그릇을 깨뜨릴까 염려된다고 하였네(投鼠忌器). 조조는 폐하와 말 한 필 거리에 있었고 그의 심복들이 그를 둘러싸고 있었네. 아우가 한때의 분기로 행동하다 일이 성사되지 못하면 폐하가 상하게 될 것인데 그리되면 도리어 우리가 죄를 뒤집어쓰게 될 것일세."라고 하였다.

✚ 전한의 한문제(漢文帝: 재위 BC180~157년) 시절 가의(賈誼)라는 인물이 있었다. 가의는 어린 시절부터 학문에 두각을 나타내어 20세 무렵 박사(博士)가 되었다. 하지만 이를 시기하고 헐뜯는 이들이 많아 결국 지방으로 좌천되고 말았다. 그리고 몇 년이 지난 BC 173년 무렵, 한문제가 가의를 다시 불러 들였다. 이에 가의가 올린 상소의 일부이다.

"임금을 큰 집에 비유하였을 때 신하들은 섬돌, 백성들은 땅이라 할 수 있습니다. 높은 곳은 오르기 어렵고 낮은 곳은 쉽게 밟을 수 있는 것은 이치와 형세가 그러하기 때문입니다. 때문에 성인들이 여러 제도를 만들 때는 높고 낮음의 구별을 뒀던 것입니다. 이에 등급이 분명해지며 천자는 그보다 위에 있음으로 그 존귀한 바에 감히 미칠 수 없는 것입니다. 속담에 '쥐를 잡으려다가 그릇이 깨질까 걱정한다'고 하였으니 이는 훌륭한 비유입니다(里諺曰 欲投鼠而忌器 此善諭也). 쥐가 그릇 근처에 있어 그릇이 깨질까 두려워 돌을 던지지 못하는 것인데, 하물며 귀한 신하가 주군 가까이 있을 때는 어찌 해야겠습니까?"

● 《한서(漢書)》〈가의전(賈誼傳)〉, 《삼국지(三國志)》〈촉서(蜀書)
관장마황조전(關張馬黃趙傳)〉(배송지주 촉기(蜀記) 인용), 《삼국지연의》 20회

농중조 망중어 籠中鳥 網中魚

새장 속의 새, 그물 속의 물고기   -《연의》유래

꼼짝 못하도록 갇혀 있어 뜻한 바를 펼칠 수 없는 답답한 신세를 비유한 표현이다.

조조와 유비가 허도에 머물던 199년 여름 무렵, 원술은 매우 곤궁한 처지에 있었다. 앞선 197년에 원술은 스스로를 황제라고 참칭한 바 있다. 그러자 주변에 있던 모든 세력들이 원술에게 등을 돌려버렸다. 게다가 이후에 벌어진 전투에서도 잇달아 패배했기에 이 시기엔 꼴이 말이 아니었다.

이에 원술은 제호(帝號)를 사촌형인 원소에게 바치기로 하였다. 그러자 이를 들은 조조가 유비에게 명하여 원술을 저지하게 하였다. 원소와 원술이 연결되어 화합하면 조조 입장에서 골칫거리가 늘어날 게 뻔했기 때문이다. 이에 유비가 즉시 출병하게 된다. 헌제에게서 받은 밀조는 일단 미뤄두기로 한 것이다.

그런데 유비의 출병 소식을 뒤늦게 들은 동소, 정욱, 곽가 등이 급히 조조를 찾아가 하나같이 우려하는 말을 하였다. "예전부터 유비를 제거해야 된다고 말씀드렸습니다. 하지만 공께서 결단을 내리지 않으신 것을 저희는 이해할 수 없습니다. 더구나 이번에는 유비에게 군사마저 내어주셨으니 필시 딴마음을 가지게 될 것입니다." 이를 들은 조조가 그제야 자

신의 결정을 후회하였다. 그러면서 유비를 추격하게 하였지만 따라잡지 못한다.

한편 원술은 유비와 만나기도 전에 병사해버렸다. 이에 유비는 곧장 서주(徐州)로 들어가 서주자사 차주(車冑)를 제거하고 서주를 차지한 후 조조에 반기를 들었다. 동소 등의 우려가 현실이 된 것이다. 아울러 얼마 후에는 조조를 암살하려던 계획이 탄로나 유비를 제외한 모든 가담자들이 처형되고 말았다.

《연의》에서 이 대목을 살펴보자. 《연의》에서는 유비가 먼저 조조에게 적극적으로 건의하여 출병한 것으로 그려져 있다. 그리고 조조의 출병 명령이 떨어진 이후 유비의 행동이 매우 신속하였는데, 관우와 장비가 보기에도 그런 유비의 행동이 평소와는 달라 보였던 모양이다. 이에 그 연유를 물으니 유비가 이렇게 대답하였다.

"나는 그동안 새장에 갇힌 새요, 그물에 갇힌 물고기 신세였다(吾乃籠中鳥 網中魚). 지금 물고기가 넓은 바다로 가고 새가 푸른 하늘로 날아오르려 하니 이제야 새장과 그물의 굴레에서 벗어나게 되었도다."

●《삼국지(三國志)》〈위서(魏書) 정곽동유장유전(程郭董劉蔣劉傳)〉, 《삼국지연의》 21회

갈사밀수 渴思蜜水

갈증이 나 꿀물이 생각나다

명문가의 자손으로 태어나 겉멋만 잔뜩 든 채 살았던 자의 최후를 보여주는
의미심장한 표현이다.

이번에는 원술의 마지막 모습을 살펴보겠다. 유비가 허도에 머물고 있던
그 무렵 원술은 매우 곤궁한 처지에 놓여 있었다. 얼마 전 큰 불이 나 자
신이 지내온 궁궐이 불타버렸던 것이다. 이에 부하 장수인 뇌박(雷薄)과
진란(陣蘭)이 주둔한 첨산(灊山)에 의지하려 하였지만 문전박대를 당하
였다. 이후 병사들도 도망쳐 나날이 줄어들었다. 어쩔 수 없이 원술은 원
소에게 옥새 등을 넘겨주고 제위도 포기하기로 하였던 것이다. 이에 서
신을 보내 자신의 투항 의사를 밝혔다. 좀 더 진작부터 사촌형에게 이렇
게 공손했더라면 얼마나 좋았을까!

　"한(漢)이 천하를 잃은 지 이미 오래되어 천자는 이리저리 끌려 다니
고, 정사는 권신의 집안에 있으며 호걸들은 서로 다투면서 강토를 갈라
웅거하고 있습니다. 이는 마치 주(周)나라 말 전국칠웅이 세력을 다투던
때와 다를 바 없으니 끝내는 강자가 이를 차지하게 될 것입니다. 이에 우
리 원(袁)씨가 천명을 받아서 마땅히 왕이 되는 것이니 아직도 그 징표가
환히 빛나고 있습니다. 지금 군(君)께서는 네 개 주를 차지하고 있고 호구
는 백만에 이릅니다. 세력으로 보나 덕으로 보나 이에 비할 자는 천하에

아무도 없을 것입니다. 한편으로 조조가 쇠퇴한 한실을 붙잡고 있다지만 이미 끊어진 천명을 어찌 다시 잇고 이미 망한 것을 어찌 다시 살릴 수 있겠습니까?"

그러고는 청주(靑州)로 향하였다. 당시 원소의 큰아들 원담(袁譚)이 청주에 있었기 때문이다. 하지만 이마저도 여의치 않았다. 유비가 길목을 가로막고 있었기 때문이다. 결국 원술은 수춘에서 80리 가량 떨어져 있는 강정(江亭)이란 곳으로 되돌아왔다. 이때 원술이 물어보니 보리 부스러기가 30곡(斛) 가량 남았을 뿐이라고 하였다. 때는 무더운 한여름, 원술은 꿀물이 몹시 마시고 싶었다(時盛暑 欲得蜜漿). 하지만 꿀이 없었다. 그러자 원술이 난간 위에 걸터앉아 탄식하기를 "원술이 어쩌다 이런 지경에까지 이르렀는가!"라고 외쳤다. 그러고는 피를 한 되 가량 토하고 나서 그대로 숨을 거두고 말았다.

참고로 갈사밀수(渴思蜜水)라는 문구는 《연의》에 삽입된 시구 중에 등장한다. 후대의 시인이 원술의 마지막 모습을 이렇게 술회한 것이다. 문구는 《연의》에서 등장한 것이지만 전체적 내용은 정사에서 유래한 것으로 볼 수 있겠다.

渴思蜜水無由得　갈증에 꿀물 생각 간절하나 얻을 수 없어
獨臥空牀嘔血亡　빈 평상에 홀로 누워 피를 토하고 죽는구나!

●《삼국지(三國志)》〈위서(魏書) 동이원유전(董二袁劉傳)〉(배송지주 위서(魏書)/오서(吳書) 인용)

7

손책의 흥기(興起)

한때 강력한 위용을 과시했던 손견이 허무하게 전사한 지도 몇 해가 지났
다. 어린 자식들만 남아 그 세력도 와해되어버렸지만 얼마 지나지 않아 그
의 아들들이 유지를 이어받으며 다시 일어난다.

신원설치 伸寃雪恥

원통함을 풀고 치욕을 씻다   -〈정사〉 인용

설치(雪恥)는 '치욕을 씻는다'는 의미로 과거 여러 문헌에 쓰이던 표현이었다.
이후 '원통함을 풀다'라는 의미의 신원(伸寃)이 덧붙어 신원설치(伸寃雪恥)의
형태로 현재 사용되고 있다.

조조가 유비와 영웅에 대해 논하던 199년 당시, 이들이 빠뜨린 이가 한
사람 있었으니 바로 강동(江東)의 손책(孫策)이다. 여포와 원소 등 수많은
호걸들이 중원에서 치열하게 다투는 수년간, 장강(長江) 인근에서는 손
책이 자신의 세력을 넓히고 있었던 것이다. 손책은 이른바 '강동의 호랑
이'라 불렸던 손견의 맏아들이다. 하지만 손책이 이렇게 자리를 잡기까
지 그 과정이 결코 순탄하지는 않았다.

　192년, 아버지 손견이 전사할 당시 손책은 18세였다. 이후 어렵게 부
친의 장례를 치른 손책은 서주(徐州)의 강도(江都)현에 머물게 되었다. 이
때 손책이 일대의 명사인 장굉(張紘)을 찾아가 이렇게 말한 바 있다.

"바야흐로 지금 한(漢)의 사직은 쇠약해지고 천하가 어지러워지니 호걸들은 각자 무리를 이끌고 사사로운 이익만을 꾀하고 있습니다. 하지만 아직은 난세를 바로잡을 만한 자가 없습니다. 선친께서는 원(袁)씨 일가와 함께 동탁을 격파하였지만, 과업을 채 완성하지 못한 채 황조(黃祖)에게 해를 입으셨습니다. 이 손책이 비록 어리석고 아직 어리지만 작은 뜻이나마 있기에 원술 장군을 따르려 합니다. 그리하여 선친의 남은 병사를 얻고 단양(丹楊)에 계신 외삼촌에게서 흩어진 병사들을 수습할 것입니다. 그리고 장차 동쪽으로 오(吳)와 회계(會稽) 지역에 웅거하며 선친의 원수를 갚고 치욕을 씻겠습니다(東據吳會 報讎雪恥). 아울러 조정의 울타리가 되고자 하는데 그대는 어찌 하시겠습니까?"

● 미상(未詳) /
《삼국지(三國志)》〈오서(吳書) 손파로토역전(孫破虜討逆傳)〉〈배송지주 오력(吳歷) 인용〉

심구고루 深溝高壘

도랑을 깊이 파고 성벽을 높이 쌓다

-《정사》 인용

맞서 싸우지 않고 수비에만 전념하는 상황에 상투적으로 등장하는 표현이다. 심구벽루(深溝壁壘), 심구증루(深溝增樓) 등 약간씩 다른 형태도 흔히 볼 수 있다.

194년, 손책이 수춘으로 가서 원술에 의탁하였다. 서주목인 도겸이 서주에 손책이 머무는 것을 몹시 꺼려했기 때문이다. 할 수 없이 손책은 194년 무렵, 원술에게 의탁하기로 하였다. 이때 원술은 옛 손견의 군사들을 돌려주는 등 손책을 상당히 후대하였다.

이후 손책 또한 기대 이상의 활약을 펼쳤다. 그러자 원술이 말하길 "나에게 손책 같은 아들이 있다면 죽는다 한들 무슨 한이 있을까!"라고 말하였다. 이때 손책의 나이 20세, 원술의 나이는 대략 30대 중반. 아버지뻘이라 하기엔 애매한 것 같다. 그런데 당시 원술에게도 아들이 있었다. 197년에 여포의 딸과 혼담이 오갔던 바도 있는데 이 당시 정확히 몇 살이었는지는 알 수가 없다. 하지만 '저렇게만 커준다면 얼마나 좋을까!' 하는 아버지의 솔직한 심정을 토로한 것이라고 볼 수 있다.

한편 이 무렵 조정에서는 유요(劉繇)라는 인물을 양주(揚州)자사로 임명하였다. 본래 양주자사부의 치소(治所)는 수춘이다. 하지만 유요는 원술이 차지한 수춘 대신 장강 이남의 곡아(曲阿)현을 치소로 정하였다. 이후 원술과 유요는 충돌을 거듭하게 된다. 이에 유요는 장수들을 보내 장강 인근에 진을 치게 하였고, 원술은 오경(吳景)과 손분(孫賁)을 보내 이들을 공격하게 하였다. 오경은 손책의 외숙이고, 손분은 손책의 사촌형이다. 하지만 해가 바뀌도록 승부를 내지 못한 채 대치가 장기화되고 있었다.

그러던 195년, 손책이 오경과 손분을 도와 일대를 평정하겠다고 원술에게 말하였다. 이에 원술이 1천 가량의 병력을 내주며 원하는 빈객을 데려가게 허락하였다. 이후 손책이 이동하는데 따르는 자들이 늘어나면서 군세 또한 점점 커졌다. 아울러 가는 곳마다 승리를 거두면서 파죽지세로 장강을 건너 진군을 계속하였다. 이에 유요의 부하들은 방어 위주의 전략을 펼치며, 도랑을 깊이 파고 성벽을 높이 쌓았다(深溝高壘). 하지만 얼마 지나지 않아 유요는 군사들을 버리고 도주해버렸다.

● 미상(未詳) /
《삼국지(三國志)》〈오서(吳書) 손파로토역전(孫破虜討逆傳)〉(배송지주 강표전(江表傳) 인용)

곡유오 주랑고 曲有誤 周郎顧

곡이 틀리면 주유가 뒤돌아본다 －《정사》 유래

다재다능했던 인물인 주유(周瑜)를 소개할 때면 빠지지 않고 등장하는 이야
기이다.

손책이 원술에게서 병력을 얻어 출진한 직후의 일이다. 이 무렵 손책은
인근의 단양(丹楊)군으로 한 통의 서신을 보냈다. 당시 단양군에는 어릴
적부터 친구인 주유(周瑜)가 있었기 때문이다. 주유는 단양태수 주상(周
尙)의 조카인데, 이때 마침 단양군에 머물고 있었다.

이렇게 손책이 주유에게 '자신과 함께 해줄 것'을 청하자 주유는 자신
의 병력을 이끌고 단숨에 달려왔다. 이렇게 주유를 만난 손책이 기뻐하
며 "내가 그대를 얻었으니 이제 다 잘 될 걸세."라고 하였다. 이후 주유는
손책과 함께 장강을 건너 유요를 물리치는 데 큰 기여를 하였다. 이때가
손책과 주유 모두 21세가 되던 195년이다.

이후 주유는 단양으로 돌아와 숙부인 주상과 함께 수춘으로 갔다. 당
시 주유는 일대에서 이름이 꽤 알려져 있었기 때문에 원술도 주유를 등
용하려 하였다. 하지만 주유는 '원술은 도저히 대업을 성취할 수 없다'고
생각하여 원술의 휘하에는 들어가고 싶지 않았다. 이에 거소(居巢)현이
라는 고을의 현령을 자청하였다.

그러던 197년, 원술이 스스로 황제를 참칭하자 손책은 원술과의 모든

관계를 단절해버렸다. 이후 손책은 장강 이남에서 자신의 세력을 공고히 하는 데 더욱 매진하였다. 그리고 198년에는 주유도 원술을 완전히 떠나 손책에게로 갔다.

주유는 문무를 겸비하고 다재다능해 사람들에게 인기가 좋았다. 그래서 주랑(周郞)이라는 애칭으로 불리곤 했다. 또한 주유는 어려서부터 음악에도 조예가 깊었다. 그래서 술을 잔뜩 마신 후라도 틀린 음률이 들리면 반드시 알아채고는 뒤를 돌아봤다고 한다. 이에 당시 사람들이 말하길 "곡이 틀리면 주랑이 뒤돌아본다(曲有誤 周郞顧)."라고 하였다.

●《삼국지(三國志)》〈오서(吳書) 주유노숙여몽전(周瑜魯肅呂蒙傳)〉

국색 國色

한 나라에서 가장 아름다운 여인   -《정사》 인용

미인을 형용하는 수많은 표현 중 하나이다. 또한 모란꽃을 비유하는 말로
쓰이기도 한다. 혹여 경국지색(傾國之色)을 줄여 국색(國色)이라 한다고 오해할
수도 있겠지만 서로 직접적인 관련은 없다.

주유의 합류 이후 손책은 남쪽과 서쪽으로 계속해서 세력을 넓혀 나갔
다. 199년에는 여강(廬江)군을 공략하여 여강군의 중심인 환현(皖縣)을
점령하는 데도 성공했다. 이때 손책과 주유의 나이 25세. 그런데 이렇게
죽마고우이던 두 사람은 환현에서 동서지간이 된다.

당시 환현에는 교공(橋公)이란 사람이 있었다. 그에게는 딸이 둘 있었
는데 둘 다 국색이었다(皆國色也). 이에 일대에서는 큰딸을 대교(大橋), 작
은딸을 소교(小橋)라고 불렀다. 이렇게 환현에 입성한 손책과 주유가 각
각 대교와 소교를 부인으로 맞이하게 되며 동서지간이 된 것이다.

그런데《연의》에서는 국색(國色)이라는 표현만으로 못내 아쉬웠나 보
다. 대교와 소교의 미모를 형용하기 위해 침어낙안(沈魚落雁), 폐월수화
(閉月羞花)라는 표현을 덧붙인다. 침어낙안은 '물고기가 가라앉고 기러기
가 떨어진다', 폐월수화는 '달이 숨고 꽃이 부끄러워한다'는 의미이다. 워
낙 미인들이라 동식물 할 것 없이 다들 난리가 났다고나 할까.

●미상(未詳) /《삼국지(三國志)》〈오서(吳書) 주유노숙여몽전(周瑜魯肅呂蒙傳)〉

3장

황하에 이는 물결

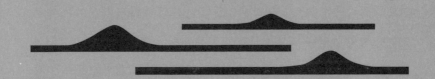

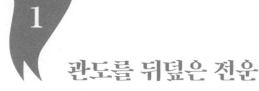

관도를 뒤덮은 전운

여포와 원술을 제압하고 중원에서 세력을 키운 조조와 공손찬을 물리치며
동북방을 평정한 원소 간의 피할 수 없는 대결이 펼쳐진다.

만전지책 萬全之策

완전하고 안전한 대책 -《정사》 인용

조금의 허술함도 없는 대책이라는 의미의 성어이다. 현재는 '만전을 기하
다'라는 형태로 흔히 사용되고 있다.

199년 11월 무렵의 일이다. 이때 관도(官渡)부근에는 서서히 전운이 감돌
고 있었다. 황하의 북쪽과 남쪽에서 각각 세력을 키워온 원소와 조조가
이제 충돌하려 하고 있었기 때문이다. 때문에 이 당시 조조와 원소는 주
변 세력을 하나라도 더 자기 편으로 끌어들이기 위해 동분서주하고 있
었다. 여기에는 형주에 있는 유표도 예외가 아니었다. 이때 유표에게 원
소가 먼저 화친을 청하였다. 헌데 유표는 말로만 허락할 뿐 군사를 보내
지 않았다. 그렇다고 조조를 돕지도 않으면서 형세를 관망할 뿐이었다.

이때 유표의 신하들이 "조조는 명철하고 유능한 인재들이 많이 모여
있으니 틀림없이 원소를 물리칠 것입니다. 그러고 나면 다음에는 이곳
형주로 향할 것이니 그때 장군께서 막기 어려울 것입니다. 그러니 최선
의 방책은 형주를 들어 조조에 의지하는 것입니다. 그리하면 조조는 장

군의 덕을 중히 여겨 오랫동안 복록을 이어가고 후손들에까지 전할 수 있습니다. 이것이 가장 안전한 대책입니다(此萬全之策也)."

하지만 유표는 여전히 의심하며 한숭을 조조에 보내 허실을 알아보게 하였다. 그리고 얼마 후 한숭이 돌아와 같은 주장을 반복하였다. 여기에 한술 더 떠 유표의 아들을 조정에 볼모로 보내자고 건의하였다. 이에 유표가 크게 화를 내며 한숭을 처형하려 하였다. 한숭이 완전히 조조를 위해 유세한다고 여겼던 것이다.

> ✚《한비자(韓非子)》에 이런 말이 있다. "무릇 저울에 달아 수평을 확인하고, 그림쇠를 사용하여 원을 그리는 것이 가장 확실하고 안전한 방법이다(夫懸衡而知平 設規而知圓 萬全之道也)." 즉, '만전을 기하다'라는 표현의 유래가 꽤나 오래되었음을 알 수 있다.

●《한비자(韓非子)》〈식사(飾邪)〉,《삼국지(三國志)》〈위서(魏書) 동이원유전(董二袁劉傳)〉

패왕지기 霸王之器

패왕의 그릇 -《정사》 인용

과거의 원한이나 눈앞의 이득에 얽매이지 않고, 장차 천하를 제패하고자
하는 자에 대한 날카로운 인물평을 만나볼 수 있는 이야기이다.

역시 조조와 원소가 관도에서 대치중이던 상황이다. 원소는 유표 외에
장수(張繡)에게도 화친을 청하였다. 그런데 장수는 수년간에 걸쳐 조조
와 다퉈온 사이이다. 더구나 장수가 조조를 배신하며 조조의 맹장 전위
(典韋)마저 전사하지 않았던가. 원소 입장에서는 당연히 자신을 도와 조
조의 후방을 위협해줄 거라 기대했을 것이다.

당초 장수의 생각도 이와 크게 다르지 않았던 것으로 보인다. 하지만
이때 장수 휘하에는 가후(賈詡)라는 뛰어난 모사가 있었다. 가후는 192년
에 동탁이 주살된 이후 이각, 곽사, 장제 등을 도와 왕윤과 여포를 몰아
낸 바 있다. 이후 우여곡절 끝에 장제의 조카인 장수를 보좌하게 되었는
데, 이 당시 장수로부터 전폭적인 신뢰를 얻고 있었다.

원소의 사자가 방문하여 화친을 요청하자 장수가 곧바로 수락하려 하
였다. 그런데 대뜸 가후가 나서더니 "가서 전하라. 형제가 서로 화합하지
도 못하면서 어찌 천하의 인재를 받아들이겠는가!"라며 사자를 내쫓았
다. 원소가 사촌동생인 원술과 사이가 좋지 않음을 꼬집은 것이다. 하지
만 이를 들은 장수는 깜짝 놀랄 수밖에 없었다.

이렇게 사자가 물러간 후 장수가 가후에게 물었다. "그럼 어느 편에 서야 합니까?" 이에 가후는 "조공(曹公)을 따르는 편이 낫습니다."라고 대답하였다. 그러자 장수가 의아해하며 "지금 원소가 강하고 조조는 약합니다. 더구나 나는 그간 조조와 원수가 졌는데 어떻게 그와 한 편이 될 수 있겠습니까?"라고 물었다. 사실 장수의 생각은 지극히 상식적인 것이다. 하지만 가후의 생각은 상식을 뛰어넘는 것이었다.

"그래서 조공을 따라야 한다는 겁니다. 지금 원소는 강성하여 우리가 합류해도 그다지 중히 여기지 않겠지만, 조공은 크게 기뻐할 것입니다. 그리고 진정으로 패왕의 뜻을 지닌 자라면 개인적인 원한을 잊고 천하에 덕을 베풀 것입니다(夫有霸王之志者 固將釋私怨 以明德於四海). 저를 믿으십시오."

이렇게 하여 장수가 조조와 다시 손을 잡게 되었다. 이에 조조는 크게 기뻐하며 자신의 아들과 장수의 딸을 혼인시켰다. 아울러 가후에게도 큰 벼슬을 내렸다. 여러 모로 의외의 행동들일 수밖에 없다. 과거 자신의 부친이 살해당한 것에 대한 앙갚음으로 무고한 서주의 백성들을 학살했던 조조였다. 그리고 장수가 투항했다가 배신하여 전위와 자신의 맏아들까지 잃은 것이 불과 2년 전이다. 하지만 이때의 조조는 이렇게 행동했다. 그리고 가후는 이런 조조의 변화를 정확히 꿰뚫어 보고 있었다.

✚ 참고로 《예기(禮記)》에서 말하는 패왕의 그릇(霸王之器)이란 이와 같다.

"명령을 내림에 백성들이 기뻐하는 것을 화(和)라 하며, 위와 아래가 서로 친함을 인(仁)이라 한다. 백성들이 요구하지 않아도 바라는 바를 얻는 것이 신(信)이요, 하늘과 땅의 해로움을 제거하는 것을 의(義)라 한다. 이 네 가지 덕목이 바로 패왕의 그릇이다(義與信 和與仁 霸王之器也). 백성을 다스리고자 하는 뜻이 있어도 그 그릇이 없다면 이루어지지 않는다."

● 《예기(禮記)》〈경해(經解)〉, 《삼국지(三國志)》〈위서(魏書) 순욱순유가후전(荀彧荀攸賈詡傳)〉

난우지기 難遇之機

다시 얻기 어려운 기회 — 《정사》 유래

여기서 기(機)란 '기회' 혹은 '위기'라는 의미로, 일반적인 '때(時)'에 비해 훨씬 긴박하고 중요한 시점임을 강조할 때 사용하는 표현이다.

199년 여름, 유비는 병력을 이끌고 허도를 빠져 나왔다. 명목은 원술을 견제한다는 것. 하지만 원술은 꿀물 찾다가 피 토하며 숨을 거두었고, 유비는 곧바로 동쪽으로 진군하여 서주를 점령해버렸다. 그리고 얼마 후 조조 암살 모의가 발각되어 유비를 제외한 동모자들이 모두 처형되었다. 불과 몇 달 전만 해도 함께 환담을 나누며 사냥을 다니던 조조와 유비였지만 이제는 서로 칼끝을 겨누는 사이가 되었던 것이다.

이에 유비는 원소와 강화를 맺으며 조조에 대한 방어 태세를 갖추었다. 그러자 조조가 유대와 왕충을 보내 공격하게 하였다. 하지만 이들은 유비의 적수가 되지 못하고 이내 패퇴하였다.

그러자 200년 1월, 조조가 직접 대군을 이끌고 유비를 공격하려 하였다. 이에 여러 신하들이 조조를 만류하였다. 유비의 세력은 미약한데 비해 북방의 원소는 거대 세력으로 조조를 위협하고 있었기 때문이다. 하지만 조조의 생각은 달랐다. "유비는 인걸이니 지금 빨리 제거하지 않으면 나중에 후환이 될 것이다. 이에 반해 원소는 결단이 느리니 감히 움직이지 못할 것이다."라면서 서둘러 출진하였다.

한편 원소의 모사 중에 전풍(田豊)이라는 인물이 있었다. 조조의 출병 소식을 들은 전풍이 원소에게 "조조가 유비를 치기 위해 출진하였으니 이 기회를 이용해 후방을 습격해야 합니다."라고 건의하였다. 하지만 원소는 자신의 어린 아들이 병이 났다며 허락하지 않았다. 이에 전풍이 지팡이로 땅을 치면서 "다시 얻을 수 없는 기회를 만났는데(夫遭難遇之機) 어린 애가 아프다고 기회를 놓치다니 안타깝도다!"라며 탄식하였다.

● 《삼국지(三國志)》〈위서(魏書) 동이원유전(董二袁劉傳)〉

간뇌도지 肝腦塗地

간과 뇌가 땅에 쏟아지다 　　　　　　　　　　　　　　　　　 －《정사》 인용

塗(도)는 '칠하다'의 뜻이다. 즉 간뇌도지(肝腦塗地)는 '피로 땅을 칠한다'는 잔
인한 표현이다. 유사한 표현으로 '간과 쓸개가 땅을 칠한다'는 의미인 간담
도지(肝膽塗地)도 있다.

조조의 대군이 유비를 공격해오자 유비군은 금방 와해되어버렸다. 이때
유비는 겨우 도망쳐 원소에게 의탁하였다. 한편 절호의 기회를 놓쳤던
원소는 이제야 조조를 치려 대대적인 군사 행동에 돌입하였다. 그러면서
당시 명문장가로 이름을 날리던 진림(陳琳)에게 조조를 토벌하는 격문을
짓게 하였다. 진림은 앞서 대장군 하진의 주부(主簿)로 등장한 바 있다.
하진이 피살된 이후 기주로 피신하였던 진림은 원소에 의탁한 이후로는
문장(文章) 짓는 일을 담당하고 있었다.

　"지금 조조는 궁궐을 포위하고서 천자를 호위한다고 말하고 있다. 하
지만 실제로는 천자를 구금하고 있는 것이니 장차 반역을 일으킬까 두
렵다. 이에 충신들이 간뇌도지할 시기이다(忠臣肝腦塗地之秋). 또한 열사
가 공을 세울 기회이니 어찌 힘쓰지 않겠는가!"

　여기서는 나라를 위해 목숨을 바친다는 의미로 간뇌도지(肝腦塗地)라
는 표현을 활용하고 있다. 격문(檄文)이란 읽는 이의 가슴을 뛰게 해야 하
는 글이기에 이런 자극적인 표현을 사용하였던 것이다.

✚ 일반적으로 간뇌도지(肝腦塗地)라는 표현의 유래는 《사기》〈유경숙손통열전(劉 敬叔孫通列傳)〉으로 알려져 있다. 하지만 저작 시기와 등장인물의 활동 시기 등을 고려했을 때 《한시외전》의 초장왕 고사를 유래로 보는 편이 합당해 보인다.

앞서 등장한 절영지회(絶纓之會) 고사의 마지막 부분이다. "초장왕의 물음에 그 장수가 대답하길 '신은 지난 날 연회에서 갓끈이 끊어졌던 자입니다. 그때 간과 쓸개가 땅에 쏟아져야 마땅했습니다(當時宜以肝膽塗地). 이에 신은 죽는 날까지 이를 드러내지 않으려 하였습니다. 그러다 오늘 대왕을 위해 싸울 기회를 얻었기에 힘껏 전투에 임하였던 것입니다.'라고 답하였다."

●《한시외전(韓詩外傳)》〈권7〉,
《삼국지(三國志)》〈위서(魏書) 동이원유전(董二袁劉傳)〉(배송지주 위씨춘추(魏氏春秋) 인용)

관도에서의 다툼

사전 포석이 어느 정도 마무리된 후 드디어 원소와 조조가 관도에서 본격적인 진검승부를 펼친다. 수년간에 걸친 긴 싸움이지만 승부는 초반에 갈라져 버린 듯하다.

탐낭취물 探囊取物

주머니 속 물건을 꺼내듯 하다   -《연의》 인용

아주 손쉽게 처리할 수 있는 일을 일컫는 말이다. 낭중취물(囊中取物)을 비롯하여 변형된 표현도 흔히 볼 수 있다.

조조의 대군이 유비를 공격하던 200년 1월 당시, 관우는 하비를 지키고 있었다. 이때 하비에는 유비의 가솔들도 머물고 있었다. 그런데 소패(小沛)를 지키던 유비가 패주하며 관우는 고립되어 버렸다. 이에 어쩔 수 없이 관우는 조조에게 항복하였다. 그러자 조조는 관우에게 장군직을 하사하는 등 매우 정중하게 예우하였다.

이후 조조는 장료(張遼)를 보내 관우의 의중을 떠보게 하였다. 장료는 얼마 전까지 여포 휘하에 있었다가 여포가 패망하면서 조조의 부하가 된 장수이다. 이때 관우는 "조공이 나를 극진히 대해주는 것은 감사하게 생각하지만 나는 이미 유장군의 두터운 은혜를 입은 몸이오. 또한 함께 죽기로 하늘에 맹세하였으니 이를 어길 수 없소. 끝까지 이곳에 머물

수는 없으니 전공을 세워 보답한 뒤에 떠날 것이오."라고 하였다.

그리고 200년 4월, 원소의 대장군 안량(顔良)이 백마(白馬)현을 공격하였다. 이에 조조가 장료와 관우를 보내 맞서게 하였다. 이 전투에서 관우가 안량의 목을 베는 큰 공을 세운다.

《연의》에서는 이 장면에서 조조가 관우를 향해 "장군은 참으로 신인(神人)이시오!"라며 치하한다. 이에 관우는 "제 동생 장비는 백만 대군 중에 상장의 목을 베는 것을 마치 주머니 속 물건 꺼내듯 합니다(吾弟張翼德於百萬軍中取上將之首 如探囊取物耳)."라고 답한다.

➕ 탐낭취물(探囊取物)이란 말의 유래는 오대십국(五代十國) 시대를 다룬 《신오대사(新五代史)》이다. 간혹 《연의》에서 유래했다고 하는 자료도 있는데 시대를 착각한 듯하다. 오대십국 시대는 10세기 무렵으로, 삼국시대보다는 뒤이지만 《연의》 성립 시기보다는 훨씬 앞서기 때문이다. 주인공은 남당(南唐)의 관료였던 한희재(韓熙載)이며 활동시기는 960년 전후이다. 남당은 십국 중 하나로 장강 남쪽에 위치했던 나라이다. 한희재의 고향은 북해(北海)인데 젊은 시절 장강 남쪽으로 이주하였다. 막 떠나려 할 무렵 친구인 이곡(李穀)과 전별의 술자리를 가졌다. 이 자리에서 한희재는 "강남에서 나를 재상으로 삼는다면 나는 곧바로 쳐들어와 중원을 평정해 버리겠네."라며 큰소리를 쳤다. 그러자 이곡이 "만약 중원에서 나를 재상으로 삼는다면 강남을 취하는 것은 마치 주머니 속 물건을 꺼내는 것과 같을 걸세(中國用吾為相 取江南如探囊中物爾)."라며 응수하였다.

●《신오대사(新五代史)》〈남당세가(南唐世家)〉,
《삼국지(三國志)》〈촉서(蜀書) 관장마황조전(關張馬黃趙傳)〉,《삼국지연의》 25회

오관참육장 五關斬六將

다섯 관문에서 여섯 장수를 베다 -《연의》 유래

관우가 조조를 떠나 유비를 찾아가는 여정을 함축한 말이다. 한 주군에 대한 변함없는 충성을 나타내는 표현이기도 하다.

다시 정사를 살펴보겠다. 관우가 공을 세우고 돌아오자 조조가 거듭해서 상을 내렸다. 하지만 얼마 지나지 않아 관우는 유비가 원소에 의탁해 있음을 알게 된다. 이에 관우는 그동안 조조에게 받은 상들을 고스란히 봉해둔 다음 서신만 남겨 둔 채 원소의 군영을 향해 떠나갔다. 이를 들은 조조의 부하들이 서둘러 관우를 추격하려 하였다. 하지만 조조는 "자신의 주군을 섬기는 것이니 더 이상 추격하지 말라."며 관우를 보내주었다.

그런데 《연의》에서는 관우가 유비를 찾아가는 여정에서 오관참육장(五關斬六將)이라는 허구를 가미한다. '다섯 군데의 관문을 지나며 여섯 명의 장수를 벤 것'이다. 심지어 두 형수까지 모시고 혼자서 관문을 통과하는 모습을 하나하나 서술하고 있다. 솔직히 정사만으로도 충분히 감동적인 얘기인 것 같은데 다소 과하지 않았나 하는 것이 필자의 개인적인 의견이다.

● 《삼국지(三國志)》〈촉서(蜀書) 관장마황조전(關張馬黃趙傳)〉, 《삼국지연의》 27회

승부변화 불가불상 勝負變化 不可不詳

승부의 변화는 자세히 알기 어렵다   -〈정사〉 인용

전투의 상황은 시시각각 변하여 예단하기 어려움을 이르는 병법 격언 중 하나이다

장군 안량이 전사하고 얼마 후, 원소는 황하를 건너 연진(延津)에 진을 치려고 하였다. 이에 원소의 모사 중 저수(沮授)가 "승부의 변화는 자세히 예측하기 어렵습니다(勝負變化 不可不詳). 관도와 연진으로 병력을 분산시키는 것은 위험합니다."라며 우려를 표명하였다. 하지만 원소는 이를 듣지 않고 도하를 강행하였다. 아울러 유비와 맹장 문추(文醜)에게 명을 내려 조조군을 공격하게 하였다.

그런데 이 전투에서 원소군이 패하였다. 이때 유비는 무사히 퇴각하였지만 문추가 전사하고 말았다. 이렇게 안량에 이어 문추마저 전사하자 원소의 군영은 크게 흔들렸다. 그러자 저수는 '이제부터라도 지구전을 펼쳐야 한다'고 주장하였다. 하지만 원소는 이번에도 저수의 말을 듣지 않고 조조군에 대한 공격을 이어갔다.

✚ 승부변화 불가불상(勝負變化 不可不詳)은 그대로 직역하면 '승부의 변화는 자세하지 않으면 안 된다'이다. 그렇다면 상세한 각본을 미리 짜야 된다는 말일까?

사실 전장은 의외의 변수가 많은 곳이다. 결코 각본대로 착착 진행되지 않는다. 그렇다고 해서 마냥 닥치는 대로 대처해서도 안 된다. 때문에 장수는 항상 최악의 상황을 가정해 대비해야 하고, 최선책이 실패했을 경우에 쓸 차선책도 준비해둬야 한다. 미처 예상하지 못한 자그마한 요소에 의해 승부가 뒤바뀔 수도 있기 때문이다. 즉 예측 가능한 것부터 차근차근 대비하되, 예상하지 못하는 일이 생길 수 있다는 가능성까지 미리 염두에 둬야 한다고 말하고 있는 셈이다.

● 미상(未詳) /
《삼국지(三國志)》〈위서(魏書) 동이원유전(董二袁劉傳)〉(배송지주 헌제전(獻帝傳) 인용)

위위구조 圍魏救趙

위(魏)나라를 포위하여 조(趙)나라를 구원하다

-《연의》인용

적의 본거지를 공격해 출진한 부대를 철군하게 만드는 전술을 가리킨다.

200년 8월, 원소의 대군이 전진하기 시작하였다. 높은 망루를 짓고 토산을 쌓아 조조의 군영을 향해 활을 쏘았다. 그러자 조조는 발석거를 이용해 원소의 누각을 공격하였다. 이후 원소가 땅굴을 이용하여 공격하자 조조는 참호를 파서 방어하였다. 이후 양군의 대치가 이어지면서 각자 준비했던 군량도 점점 다해갔다.

그러던 10월, 원소의 장수 순우경(淳于瓊)이 북쪽에서 군량을 운반해 오고 있었다. 이때 저수가 원소에게 "별도의 군사로 밖에서 호위하여 급습에 대비해야 합니다."라고 간하였다. 그런데 원소는 이번에도 저수의 제안을 묵살하였다. 얼마 지나지 않아 순우경의 군량 수송 부대가 원소 군영 40리 떨어진 오소(烏巢)에 숙영하였다. 그 무렵 원소의 모사였던 허유(許攸)가 조조에 투항하였다. 그러고는 조조에게 '오소를 공격할 것'을 권하였다. 여기에 조조의 모사인 순유(荀攸)와 가후(賈詡)도 찬성 의견을 냈다. 그러자 조조는 직접 5천의 병력을 이끌고 야간에 순우경의 부대를 급습하였다. 이때 자신의 본영에는 조홍을 남겨 지키게 하였다.

이를 들은 원소가 "조조가 순우경을 치고 있으니, 우리가 조조의 본영을 점령하면 조조는 돌아갈 곳이 없어질 것이다."라며 장합(張郃)과 고람(高覽)에 명해 조조의 본영을 공격하게 하였다. 그러나 얼마 지나지 않아 순우경의 부대가 조조에게 격파되었다는 소식이 전해졌다. 이에 장합과 고람이 조홍에게 투항해버렸다. 결국 이로 인해 원소군 전체가 무너지며 원소는 아들 원담과 함께 황하를 건너 겨우 도망쳤다.

그런데 《연의》에서는 이와 비슷한 말을 원소가 아닌 곽도(郭圖)가 한다. "조조의 본영을 치게 되면 조조는 분명히 회군할 것입니다. 이는 과거 손빈(孫臏)이 위나라를 포위해 조나라를 구했던 계책입니다(圍魏救趙)." 하지만 결과를 놓고 봤을 때 손빈의 작전은 성공했고 원소(곽도)의 작전은 실패했다. 역시나 '승부변화 불가불상(勝負變化 不可不詳)'인가 보다.

✚ 전국시대이던 BC 353년, 위(魏)나라가 조(趙)나라를 공격하였다. 이에 조나라는 제(齊)나라에 구원을 요청하였다. 그러자 제나라에서는 장군 전기(田忌)와 군사 손빈을 원군으로 파병하였다. 이때 전기가 조나라를 향해 진군하려 하자 손빈이 이렇게 말하였다. "어지럽게 엉킨 실을 푸려면 주먹으로 쳐서는 안 됩니다. 싸우는 사람을 말리려면 사이에 끼어들어 주먹을 휘둘러서도 안 됩니다. 양측이 서로 싸울 때는 그 허점을 쳐 형세를 불리하게 만들면 자연히 해결됩니다. 장군께선 병사들을 이끌고 위나라 도성으로 진격하여 방비가 허술한 곳을 치십시오. 그러면 위나라는 틀림없이 조나라를 놔두고 황급히 철군할 것입니다. 이것이 한번의 작전으로 조나라의 포위를 풀고 위나라를 피폐하게 만드는 전략입니다(是我一擧 解趙之圍 而收弊於魏也)."

● 《사기(史記)》〈손자오기열전(孫子吳起列傳)〉,
《삼국지(三國志)》〈위서(魏書) 무제기(武帝紀)〉, 《삼국지연의》 30회

입추지지 立錐之地

송곳 세울 땅   -《연의》인용

어떤 장소에 사람이나 물건이 꽉 들어차 있을 때 '입추의 여지도 없다, 발 디딜 틈도 없다'라는 말을 흔히 사용한다. 하지만 과거의 용례를 살펴보면 지금 우리가 사용하는 의미와 미묘한 차이가 있음을 알 수 있다.

원소의 대군이 조조에 의해 붕괴되고 있던 그 시기 유비는 어디서 무얼하고 있었을까. 원소가 조조와 관도에서 맞서던 200년 여름, 원소는 유비에게 명해 허도를 공격하게 하였다. 이즈음 관우도 조조에게서 빠져나와 유비에게 합류하였다. 하지만 조조가 조인(曹仁)을 보내 유비를 공격하자 유비는 원소의 본영으로 회군하였다. 그런데 유비는 이때 이미 원소를 떠날 생각을 갖고 있었다. 그리고 원소에게 '형주목 유표와 연합해야 한다'고 설득하였다. 원소가 이를 허락하며 유비에게 군사 수천 명을 주었다. 이후 유비는 일단 허도 남동쪽에 위치한 여남(汝南)에 주둔하며 기회를 엿보았다.

한편 200년 10월, 오소에서 대승을 거둔 조조는 이듬해인 201년 4월, 황하 부근에 군사를 집결시켜 창정(倉亭)에서 원소의 군사를 다시 한번 대파했다. 이때 여남에는 채양(蔡陽)을 보내 유비를 공격하게 했다. 하지만 유비가 채양을 물리쳐 버리자 201년 9월, 조조가 직접 대군을 이끌고 여남을 공격하였다. 이에 유비군은 이렇다 할 전투도 치르지 못한 채 와

해되어버렸다. 200년 초 서주에서 조조에게 대패했던 상황이 그대로 재연된 것이다.

《연의》에서 이 대목을 살펴보겠다. 패잔병들을 이끌고 달아나던 유비가 잠시 쉴 때 주변 백성들이 유비에게 술과 고기를 대접하였다. 이에 유비가 사례한 후 장수들과 함께 모래톱에 앉아 술을 마셨다. 유비는 장수들이 따라주는 술을 받아 마시며 깊이 탄식하였다. 그리고 말하기를 "여러분들은 모두 뛰어난 재주를 지닌 분들입니다. 헌데 불운하게도 이 사람을 따르게 되었소이다. 내가 박복하여 여러분들에게까지 그 누가 미친 듯합니다. 이제 나는 송곳 세울 땅조차 없으니 여러분들을 대할 면목이 없소(今日身無立錐 誠恐有誤諸君). 그러니 나를 버리고 좋은 주인을 찾아 다들 공명을 날리도록 하시오."라고 하였다. 그러자 이를 들은 모두가 얼굴을 가린 채 눈물을 흘렸다.

✛《순자》에는 '송곳 둘 땅도 없다(無置錐之地)'는 표현이 여러 차례 등장한다. 그 중에서 공자(孔子)에 관해 언급한 경우를 소개해보겠다.
　"공자는 송곳 둘 땅조차 가지고 있지 않았다(仲尼無置錐之地). 하지만 참된 의(義)를 마음에 새기고 의로움을 행하며, 그것을 말로 나타내 천하에 널리 폄으로써 천하에 이름이 드러나고 후세에까지 전해지게 된 것이다."

●《순자(荀子)》〈왕패(王霸)〉外,
《삼국지(三國志)》〈촉서(蜀書) 선주전(先主傳)〉,《삼국지연의》 31회

3

손권의 등장

아버지에 이어 형 손책마저 갑작스레 떠나고 어린 손권에게 주어진 짐이 무거워 보인다. 아직 십대의 청년인 손권은 어떻게 이 난관을 헤쳐 나가게 될까?

개문읍도 開門揖盜

문을 열고 도둑을 불러들이다   -《정사》유래

스스로 화(禍)를 자초함을 일컫는 말이다. 또한 예절도 상황에 따라 행하는 방법이 다름을 강조하는 표현이기도 하다.

200년의 일이다. 조조와 원소가 관도에서 대치중일 때 손책은 조조의 심장부인 허도를 기습할 계획을 세우고 있었다. 구체적인 작전계획까지 다 짜두었지만 손책은 실행에 옮기지 못하였다. 손책에게 개인적 원한이 있는 자객이 손책을 공격하여 큰 상처를 입혔기 때문이다.

이후 손책의 병세가 점점 심해지자 중신인 장소(張昭)를 비롯한 여러 신하들을 불러 모았다. 그리고 동생 손권을 잘 도와줄 것을 간곡히 부탁하였다. 그런 후 손권을 불러 말하길 "강동 지방의 군사를 움직여 천하의 패권을 놓고 싸우는 것은 네가 나보다 못할 게다. 하지만 유능한 인재를 발탁하고 충성을 바치게 해 강동을 지키는 일은 네가 나보다 나을 것이다."라고 하였다. 그리고 그날 밤 숨을 거두었다. 이때 손책의 나이 겨

우 26세, 그리고 대교(大橋)와 혼인한지 불과 1년 남짓.

이때 동생 손권의 나이는 19세. 아래로 남동생 손익(孫翊)과 손광(孫匡)이 있었고 여동생이 한명 있었다. 그동안 든든한 형이자 주군이었던 손책이 이렇게 허무하게 떠나버린 것이다. 이에 손권은 계속해서 울기만 하였다. 느닷없이 소년 가장이 되었으니 얼마나 막막했을까.

이때 장소가 손권에게 말하길 "조정 안팎으로 간악한 자들이 경쟁하고 길에는 악인들이 가득한데 울고만 있으실 겁니까? 지금 친형의 죽음에 슬퍼하며 예법을 다 지키는 것은 마치 문을 열어 도적을 불러들이는 것과 같습니다(乃欲哀親戚 顧禮制 是猶開門而揖盜). 이는 결코 인덕(仁德)이라 할 수 없습니다."라며 손권을 다그쳤다. 그러고는 손권의 옷을 갈아입히고 말에 올라 부대를 순시하게 하였다. 이리하여 흔들리던 군영이 점차 안정을 되찾게 되었다.

●《삼국지(三國志)》〈오서(吳書) 오주전(吳主傳)〉

신역택군 臣亦擇君

신하 또한 주군을 골라 섬긴다   -《정사》 인용

임금이 신하를 골라서 등용하듯 신하도 자신이 섬길 임금을 고른다는 의미이다. 앞서 소개한바 있는 양금택목(良禽擇木)과 비슷한 의미이다.

손권이 강동의 새 주인이 된 이후 인재들을 등용하는 데 힘썼다. 그 중에 노숙(魯肅)이라는 인물도 있었다. 노숙의 고향은 장강 이북의 하비 인근이며, 어릴 때 부친을 여의었지만 살림살이는 부유하였다. 여기에 남에게 베푸는 것을 좋아해 일대에서 인심을 많이 얻고 있었다.

그러던 197년 경, 주유가 거소현 현령으로 재직 중일 때 노숙을 찾아가 대뜸 물자와 군량을 요구한 일이 있었다. 헌데 노숙은 자신의 집에 있는 큰 창고 두 채 중 한 채의 곡식을 통째로 주유에게 내주었다. 짐작컨대 노숙이 볼 때 주유의 인물됨이 보통이 아니라고 느꼈던 것 같다. 마찬가지로 주유 또한 노숙이 평범한 사람이 아니라고 여겼다. 그리하여 두 사람은 절친한 사이가 되었다. 당시 나이는 주유가 23세, 노숙이 26세.

한편 노숙의 평판을 들은 원술이 노숙을 초빙하려 하였다. 하지만 노숙은 여기에 응하지 않았다. 대신 가솔들을 데리고 주유가 있는 거소현으로 찾아갔다. 그리고 198년에 주유와 함께 강동으로 이주하였다. 이후 주유가 노숙을 손권에게 천거하며 '노숙은 임금을 보좌할 인재로 놓쳐서는 안 된다'고 하였다.

한편으로 주유는 노숙에게 "옛날 마원(馬援) 장군이 말하길 '지금 세상은 주군만이 신하를 고르는 것이 아니라 신하 또한 주군을 고른다(非獨君擇臣也 臣亦擇君矣)'고 하였소. 지금 이곳의 주군께선 어진 선비를 존중하고 훌륭한 인재들을 모으고 있습니다."라며 함께할 것을 청하였다. 이리하여 노숙이 주유, 장소 등과 함께 손권을 보좌하게 되었다.

✚ AD 28년 겨울, 마원이 유수(劉秀)를 찾아갔다. 유수는 광무제(光武帝)로 불리는 인물로, 바로 후한(後漢)을 세운 황제이다. 이때 마원이 말하길 "지금 세상에는 군주만 신하를 고르는 것이 아니라 신하 또한 군주를 골라 섬깁니다(非獨君擇臣 臣亦擇君). 제가 먼 곳에서 왔는데 폐하께서는 혹여 자객인 줄도 모르면서 어찌 이렇게 태연하게 저를 만나주십니까?"라고 물었다. 그러자 유수가 웃으면서 대답하기를 "내가 보기에 경은 자객이 아니라 세객인 것 같소."라 하였다.
　　여담으로 알려두자면 서량의 군벌인 마등(馬騰)과 마초(馬超)가 바로 마원의 후손들이다.

●《동관한기(東觀漢記)》〈마원전(馬援傳)〉,
《삼국지(三國志)》〈오서(吳書) 주유노숙여몽전(周瑜魯肅呂蒙傳)〉

박학다식 博學多識

배움이 넓고 아는 것이 많다

-《정사》 인용

똑똑한 사람을 표현하는 다양한 성어 중의 하나이다. 특히 다방면에 걸쳐 지식이 풍부함을 나타내고자 할 때 등장하는 경우가 많다.

박학다식(博學多識)은 육적(陸績)이라는 인물을 설명할 때 등장하는 표현이다. '육적의 용모는 웅장하고 배움이 넓고 아는 것이 많아 천문,역법,산술에 이르기까지 읽지 않은 책이 없었다(績容貌雄壯 博學多識 星歷算數無不該覽)'라고 첫머리에 소개되어 있다.

박학다식이란 표현이 현재는 '아는 것이 많은 사람'을 가리킬 때 흔히 사용하는 말하지만《삼국지》에서는 그리 다용되지 않는 표현이다. 보통 학문이 뛰어난 인물을 소개할 때 '어려서부터 호학(好學)하였다'라는 표현이 가장 빈번히 사용된다. 육적이 어려서부터 여러 분야를 공부하고 능력이 출중했음을 짐작할 수 있는 대목이다.

육적이 손권에게 등용될 무렵 나이는 대략 십대 초반이었다. 비록 나이는 어리지만 읽지 않은 책이 없었고 모르는 분야가 없었다고 한다. 그래서 우번이나 장소 등 나이 많은 문신들도 육적을 매우 특별하게 생각하였다. 참고로 육적의 고향은 오군(吳郡)이며 육손(陸遜)과 일가친척이다.

✚ 《논어(論語)》에서 공자(孔子)와 자공(子貢)이 나누는 대화 중 일부이다. 하루는 공자가 자공에게 "너는 내가 많이 배우고 아는 것이 많다고 생각하느냐(女以予爲 多學而識之者與)?"라고 물었다. 이에 자공이 "그렇습니다. 혹여 그렇지 않다는 말 씀이신지요?"라고 대답하였다. 이에 공자가 "그렇다. 나는 그저 하나로 꿰고 있을 뿐이니라(予一以貫之)."라고 말하였다.

일이관지(一以貫之)란 말이 유래한 것으로 널리 알려진 대화이다. 물론 일이관 지(一以貫之)라는 표현이 《논어》에서 여기에만 등장하는 것은 아니다. 그런데 자 세히 보면 박학다식(博學多識)이란 표현도 여기서 유래하였음을 알 수 있다.

● 《논어(論語)》〈위영공(衛靈公)〉,
《삼국지(三國志)》〈오서(吳書) 우육장낙육오주전(虞陸張駱陸吾朱傳)〉

회귤유친 懷橘有親

굴을 품어 어머니께 갖다드리다

-《정사》 유래

육적회귤(陸績懷橘)이라고도 한다. 부모님에 대한 효성을 일컫는 사례로 종종 언급되는 일화이다.

이번에는 육적이 6세 때인 193년에 있었던 일화이다. 이때는 원술이 회수(淮水) 이남의 수춘으로 근거지를 옮긴 직후이다. 이때 6세의 육적이 원술과 만난 일이 있다. 당시 육적의 부친이 수춘 인근 여강군의 태수였다. 이 자리에서 원술은 육적에게 귤을 대접하였다.

그러자 육적은 귤을 까먹으면서 한편으로 세 개를 품에 몰래 숨겨두었다. 그런데 자리를 떠나면서 이제 일어나 인사를 하려는데, 그만 귤 세 개가 바닥에 떨어지고 말았다. 이를 본 원술이 "자네는 손님으로 와서 어찌 귤을 가져가려 하는가?"라고 물었다. 그러자 육적이 무릎을 꿇으며 "돌아가 어머니께 드리려고 하였습니다."라고 대답하였다. 이에 원술이 육적을 무척 기특해하였다.

그런데 여기서 원술이 육적에게 귤을 더 챙겨줬는지 여부는 알 수 없다. 분위기로 봐서는 귤 한 상자라도 선물해줘야 자연스러울 것 같은데 말이다.

●《삼국지(三國志)》〈오서(吳書) 우육장낙육오주전(虞陸張駱陸吾朱傳)〉

덕윤용서 德潤傭書

감택이 책을 필사하여 품삯을 받다 　　　　　　　　　　　　　　 -《정사》 유래

덕윤(德潤)은 감택의 자(字)이다. 오(吳)의 문신인 감택을 소개할 때면 빠지지
않고 등장하는 이야기이다.

감택(闞澤)의 고향은 회계(會稽)군으로, 육적의 고향보다도 더 남쪽에 위
치한다. 집안은 대대로 농사를 지었지만 감택은 어려서부터 학문을 몹시
좋아하였다. 하지만 집안 살림이 가난하여 학비를 마련하기 쉽지 않았
다. 그래서 감택은 책 필사하는 일을 하였고 그렇게 받은 품삯으로 종이
와 붓을 마련하였다(常爲人傭書 以供紙筆). 용서(傭書)란 책이나 문서 등을
필사하는 필경사(筆耕士)로 고용되었음을 뜻하는 말이다.

　그런데 감택이 책의 필사를 마치고 나면 이미 그 책을 통째로 외워버
렸다. 감택으로서는 돈도 벌고 책도 외우고 그야말로 일석이조의 직장이
었던 셈이다. 이후 감택은 스승을 찾아 배우며 두루 여러 서적들을 읽었
고 천문과 역법도 깨우쳤다. 이에 널리 이름이 알려지며 효렴(孝廉)으로
천거되었고 현령에도 임명되었다. 그리고 손권이 집권한 이후 감택을 불
러들여 중용하기 시작하였다.

●《삼국지(三國志)》〈오서(吳書) 장엄정감설전(張嚴程闞薛傳)〉

4

반목하는 형제

자고로 가화만사성(家和萬事成)이라 했던가. 원소가 떠난 이후 남은 아들들 간의 반목이 이어진다. 아울러 수년간에 걸쳐 몰락해가는 명문 원가의 마지막 모습이 그려진다.

승승장구 乘勝長驅

승리한 여세를 타고 적을 몰아치다   -《정사》인용

승세를 탄다는 의미인 승승(乘勝)과 적을 멀리까지 추격한다는 의미인 장구(長驅)가 결합된 표현이다.

200년에 관도에서 대패한 이후 원소는 자신의 본거지에서 일어나는 반란들을 진압하느라 힘겨운 시간을 보냈다. 그렇게 두 해가 지난 202년, 원소는 결국 병사하고 만다. 그런데 원소는 생전에 자신의 후사를 명확하게 정하지 않았다. 때문에 이후 원소의 큰아들 원담(袁譚)과 셋째아들 원상(袁尚)이 서로 우열을 다투며 반목하였다. 그리고 조조는 이들 형제를 상대로 승전에 승전을 거듭하였다.

203년 무렵, 조조 휘하의 여러 장수들이 승세를 타고 계속 공격할 것을 주장하였다(諸將欲乘勝遂攻之). 그런데 조조의 모사인 곽가(郭嘉)는 이들과 다른 주장을 펼쳤다. "원소는 원담과 원상 두 아들을 아꼈지만 맏아들을 후사로 세우지 않았습니다. 우리가 급하게 공격하면 서로 도울

테지만 놔두면 서로 싸울 것입니다. 그러니 차라리 저들 사이에 변란이 일어나기를 기다렸다가 일거에 공격하는 편이 나을 것입니다." 이에 조조는 곽가의 의견을 따르며 남쪽으로 말머리를 돌렸다.

✚ 승승(乘勝)이란 표현은 이렇게 '승세를 타고 진격하는 상황'에서 빈번히 사용되는 말로 《사기》에도 여러 차례 사용된다. 앞서 '부관참시(剖棺斬屍)'에서 등장한 바 있는 오(吳)와 초(楚) 사이의 전투를 다시 살펴보겠다.

BC 506년 오왕 합려(闔閭)가 대군을 이끌고 초나라를 공격하였다. 이에 초나라에서는 장군 자상(子常)이 한수(漢水)를 마주하고 진을 치며 맞섰다. 하지만 오나라 군과의 전투에서 대패하여 달아나버렸다. 그러자 오나라 군사들이 승세를 타고 이를 추격하기 시작했다(吳乘勝逐之). 이후 다섯 번의 전투를 치른 끝에 초나라의 도성에까지 이르렀다.

장구(長驅)는 본래 승승(乘勝)과 별개로 사용되던 말이다. 사서에도 드물지 않게 사용되는 표현이지만 승승(乘勝)과 함께 사용된 예를 찾기는 쉽지 않다. 승승 장구(乘勝長驅)의 형태로 합해져 사용된 것은 상당히 후대로 보인다.

● 미상(未詳) /
《사기(史記)》〈초세가(楚世家)〉外, 《삼국지(三國志)》〈위서(魏書) 정곽동유장유전(程郭董劉蔣劉傳)〉

경국지색 傾國之色

나라를 기울어지게 하는 미인   –《연의》 인용

미녀를 형용하는 가장 대표적인 표현이다.

미녀를 형용하는 말은 매우 다양하다. 아울러《연의》에도 그러한 표현들이 자주 등장한다. 하지만 그 중에서도 대중적으로 가장 널리 알려진 성어는 단연 경국지색(傾國之色)이 아닐까 한다. 그러면 가벼운 마음으로 여기서 퀴즈 한번 내보겠다. 《연의》에 등장하는 미녀들 중 '경국지색'으로 묘사한 여성은 과연 누구일까? 힌트를 주자면 처음부터 기혼인 상태로 등장한다.

먼저 정사부터 얘기하겠다. 204년 8월, 조조는 원가(袁家)의 본거지인 업현(鄴縣)을 함락시켰다. 이때 성 안에는 원소의 미망인 유(劉)씨와 둘째 며느리 견(甄)씨가 함께 있었다. 견씨는 원소의 둘째 아들 원희(袁熙)의 부인으로, 이때 원희는 유주자사로 멀리 나가 있었다. 마침내 성이 함락되고 조조군이 성 안으로 진입했을 때, 조조의 큰아들 조비(曹丕)가 견씨를 부인으로 맞아들여 총애하게 된다. 이때 조비의 나이 18세, 견씨의 나이 22세.

이 상황을《연의》에서는 이렇게 서술하고 있다. 업현 안으로 들어온 조비가 성안 곳곳을 살폈다. 그러다 원소의 집에 두 여자가 서로 끌어안고 있는 것을 보게 되었다. 이에 칼을 들고 그들에게 다가간 조비가 "너

희는 누구냐?"라고 다짜고짜 물었다. 이에 나이 많은 부인이 대답하길 "저는 돌아가신 원장군의 처 유(劉)씨입니다."라고 하였다. "그럼 이 여자는 누구더냐?" 그러자 "둘째 아들 원희의 처 견(甄)씨입니다. 원희가 멀리 유주에 있어 여기에 머물고 있었습니다."라 대답하였다.

그런데 조비가 견씨를 가까이에서 살펴보니 머리가 흐트러지고 얼굴에는 때가 잔뜩 묻어있었다. 이에 소맷자락으로 얼굴을 쓱 닦으니 옥 같은 피부에 꽃 같은 모습이 경국지색이라(玉肌花貌 有傾國之色)! 이를 본 조비가 갑자기 몸가짐을 고치고는 유씨를 향해 "저는 조승상의 아들입니다. 부인의 댁을 보호하고자 하니 걱정하지 마십시오!"라며 정중하게 말하였다. 그러고는 칼을 안고서 당상에 걸터앉았다. 장차 이 두 젊은 남녀의 인연은 어떻게 될까?

✚ 경국(傾國)이란 말은《사기》를 비롯해 오래전부터 사용되던 관용구이다. 말 그대로 '나라를 기울어지게 하다'는 부정인 의미이다. 그런데 이 말을 여인의 미모를 표현하는 데 활용한 것은 한무제(漢武帝) 때 이연년(李延年)이란 환관이었다.

말하자면 새로운 제품을 개발한 것이 아니라 기존 상품들을 연결해 결합상품 하나를 출시한 셈인데, 이 상품이 아주 큰 히트를 쳐 오늘날에까지 이른 것이다. 평소 한무제는 이연년의 노래와 춤을 매우 총애했다고 한다. 그러던 중 하루는 이연년이 한무제 앞에서 노래를 지어 불렀다. 기실 자신의 누이를 가리키는 노래였다. 시기는 대략 BC 120년 무렵으로 추정된다.《자치통감》에 따르면 BC 120년에 '환관 이연년이 협률도위에 임명되었다(以宦者李延年為協律都尉 佩二千石印)'고 기록되어 있다.

北方有佳人 絶世而獨立
북방에 아름다운 여인이 있어 세상에 둘도 없이 홀로 서있네
一顧傾人城 再顧傾人國
한 번 돌아보면 성이 기울고 두 번 돌아보면 나라가 기운다네
寧不知傾城與傾國
성이 기울고 나라가 기울어짐을 어찌 모르랴마는
佳人難再得
아름다운 여인 다시 얻기 어렵다네

●《한서(漢書)》〈외척전(外戚傳)〉,《삼국지(三國志)》〈위서(魏書) 후비전(后妃傳)〉,《삼국지연의》33회

전재현상 箭在弦上

활시위에 놓여 있는 화살

-《연의》 유래

주인이 시키는 대로 할 수밖에 없는 처지를 은유적으로 표현한 성어이다

업현이 함락되고 생포된 자들 중에는 진림(陳琳)도 포함되어 있었다. 진림은 200년 초 관도대전이 본격적으로 벌어지기 직전, 조조를 토벌하는 내용의 격문을 지었던 인물이다. 그런데 당시 격문에는 조조의 잘못 뿐 아니라 그의 조상들을 비난하는 내용들도 많았다.

이에 진림이 조조 앞으로 끌려오자 조조가 엄하게 꾸짖었다. "네가 예전에 원소 휘하에서 나를 토벌한다는 격문을 지을 적에, 욕을 하려거든 내 죄만 따져 욕하면 되거늘 어찌하여 부친과 조부까지 함께 들먹이며 욕을 하였는고?" 그러자 진림이 엎드려 자신의 잘못을 사죄하였다. 이를 본 조조가 더 이상 문책하지 않고 용서하고는 이후부터 자신의 밑에서 그 글재주를 발휘하게 하였다.

《연의》에서는 여기에 진림의 멋진 자기변명이 삽입되어 있다. 조조의 질책을 들은 진림이 "활시위에 얹혀 있는 화살이라 쏘는 대로 날아갈 수밖에 없었습니다(箭在弦上 不得不發耳)."라고 대답한다. 즉 자신은 원소가 쓰라는 대로 쓰기만 했으니 책임이 없다는 것이다. 만약 이것이 정사의 기록이었다면 당대의 문장가다운 멋진 비유라 했을 터이다.

● 《삼국지(三國志)》〈위서(魏書) 무제기(武帝紀)〉, 《삼국지연의》 32회

아연실색 啞然失色

말문이 막히고 얼굴빛이 변하다 -《정사》 인용

뜻밖의 일에 몹시 놀라는 모습을 형용하는 성어이다. 특히 실색(失色)은 매우 오래전부터 다용되어 온 표현이다.

업현을 점령하며 기주를 차지한 조조는 204년 9월엔 기주목의 지위도 겸임하였다. 그리고 얼마 후 최염(崔琰)이란 인물을 등용하였다. 최염은 본래 원소 휘하에 있었으나 원소가 병사한 이후 관직에서 물러났었다. 이후 원담과 원상이 서로 등용하려고 하였지만 매번 병을 핑계로 응하지 않은 채 지내온 터였다.

조조가 최염을 불러 말하길 "어제 내가 기주의 호적을 살펴보았더니 30만 가량의 군사를 얻을 수 있겠더이다. 이러니 기주를 큰 주라고 부르나 보오."라고 하였다. 그러자 최염이 대답하길 "지금 천하가 무너져 갈라지고 원씨 형제들이 서로 다투어 기주의 들판에 백골이 널려 있습니다. 무릇 조정의 군사는 먼저 인덕(仁德)을 말하고 백성들의 풍속을 물으며 도탄에 빠진 이들을 구해야 합니다. 그런데 병력의 숫자부터 먼저 헤아리며 전쟁을 우선한다는 말은 들어본 바가 없습니다. 기주의 백성들이 공에게 무엇을 기대할 수 있겠습니까?"라고 말하였다.

그러자 조조가 자세를 바꾸며 최염에게 정중히 사과하였다. 그런데 이때 옆에서 두 사람의 대화를 듣고 있던 이들은 모두가 엎드린 채로 얼굴이 새하얘져 있었다(於時賓客 皆伏失色).

✚ 과거에는 얼굴빛이 변한다는 의미의 실색(失色)만으로 '매우 놀라는 상황'을 표현하는 경우가 흔했다. 여기에 크게 놀랐다는 말을 덧붙이면 대경실색(大驚失色)이 되고, 말문까지 막혔음을 덧붙이면 아연실색(啞然失色)이 된다. 이외에도 다양한 표현의 실색(失色)을 곳곳에서 접할 수 있다. 가령 무섭고 두려운 상황이라면 공포실색(恐怖失色)이나 황포실색(惶怖失色), 걱정스럽고 두려운 상황이면 우포실색(憂怖失色)이다.

● 미상(未詳) /《삼국지(三國志)》〈위서(魏書) 최모서하형포사마전(崔毛徐何邢鮑司馬傳)〉

명실상부 名實相符

명성과 실제가 서로 부합하다 –《정사》인용

상부(相符)는 '부절(符節)의 이처럼 딱 들어맞다'는 의미이다. 부절(符節)이란 헤어질 때 표시로 나눠가지던 물건을 가리킨다. 돌이나 대나무를 쪼개서 각 자 지니고 있다가 나중에 맞춰 확인하였다.

이번에는 왕수(王脩)라는 인물에 관한 이야기이다. 왕수는 본래 원소의 부하였지만, 원소가 병사한 이후에는 장자인 원담에게 충성을 다하였다. 203년에서 204년 즈음, 원담이 동생인 원상과 다툴 때에는 '형제란 좌우의 양손과 같다'며 서로 협력할 것을 여러 차례 간하기도 하였다. 그리고 205년, 조조가 원담을 주살하였을 때에는 조조를 찾아가 "신은 원씨 집 안의 후은을 입었기에 원담의 시신을 거둔 뒤에 처형된다 하여도 여한이 없습니다."라며 장례를 치를 수 있게 간곡히 애원하였다. 이에 조조가 왕수의 청을 들어주었다.

당시 원씨 치하의 관리들은 기강이 상당히 해이해진 상태였다. 때문에 대다수의 관리들이 많은 재산을 모아두고 있었다. 그런데 조조가 왕수의 집을 조사해보니 쌓인 곡식이 얼마 되지 않았고 대신 책만 수백 권이 있었다. 이에 조조가 "선비란 허망한 이름을 얻으려 하지 않는구나."라며 탄식하고는 예를 갖춰 왕수를 자신의 휘하로 불러 임용하였다.

이후 왕수가 점차 중책을 맡게 되자 왕수의 승진을 여기저기서 반발하는 목소리가 나왔다. 그러자 조조가 왕수에게 서신을 보내 이렇게 전하였다. "군은 자신의 몸과 덕을 닦아 일대에서 자신의 명성을 날렸고, 충심과 능력으로 성과를 보여 세상에 아름다운 말을 듣고 있소. 이는 이름과 실질이 서로 부합된 것이니 그 원대함이 다른 이들보다 뛰어나다 할 것이오(名實相副 過人甚遠)."

참고로 副(부)는 주로 '버금가다, 보좌하다'의 의미로 사용되지만, 여기서는 '적합하다, 맞다'의 의미를 나타내어 符(부)와 일맥상통한다.

> ✚ '명실상부'와 유사한 표현은 매우 다양한 서적에서 접할 수 있다. 때문에 그 유래를 확언할 수는 없다. 그 중에서 굳이 유래에 가까운 표현을 꼽자면 명가(名家)로 분류되는 《공손룡자(公孫龍子)》에서 찾아야 하지 않을까 한다.
>
> "무릇 이름이란 실제를 일컫는 것이다. (중략) 지극하도다. 과거의 현명한 왕들이여! 이름과 실제를 잘 살펴 일컫는 것을 신중히 하였구나(審其名實 慎其所謂)."

● 《공손룡자(公孫龍子)》〈명실론(名實論)〉,《삼국지(三國志)》〈위서(魏書) 원장양국전왕병관전(袁張涼國田王邴管傳)〉(배송지주 위략(魏略) 인용)

5

원가(袁家)의 패망

원가의 심장부가 함락되며 사실상 양측의 승부가 갈라져 버린 상황. 이제 남은 원가의 세력을 상대로 조조는 어떤 모습을 보일 것인가!

궁구막추 窮寇莫追

궁지에 몰린 도둑은 쫓지 말라
-《정사》 인용

적을 공격할 때는 사지로 몰아 필사적으로 맞서게 하지 말고 적당하게 살 길을 터주라는 병법의 원칙을 말한다.

206년 1월의 일이다. 204년 업현을 점령한 이후 조조와 원씨 세력과의 싸움은 거의 판가름 난 상태였다. 하지만 병주(幷州)에서는 원소의 생질인 고간(高幹) 등이 저항을 계속하고 있었다.

이에 호관(壺關)을 포위한 조조는 "성을 함락하면 모두 묻어 죽여라." 라며 거세게 공격을 퍼부었다. 하지만 약 한달 간의 공세에도 함락시키지 못하였다. 그러자 조인(曹仁)이 말하길 "성을 포위하더라도 반드시 활문(活門)을 보여주어 살 길을 열어줘야 합니다(圍城必示之活門 所以開其生路也). 지금 모두 죽여버린다 하니 적장과 백성들이 필사적으로 싸우는 것입니다. 견고한 성에서 결사적으로 버티는 적을 공격하는 것은 좋은 계책이 아닙니다."라고 말하였다. 이에 조조가 조인의 말에 따라 성을 함락시키는 데 성공하였다.

✚ 《손자병법》에 이런 말이 있다. "철수하는 적의 퇴로를 막지 않는다. 적을 포위할 때는 반드시 한쪽을 터준다. 궁지에 몰린 적은 몰아붙이지 않는 것이 용병의 원칙이다(窮寇勿迫 此用兵之法也)."

　이유는 자명하다. 적을 사지에 몰아놓고 싸우면 결사적으로 항전할 수밖에 없고 그로 인해 아군의 피해도 커질 수밖에 없기 때문이다.

● 《손자병법(孫子兵法)》〈군쟁(軍爭)〉, 《삼국지(三國志)》〈위서(魏書) 제하후조전(諸夏侯曹傳)〉

병귀신속 兵貴神速

용병은 신속함이 중요하다 　　　　　　　　　　　　　-《정사》 인용

군사를 움직이는 데 있어 속도의 중요성을 강조하는 표현이다. 참고로 현재
우리가 '신속하다'라고 말할 때는 迅(빠를 신)을 사용한다.

207년 2월 무렵, 조조는 동북방으로 출병하여 오환족(烏丸族)과 원희,원
상 형제를 치려고 하였다. 그러자 여러 신하들이 '남쪽의 유표와 유비가
허도를 공격할 것'이라며 우려를 표명하였다. 그런데 이때 곽가가 나서
이렇게 말하였다.

　"지금 오환족은 멀리 있는 것을 믿고 제대로 대비하고 있지 않을 것
입니다. 방비가 허술할 때 들이치면 그들을 멸할 수 있습니다. 그간 원소
는 북방의 백성들에게 널리 은덕을 베풀었고 원희,원상 형제가 아직 살
아 있습니다. 반면 우리는 위세로 북방 지역을 눌렀을 뿐 제대로 은덕을
베푼 바가 없습니다. 공께서 이들을 놔두고 남쪽을 친다면 원씨 형제들
은 오환족과 옛 신하들을 불러 모아 우리의 빈틈을 노릴 것입니다. 신이
보건대 유표는 가만히 앉아서 환담이나 나눌 인물입니다. 더구나 자신이
유비라는 호걸을 거느릴 능력이 없단 걸 이미 알고 있습니다. 그러니 유
비를 중용하면 자신이 통제할 수 없고 홀대하면 유비가 움직일 수 없는
것입니다. 그러니 전혀 걱정하실 바가 없습니다."

　그러자 이를 옳다고 여긴 조조가 동북쪽으로 출병하였다. 그리고 조

조가 역현(易縣)에 다다르자 곽가가 말하길 "용병은 신속함이 중요합니다(兵貴神速). 지금 천리 밖을 공격하는데 치중물자가 많으면 속히 진군하기 어렵고 그동안 적들이 철저히 대비할 것입니다. 치중물자가 뒤에 따라오게 하고 경무장으로 빨리 진격하여 저들이 미처 대비하지 못할 때 공격해야 합니다."라고 하였다.

✤ 이와 동일한 문구는 다른 서적에서 발견할 수 없었다. 하지만 비슷한 맥락의 표현을 《손자병법》〈작전(作戰)〉편에서 볼 수는 있다. "전쟁 준비에 미흡한 점이 있더라도 속전속결이 낫다. 전쟁 준비를 철저히 하고 장기전을 치르는 것은 좋지 않다. 무릇 전쟁을 오래 끌어서 나라에 이득이 되는 경우는 결코 없다(夫兵久而國利者 未之有也)."

● 미상(未詳) / 《삼국지(三國志)》〈위서(魏書) 정곽동유장유전(程郭董劉蔣劉傳)〉

논공행상 論功行賞

공을 논하고 상을 내리다

-《정사》 인용

승리를 거둔 이후 부하들의 공적을 평가하고 그에 따른 상을 내리는 절차를 말한다. 리더가 조직을 운영하며 이보다 더 세심하고 냉정한 판단을 요하는 경우는 그리 많지 않다. 수많은 역사의 사례에서 불공평한 논공행상으로 인해 빚어지는 비극을 볼 수 있다.

207년의 일이다. 기주 일대가 평정된 후 조조는 군신들을 모아 크게 공을 논하고, 공이 있는 자를 제후에 봉하였다(論功行封). 이때 조조는 "군사(軍師)인 순유는 참모로 수행하며 참여하지 않은 원정이 없었으니 그간 적을 무찌른 성과는 모두 순유의 책모였다."라며 능수정후(陵樹亭侯)에 봉하였다. 아울러 문신들 중에서 순욱과 순유의 공을 으뜸으로 하였다. 하지만 안타깝게도 북방 3군 원정을 적극적으로 권했던 곽가는 얼마 전에 병사하여 이 자리에 없었다. 38세의 젊은 나이였다.

이 당시에는 논공행상(論功行賞)과 논공행봉(論功行封)이 거의 같은 의미로 혼용되었다고 할 수 있다. 상(賞)에는 재물, 직위, 관작 등 다양한 종류가 있으니 상(賞)이 더 광범위한 의미라고 볼 수도 있을 것이다. 하지만 공을 세워 후(侯)에 봉(封)해지는 것이 꿈이자 목표였던 시절엔 행봉(行封)이란 표현이 더 자연스러웠을지도 모른다.

✛ 논공행봉(論功行封)이란 표현의 유래는 명확하지 않지만 《사기(史記)》에서 매우 자주 볼 수 있는 문구이다. 그 중에서 한고조 유방(劉邦)의 일화를 소개해 보겠다. 대중적으로도 매우 널리 알려진 이야기이다.

유방이 항우를 물리치고 마침내 천하를 평정하였다. 이에 BC 202년 1월에는 모든 제후들이 한(漢)의 신하가 될 것을 맹약하였다. 그런데 이때부터 시작된 논공행봉(論功行封)이 그해 말까지도 마무리되지 않은 채 장기화되고 있었다.

이 당시 유방은 소하(蕭何)의 공이 가장 크다고 여겨 찬후(鄭侯)에 봉하고 식읍도 가장 많이 하사하였다. 그러자 다른 공신들이 "신들은 갑옷을 입고 창칼을 들고 적과 싸워 크고 작은 공을 세웠습니다. 소하는 붓을 잡고 일을 했을 뿐 전투에 참여하지도 않았습니다. 그런데 포상이 저희보다 많으니 어찌된 일입니까?"라며 반발하였다. 이에 유방이 "그대들은 사냥을 아는가?"라며 물었다. 그러자 다들 "압니다"라고 대답하였다. 그러자 유방은 "사냥을 할 때 짐승을 잡는 것은 사냥개다. 그러나 개의 줄을 놓아 짐승이 있는 곳을 지시하는 것은 사냥꾼이다. 그대들의 공로는 사냥개와 같고 소하의 공로는 사냥꾼과 같다"라고 설명하였다.

● 미상(未詳) / 《사기(史記)》〈소상국세가(蕭相國世家)〉外,
《삼국지(三國志)》〈위서(魏書) 순욱순유가후전(荀彧荀攸賈詡傳)〉

6

조조의 고질병

조조가 수년에 걸쳐 원가의 세력과 다투는 동안 조조 주변에서 벌어졌던 일들이다. 조조의 어린 아들들과 평생의 고질병이었던 두통에 관한 일화 등을 볼 수 있다.

신상필벌 信賞必罰

상과 벌을 분명하게 시행하다 　　　　　　　　　　　　　　　－《정사》 인용

조직을 다스리는 가장 기본적이고도 중요한 원칙으로 널리 사용되는 표현이다.

조조의 아들 중에 조창(曹彰)이 있었다. 수염이 누런빛이라 황수아(黃鬚兒)라는 애칭으로 불리곤 했다. 조창은 형 조비(曹丕)보다 두 살이 적고 동생 조식(曹植)보다는 세 살이 많았다. 어려서부터 활쏘기와 말 타기에 능했을 뿐 아니라 힘도 세었다. 조조를 따라 전투에도 여러 차례 참가하였다.

한번은 조조가 어린 아들들에게 자신의 포부를 말해보라고 한 적이 있다. 이때 조창은 "장군이 되고 싶습니다."라며 자신의 뜻을 밝혔다. 이에 조조가 "장군이 되면 어찌 하겠느냐?"라고 물었다. 그러자 조창이 대답하기를 "갑옷을 입고 병기를 들고 난관에 목숨을 돌보지 않으며, 사졸들에 솔선하면서 상과 벌은 반드시 믿음 있게 시행하겠습니다(賞必行 罰

必信)."라고 하였다. 이를 들은 조조가 크게 웃었다.

➕《삼국지》에는 '상과 벌'에 관련한 표현이 수도 없이 등장하는데 상벌필행(賞罰
必行), 상벌필신(賞罰必信), 신상필행(信賞必行) 등 매우 다양하다. 우리에게 익숙한
신상필벌(信賞必罰)이란 문구는《한비자》에서 볼 수 있다.

진문공(晉文公)이 호언(狐偃)이란 신하에게 군사에 대해 묻는 장면이다. 진문공
이 "어찌해야 백성들을 병사로 동원할 수 있겠소?"라 묻자, 호언이 "백성들이 전
쟁을 하지 않을 수 없게 만들어야 합니다."라고 하였다. 진문공이 "그렇게 하려면
어찌 해야 되오?"라 물으니 "상과 벌을 분명하게 시행하면 싸우게 할 수 있습니다
(信賞必罰 其足以戰)."라 대답하였다.

여기서 꼭 말해두고 싶은 것은 신상필벌(信賞必罰)이란 표현은 '상과 벌'에 대한
무수히 많은 표현 중 하나일 뿐이라는 점이다. 애초부터 경전의 문구처럼 확실히
굳어져 전해진 말이 결코 아니었다.

●《한비자(韓非子)》〈외저설 우상(外儲說右上)〉,
《삼국지(三國志)》〈위서(魏書) 임성진소왕전(任城陳蕭王傳)〉

창서칭상 倉舒稱象

조충이 코끼리의 무게를 재다   -《정사》 유래

코끼리의 무게를 재는 방법에 대한 고사이다. 한번쯤 들어본 적 있을 테지만 조조의 아들이 주인공인 것을 아는 이는 그리 많지 않을 것 같다.

조조의 아들 중에 조충(曹沖)이 있었다. 자(字)는 창서(倉舒). 조충의 생모는 환(環)부인으로, 변(卞)부인 소생인 조비, 조창, 조식과는 이복형제 간이었다. 나이는 조식보다도 네 살이 어리다. 하지만 조충은 어려서부터 매우 영특하여 조조의 귀여움을 많이 받았다.

조충이 6세 쯤 되던 201년 무렵, 손권이 조조에게 코끼리를 보낸 적이 있다. 헌데 거대한 코끼리를 본 조조는 그 무게가 몹시 궁금하였다. 그래서 이를 재는 방법을 부하들에게 물어보았다. 하지만 어느 누구도 뾰족한 방법을 내지 못하였다. 이때 어린 조충이 조조에게 말하길 "큰 배에 코끼리를 실은 다음 물이 닿은 곳을 표시해 두었다가 그만한 물건을 실어서 비교해보면 알아낼 수 있습니다(置象大船之上 而刻其水痕所至 稱物以載之 則校可知矣)"라고 하였다. 이를 들은 조조가 크게 기뻐하며 그대로 시행해보게 하였다.

이후 조충은 성장하면서 따뜻한 마음씨와 똑똑함을 겸비한 모습을 보여주었다. 덕분에 처형당할 죄를 지은 자 중에 조충이 문제를 해결해주어 용서받은 자들도 제법 되었다. 때문에 조조는 조충을 내심 자신의

후계자로도 생각하고 있었다. 한참 뒤의 일이지만 큰아들 조비가 태자로 책봉된 시기가 217년이다. 조비가 31세 되던 해이니 조비보다 아홉 살 어린 조충에게도 기회가 없지는 않았을 것이다. 만약 그때까지 살아 있었더라면.

안타깝게도 조충은 13세가 되던 208년에 병사하였다. 조충이 병상에 누웠을 당시 조조는 조충의 건강이 회복하기를 간절히 기도하였다. 그리고 조충의 숨이 다하였을 때 매우 슬프게 울었다. 이를 본 큰아들 조비가 아버지를 위로하였다. 이에 조조는 "이는 나에게는 불행한 일이지만 너희들에겐 다행스러운 일이니라"라고 말하였다. 그러면서도 계속 눈물을 흘렸다.

✚ 이 이야기는 분명 《삼국지》에 기록된 내용들이지만, 창서칭상(倉舒稱象)이라는 문구는 《몽구(蒙求)》에서 볼 수 있다. 《몽구》는 당(唐)나라 때 이한(李瀚)이 지은 서적으로, 많은 이야기들이 네 글자씩 묶여 있어 교육용으로 널리 사용되었다. 우리에게 익숙한 《천자문(千字文)》이나 《사자소학(四字小學)》과 비슷한 교재였다고 생각하면 되겠다. 앞서 등장했던 육적회귤(陸績懷橘)이나 덕윤용서(德潤傭書) 같은 문구도 《몽구》에서 볼 수 있는 문구들이다. 잘 살펴보면 우리가 쓰고 있는 사자성어 중에 《몽구》에서 네 글자로 다듬은 표현이 적지 않다. 다만 출처를 《몽구》라고 소개하는 경우는 드물다. 어차피 《몽구》 이전의 여러 사서들에서 발췌한 내용들이기 때문이다.

● 《삼국지(三國志)》〈위서(魏書) 문무세왕공전(文武世王公傳)〉

호서배 狐鼠輩

여우와 쥐 같은 무리

-《정사》 유래

본래 간사하고 못된 무리들을 가리키는 말로 소인배와 유사한 의미이다. 여기서는 누군가를 하찮게 여긴다는 의미로 사용되고 있다.

의술로 이름을 날렸던 인물인 화타(華陀)에 관한 이야기이다. 화타는 207년에서 208년 무렵, 주로 조조 곁에 머물며 활동하였다. 당시 조조가 몸에 이상이 있을 때마다 화타를 불러 치료를 맡겼기 때문이다. 그런데 화타는 점차 가족들에게 돌아가고 싶은 마음이 커졌다. 이에 휴가를 얻어 집으로 돌아가서는 아내의 병을 핑계로 조조에게 가지 않고 있었다.

이후 조조가 여러 번 서신을 보내 화타를 불렀지만 응하지 않았다. 그러자 조조는 사람을 보내면서 "화타의 아내가 진짜로 병이 있으면 콩 40곡을 하사하고, 만약 거짓이면 화타를 압송하라"고 지시하였다. 그리하여 화타가 허도로 압송되고 말았다. 이때 순욱이 청하길 "화타는 의술이 매우 뛰어납니다. 이는 환자들의 목숨이 달린 문제이니 관용을 베푸는 것이 좋을 듯합니다."라고 하였다. 하지만 조조는 "걱정할 것 없네. 천하에 저런 쥐 같은 소인배가 또 없겠는가(天下當無此鼠輩耶)?"라며 화타를 비하했다. 결국 얼마 후 화타는 옥에서 숨을 거두고 말았다. 그런데 화타는 죽기 직전에 옥리에게 "이 책은 사람들을 살릴 수 있는 책이요"라며 의서 한 권을 주었다. 하지만 옥리는 무서워서 받지 않았고 화타도 더는 강요하지 않고 책을 불태워버렸다.

이후 조조는 지병인 두통에 계속 시달렸다. 이에 "화타라면 이 두통을 고칠 수 있었다. 하지만 그 놈은 내 병을 키워서 자기 몸값을 높이려 했다. 내가 살려뒀더라도 내 병을 완치시키려 하지는 않았을 것이다."라고 하였다. 그러던 208년, 자신이 그렇게 아끼던 아들 조충이 큰 병에 걸렸다. 그리고 조충의 병이 위독해지자 "내가 화타를 죽인 것을 후회하노라. 그 때문에 이 아이가 죽게 되었구나!"라며 탄식하였다.

✚ 화타라는 인물에 대한 기록은 정사와 《연의》 간에 차이가 상당히 큰 편이다. 일단 조조와 화타가 만나는 시기부터 10여년 이상 차이가 난다. 《연의》에서는 조조가 사망하기기 직전인 219년 무렵에 화타가 조조를 처음 진찰한 것으로 되어 있다. 그러니 화타가 사망한 시기도 실재와 11년이나 차이가 난다. 여기에 형주에서 관우의 팔을 치료해준 의사도 화타라고 하였다. 관우가 부상당한 팔에 수술을 받은 적은 있지만 정사에서 집도의가 화타는 아니었다.

아울러 화타가 옥리에게 책을 전해준 대목도 정사와 차이가 크다. 《연의》에서는 화타가 주는 책을 옥리가 감사히 받고 의술을 제대로 공부하려고 옥리 직까지 그만둔다. 그런데 집에 돌아와 보니 부인이 책을 불태워버린 것으로 되어 있다. 극적인 재미를 높이기 위해 화타라는 인물의 생애에 적극적으로 손 댄 흔적이 곳곳에 역력하다.

●《삼국지(三國志)》〈위서(魏書) 방기전(方技傳)〉

불능증손 不能增損

더하거나 뺄 수 없다   -《정사》 인용

문장이 완벽하여 더 이상 손 볼 데가 없음을 일컫는 표현이다. 유사한 표현
으로 문무가점(文無加點)을 들 수 있다. 이 역시 글이 완벽해 점 하나 더할 수
없다는 의미이다.

당대의 문장가로 이름을 날렸던 진림과 완우(阮瑀) 두 사람에 관한 이야
기이다. 진림은 앞서 '전재현상(箭在弦上)'에서 조조의 휘하에 들어가게
된 과정을 언급한 바 있다. 그리고 이 당시 완우의 명성 또한 진림에 못지
않았다. 완우는 후에 죽림칠현(竹林七賢)으로 널리 알려지는 완적(阮籍)의
부친이자 완함(阮咸)의 조부이기도 하다.

한번은 진림이 어떤 문서의 초고를 완성하여 조조에게 바친 적이 있
다. 그런데 평소 조조는 늘 두통에 시달리던 터라 그날도 누운 채로 진림
의 글을 읽어 보았다. 그러다 벌떡 일어나서 말하길 "정말 잘 지었구나!
이 글을 읽으니 두통이 싹 사라져버렸다."라고 하였다.

또 한번은 조조가 완우에게, 한수(韓邃)에게 보내는 편지를 쓰게 한
적이 있다. 그런데 이때 완우는 조조를 수행해 외부로 나가는 길이었다.
때문에 완우는 말을 타고 가면서 급히 초고를 작성한 후 조조에게 바쳤
다. 이를 받아 본 조조가 붓을 쥐고 손을 보려 하였지만 끝내 한 글자도
더하거나 빼지 못하였다(攬筆欲有所定 而竟不能增損).

✚ BC 246년에서 BC 240년 사이, 진(秦)나라에서 《여씨춘추(呂氏春秋)》가 편찬되었다. 《여씨춘추》는 당시 상국(相國)이던 여불위(呂不韋)가 자신의 문객들을 동원하여 지은 서적이다. 그 글자 수가 무려 20여만 자에 달하는 방대한 분량이었다.

《여씨춘추》가 완성된 후 여불위는 이를 함양의 시장 문에 전시한 후 1천금을 걸어두었다. 그리고 말하기를 "여기에 한 글자라도 더하거나 뺄 수 있는 자가 나타나면 1천금을 주겠다(有能增損一字者 予千金)."고 하였다. 이른바 일자천금(一字千金) 고사의 유래이기도 하다.

● 《사기(史記)》〈여불위열전(呂不韋列傳)〉,
《삼국지(三國志)》〈위서(魏書) 왕위이유부전(王衛二劉傅傳)〉(배송지주 전략(典略) 인용)

4장

장강에 부는 바람

1

유비와 제갈량의 만남

조조와 원소의 세력이 맞붙던 기간 동안 유비는 어떻게 지내고 있었을까?
아울러 제갈량을 얻게 된 유비에게는 어떤 미래가 펼쳐질까?

비육지탄 髀肉之歎

허벅지의 군살을 한탄하다   -《정사》 유래

전장을 누비며 뜻을 펼치고자 하는 영웅이 활약하지 못하는 상황에 있을
때, 그 안타까움을 표현하면서 언급되는 고사이다.

대략 206년 전후의 일이다. 유비가 원소를 떠나 형주의 유표에게 의탁한
지도 어느새 몇 년이 흘렀다. 유비의 가정으로서는 이 기간이 가장 안정
적인 시기였다고 할 수 있다. 하지만 편안한 생활에 유비가 마냥 즐거울
수만은 없었다. 유비는 야망이 큰 인물이었기 때문이다. 이 무렵 조조는
원소의 세력을 병합하며 나날이 세력을 키우고 있었다. 그에 반해 자신
은 수년간 답보 상태이니 더욱 초라하게 느끼지 않았을까 한다.

　어느 날 유비가 유표와 이런 저런 얘기를 나누고 있었다. 그러다 유비
가 볼일을 보러 측간에 갔다. 그런데 측간에 다녀온 유비가 웬 눈물을 줄
줄 흘리며 돌아왔다. 유표로서는 적잖이 당황스러웠을 것이다. 순간이지
만 '속이 많이 안 좋나? 변비가 심한가?'라고 생각했을지도 모를 일이다.
이에 유표가 무슨 일이냐고 물었다.

그러자 유비가 대답하길 "제가 늘 말안장에 앉아 활동하던 시절엔 허벅지에 군살 생길 틈이 없었습니다. 그런데 요즘은 말 탈 일이 없으니 어느새 허벅지에 살이 두둑하니 붙었네요(今不復騎 髀里肉生). 세월은 달리는 말과 같고 나이는 자꾸 드는데 이루어 놓은 건 없으니 갑자기 슬퍼졌습니다."라고 말하였다. 측간에 앉아서 문득 자신의 허벅지에 살이 붙은 걸 보고 지난 몇 년간의 세월이 스쳐가며 울컥했던 것이다.

참고로 201년에 유비의 나이가 40세였다. 그러다 207년 감(甘)부인이 유선(劉禪)을 낳았다. 즉 47세에야 겨우 아빠가 된 것이다. 잘 알려진 대로 유선의 어릴 적 이름은 아두(阿斗)이다. 그런데 유비보다 여섯 살 많은 조조는 이때 벌써 할아버지였다. 큰 아들 조비가 장가를 가서 낳은 조예(曹叡)가 이 무렵엔 이미 뛰어 다닐 나이였다.

●《삼국지(三國志)》〈촉서(蜀書) 선주전(先主傳)〉(배송지주 구주춘추(九州春秋) 인용)

복룡봉추 伏龍鳳雛

엎드려 있는 용과 봉황의 새끼   -《정사》유래

재야에 숨어 있는 훌륭한 인재를 일컫는 멋진 표현이다. 와룡봉추(臥龍鳳雛)
라고도 한다.

이 무렵 유비가 일대의 명사인 사마휘(司馬徽)를 찾아가 인재에 관해 조
언을 구한 적이 있었다. 사마휘는 수경(水鏡)선생이란 이름으로 더 알려
진 인물로 독자들에게는 꽤 신비스러운 이미지로 각인되어 있다. 이때
유비를 만난 사마휘가 이렇게 말하였다.

"한낱 유생이 이 시대의 일에 대해 무얼 알겠습니까? 하지만 준걸들
중에 이 시대에 해야 할 일을 아는 자가 있습니다. 이 인근에 엎드린 용
과 새끼 봉황이 있습니다(此間自有伏龍鳳雛)." 이에 유비가 그들이 누구냐
고 묻자 사마휘는 "제갈공명과 방사원입니다."라고 알려주었다.

요컨대 복룡봉추(伏龍鳳雛)는《연의》에서 과대포장한 대표적인 말이
라 할 수 있다.《연의》에서는 유비가 사마휘를 만나는 과정부터 몽환적
인 분위기를 자아낸다. 그리고 제갈량과 방통에 대해서도 "복룡과 봉추
둘 중에 한 사람만 얻어도 천하를 안정시킬 수 있다(伏龍鳳雛 兩人得一 可
安天下)"며 매우 거창하게 소개하고 있다. 더구나 이 자리에서 사마휘는
이들의 이름을 유비에게 알려주지도 않은 채 웃기만 한다.

● 《삼국지(三國志)》〈촉서(蜀書) 제갈량전(諸葛亮傳)〉(배송지주 양양기(襄陽記) 인용)

삼고초려 三顧草廬

초가집을 세 번 방문하다

-《정사》유래

좋은 인재를 등용하기 위해 리더가 기울이는 노력을 대표하는 고사이다.

유비가 형주에 머무는 수년 동안 일대의 많은 인재와 호걸들이 유비에게 귀부하였다. 그 중에는 서서(徐庶)라는 인물도 있었는데, 이 당시 유비로부터 상당한 신뢰를 얻고 있었다. 그러던 206년 겨울 어느 날 서서가 유비에게 한 사람을 소개하였다. "제갈공명이라는 자는 누워 있는 용(臥龍)과 같은 인재인데 한번 만나보시겠습니까?"

짐작컨대 유비 입장에선 예전에 사마휘에게 추천 받았던 기억까지 되살아났던 것 같다. 이에 유비가 무척 반가워하며 "그를 데리고 와 주시지요"라고 청하였다. 하지만 서서는 고개를 가로 저었다. 그러면서 유비가 직접 찾아가서 초빙해야 함을 간곡히 권하였다. 이에 유비가 직접 제갈량이 머물고 있는 곳을 찾아갔지만 만나지 못한 채 돌아왔다. 결국 해를 넘긴 207년 봄, 세 번째 방문에서야 겨우 제갈량을 만날 수 있었다.

참고로 삼고초려(三顧草廬)라는 표현은 이로부터 20년 후인 227년, 제갈량이 후주(後主) 유선(劉禪)에게 올린 〈출사표(出師表)〉에서 볼 수 있다. "선제(유비)께서 신을 천하다 여기지 않으시고 몸을 낮추시어 신이 머문 초가집을 몸소 세 번이나 찾아오셨습니다(三顧臣於草廬之中). 그러고는 신에게 천하의 정세를 물으셨기에 신이 감격하여 선제를 위해 헌신하겠노라 결심하였습니다."

여기서 廬(려)는 '오두막집' 혹은 '초막'을 뜻한다. 가옥을 의미하는 다양한 글자 중 하나로, 둘레를 둘러 겨우 경계만 표시한 집을 의미한다. 제갈량이 자신이 기거했던 집을 겸손하게 표현한 것이라 할 수 있다. 아울러 누추한 곳까지 친히 여러 번 방문했던 유비의 공적을 높이고 있다.

● 《삼국지(三國志)》〈촉서(蜀書) 제갈량전(諸葛亮傳)〉

단사호장 簞食壺漿

소쿠리에 음식을 담고 항아리에 마실 것을 넣다 　　　　　　　－《정사》 인용

백성들이 소박한 음식을 들고서 군대를 환영한다는 의미로 '민심에 부합함'
을 뜻하는 표현이다.

207년 봄, 어렵게 제갈량을 만나게 된 유비는 천하의 정세에 대해 물었
다. 이에 제갈량은 먼저 '북쪽의 조조와 동남쪽의 손권은 당장 꺾을 수
없다'고 잘라 말하였다. 그리고 "형주(荊州)는 북으로 한수(漢水)가 막아
주고 남으로 바다의 혜택을 누릴 수 있습니다. 동으로는 오(吳) 지역과 연
결되고 서로는 파촉(巴蜀) 지방과 통합니다. 때문에 이를 감당할 만한 인
물이 아니면 지킬 수 없는 땅입니다."라며 장차 유비의 근거지로 삼을 것
을 권하였다.

　이어서 제갈량은 "또한 익주는 험지로 막혀 있으면서 비옥한 들판이
넓습니다. 지금 익주목 유장은 어리석고 나약하여 그곳의 인재들은 명
군의 출현을 기다리고 있습니다. 이렇게 장군께서 형주와 익주를 차지하
고 험한 지형을 이용하여 방어하면서 이민족들을 위무하며 손권과 화친
하여야 합니다. 그러면서 천하의 변화를 보아 낙양과 관중(關中)으로 진
격한다면 백성들 중 누가 '소쿠리에 음식을 담고 항아리에 마실 것을 넣
고' 장군을 환영하지 않겠습니까(百姓孰敢不簞食壺漿 以迎將軍者乎)? 이리
된다면 패업을 성취하고 한실을 중흥할 수 있습니다."라 하였다.

✛ 이는《맹자》에 등장하는 표현이다. 시기는 명확하지 않으며 맹자가 제나라에서 벼슬을 하던 때이다.* 제(齊)나라가 연(燕)나라를 공격하자 여러 제후들이 연나라를 구하려 하였다. 이에 제선왕이 "제후들 중에 우리를 치려고 하는 자들이 많소. 어찌하면 좋겠소?"라 물었다. 그러자 맹자가 과거 탕왕(湯王)의 사례를 들며 '백성들의 바람에 부합하는 군사 행동'이 중요함을 강조하였다.

"지금 연나라가 백성들을 학대하였기에 대왕께서 정벌하신 것입니다. 마치 물과 불 속에 있는 이들을 구제한 것과 같이 여기니, 백성들이 소쿠리에 음식을 담고 항아리에 마실 것을 넣은 채로 대왕의 군대를 환영하는 것입니다(簞食壺漿 以迎王師). 하지만 행여 그 부모들과 처자식을 죽이고 그들의 종묘를 훼손하고 중요한 기물을 옮겨간다면 어찌 옳다고 여기겠습니까!"

참고로 비슷한 성어인 단사표음(簞食瓢飮)과는 의미가 사뭇 다르다고 봐야 할 것이다. 단사(簞食)가 소박한 음식인 것은 마찬가지이지만 '단사표음'은 소박한 음식 자체를 가리키는 표현이기 때문이다.《논어》〈옹야(雍也)〉편에서 공자의 말이 대표적인 예이다. "어질도다. 안회여! 한 소쿠리의 밥과 한 표주박의 물로 누추한 곳에서 지내면 다른 사람들은 근심을 견디지 못하거늘 안회는 즐거움을 잃지 않는구나(一簞食 一瓢飮 在陋巷 人不堪其憂 回也不改其樂)."

* 《사기》〈표(表)〉에 의하면 제선왕(齊宣王)의 재위기간은 BC 343년에서 324년이지만,《자치통감》에는 BC 320년에서 301년으로 기록하고 있다. 재위 기간이 19년인 것만 일치할 뿐 시기는 전혀 다름을 알 수 있다. 사실《사기》에서 이 무렵의 시기 기록들이 가장 혼란스럽다.《사기》의 저자인 사마천도 당시 사적들이 불타버려 제대로 고증하지 못했음을 통탄한 바 있다.

● 《맹자(孟子)》〈양혜왕(梁惠王) 하(下)〉,《삼국지(三國志)》〈촉서(蜀書) 제갈량전(諸葛亮傳)〉

유어득수 猶魚得水

물고기가 물을 얻은 것과 같다

-《정사》 유래

유비와 제갈량의 만남을 일컫는 말로, 이른바 수어지교(水魚之交)라고도 한다.

제갈량이 제시한 큰 그림을 유비는 자신이 나아갈 바로 여겼던 듯하다. 이때부터 47세의 유비와 27세의 제갈량은 늘 가까이 지내며 묻고 답하기를 이어갔다. 하지만 그간 유비와 동고동락해왔던 관우와 장비가 이를 영 껄끄럽게 여겼다. 어린 유생이 어디서 갑자기 나타나 2인자 자리를 차지한 것처럼 느꼈을 수도 있으리라. 어쩌면 유비가 세 번씩이나 직접 방문하여 초빙한 것부터 불만이었을지 모른다. '도대체 얼마나 대단하길래 어린놈이 감히' 하면서 건방지다고 느꼈을 지도 모를 이이다.

이에 유비가 관우와 장비에게 말하길 "내가 공명(孔明)을 얻은 것은 마치 물고기가 물을 만난 것과 같다(猶魚之有水也). 그러니 너희들은 이에 대해서 더는 말하지 말거라"라며 아우들을 달랬다. 이후로는 관우와 장비가 더 이상 불만을 표출하지 않았다.

● 《삼국지(三國志)》〈촉서(蜀書) 제갈량전(諸葛亮傳)〉

2

형주로 향하는 칼끝

거대 세력 조조의 남하로 인해 형주는 그야말로 바람 앞에 등불이 된다. 유표가 떠나고 조조가 밀고 내려오는 격변기! 유비는 과연 어떤 선택을 하게 될까.

부중지어 釜中之魚

솥 안에 든 물고기   -《연의》 인용

막다른 길목에 몰렸음을 뜻하는 '독 안에 든 쥐'와 같은 뜻을 지닌 표현이다.

208년, 조조는 형주의 유표를 치기 위해 대규모 병력을 출진시켰다. 약 7년간에 걸친 다툼 끝에 북쪽 원가의 세력을 완전히 제압하고 이제 남쪽으로 칼끝을 돌린 것이다. 하지만 조조의 대군이 당도하기도 전에 유표는 병사하고 말았다. 그리고 형주목 직위를 물려받은 아들 유종(劉琮)은 그 자리에 제대로 앉아보지도 못하고 곧바로 조조에게 투항해버린다.

이 당시 유비는 양양 북쪽 번성(樊城)에 주둔하고 있었다. 하지만 조조의 대군이 남하한다는 소식을 듣고는 무리를 거느리고 피난하기 시작했다. 이때 제갈량은 양양성을 공격하여 형주를 차지해야 한다고 유비에게 권하였다. 하지만 유비는 고개를 가로 저으면서 말하길 "차마 그리는 못 하겠다"고 하였다. 그러고는 행군을 멈추고 유종을 불러보지만 유종은 끝내 얼굴을 비치지 않았다. 이때 유비가 이끄는 무리가 10만명 가량

이었고 군수물자도 많아 하루에 10리 정도 밖에 이동하지 못하고 있었다. 유비 휘하의 누군가가 "어서 이동하여 강릉(江陵)을 확보해야 되는데, 지금 백성들만 많고 정작 싸울 수 있는 병력은 얼마 되지 않습니다. 만약 조조의 군사들이 추격해 오면 어떻게 막겠습니까?"라고 말하였다. 이에 유비가 "큰일을 하려면 백성들을 근본으로 해야 하오. 지금 백성들이 나를 따르는데 어찌 이들을 버리겠소!"라고 대답하였다.

이때 조조 또한 유비가 강릉을 차지할 것을 우려하고 있었다. 강릉은 군수물자가 충분해 장기적인 농성이 가능한 지역임을 조조도 알고 있었기 때문이다. 이에 조조는 경무장한 군사들만을 거느리고 이동해 급히 양양에 당도하였다. 그리고 유비가 이미 양양을 통과했다는 말을 듣고는 다시 5천의 병력만을 추려 강행군으로 유비를 추격하기 시작했다.

《연의》에서는 조조가 "지금 유비는 솥 안의 물고기요 구덩이에 빠진 범이다(釜中之魚 阱中之虎). 만약 이번 기회에 잡지 못한다면 물고기는 바다로 갈 것이고 범은 산으로 도망치고 말 것이다."라며 부하들을 독려한다.

✚ AD 142년의 일이다. 주요 등장인물은 장강(張綱)과 장영(張嬰) 두 명이다. 장영은 도적떼의 수괴로, 10여 년 간 무리 수만 명과 함께 광릉군 일대를 노략질하고 있었다. 당시 후한의 조정에서는 이들을 토벌할 수가 없었고 자사나 태수도 이미 여럿 사망하였다.

이때 장강(張綱)이란 인물이 광릉태수로 부임하였다. 그런데 많은 병마를 거느리고 내려왔던 이전 태수들과 달리 혼자 부임하겠다고 주청하였다. 그리고 장강은 현지 병력만을 거느리고 장영을 찾아갔다. 그러고는 장영을 만나 먼저 그들의 고충을 들었다. 그러고는 "앞서 여러 태수들이 방자하고 탐욕스러워 여러분들이 울분을 안고 모였을 것이요. 허나 그렇다고 도적이 되는 것도 옳지 않소. 지금 주상께서 나를 태수로 보내 그대들을 형벌로 처벌하지 않고 작록을 베풀려 하시니 지금이야말로 전화위복의 기회요. 만약 이러해도 따르지 않는다면 형주, 양주, 연주, 예주의 대병력이 구름처럼 모일 것이니 어찌 위태롭지 않겠소?"라 말하였다.

이에 장영이 눈물을 흘리며 "저희가 어리석어 조정에 저희 뜻을 전할 줄도 몰랐습니다. 늘 억울하게 당하기만 하다가 견디다 못해 도적질로 살아왔습니다. 솥 안에서 헤엄치는 물고기와 같이 그저 잠깐 살아 숨만 쉴 뿐이었지요(若魚遊釜中 喘息須臾間耳). 지금 태수님 말씀을 들으니 이제야 다시 살아날 때인가 봅니다."라며 투항하였다.

● 《후한서(後漢書)》〈장왕충진열전(張王种陳列傳)〉, 《삼국지연의》 42회

188

만인지적 萬人之敵

혼자서 만 명을 상대하다 -《정사》 인용

여러 사람을 혼자 상대할 수 있다는 말인 일당백(一當百), 일기당천(一騎當千)보다 좀 더 과장된 표현이라 할 수 있다. 경우에 따라 지략이나 병법과 같이 거시적인 영역의 싸움을 의미하기도 한다.

조조의 기병 부대는 기어코 장판파(長阪坡)에서 유비의 무리를 따라잡는 데 성공하였다. 유비는 제갈량 등과 함께 겨우 도주하며 장비에게 뒤를 차단하게 하였다. 이때 장비가 거느린 병력은 수십여 명에 불과했다. 1개 소대 병력으로 연대 병력을 상대하라고 명한 셈이다.

그런데 장비는 냇물을 사이에 두고 다리를 끊은 뒤, 조조군을 향해 눈을 부릅뜨고는 "이 몸이 장익덕이니 누구든 와서 함께 죽도록 싸워보자."라고 큰 소리로 호통쳤다. 이때 조조군 병사들이 쉽게 다가가지 못하고 머뭇거리는 사이 유비는 무사히 그곳을 빠져나갈 수 있었다.

이 소설 같은 이야기가 정사의 기록이다. 당시 장비의 위용이 널리 알려져 있지 않았다면 있을 수 없는 일이다. 일찍이 조조의 모사들인 정욱, 곽가 등이 "관우와 장비는 능히 만 명을 상대할 수 있다(羽飛萬人之敵也)."라고 말한 바가 있다. 조조군 전체가 이에 대해 미리 알고 있었다고 봐야 할 것이다.

✚ 한고조 유방과 천하의 패권을 다투었던 항우(項羽)의 어렸을 적 이야기이다. 항우는 어렸을 때 글을 배웠으나 제대로 다 마치지 못했다. 이후 검술을 배웠으나 이 또한 제대로 마치지 못하였다. 이에 숙부인 항량(項梁)이 화를 냈다.

그러자 항우가 말하길 "글은 이름과 성만 쓸 줄 알면 충분합니다. 그리고 검술은 한 사람을 대적할 뿐이니 깊이 배울 만한 게 아닙니다. 만인을 대적할 수 있는 것을 배우겠습니다(劍一人敵 不足學 學萬人敵)."라고 하였다. 그래서 항량이 병법을 가르쳐주자 항우가 크게 기뻐하였다. 하지만 병법 또한 대략 그 뜻만 알고는 끝까지 배우려 하지 않았다.

여기서 눈여겨봐야 할 글자가 바로 敵(적)이다. 敵(적)을 '원수, 적군'의 의미로만 풀이해서는 만인지적(萬人之敵)이란 말을 제대로 이해할 수 없기 때문이다. 그렇게 되면 관우와 장비는 '만인의 원수'가 되는데, 관우와 장비가 그토록 밉상이었던가.

이는 인자무적 인자무적(仁者無敵)과 천하무적(天下無敵)이란 말을 비교해보면 보다 쉽게 이해할 수 있다. '인자무적'은 '어진 사람에겐 적이 없다'이고 '천하무적'은 '천하에 대적할 상대가 없다'이다. 즉 싸움이 되려면 일단 체급이 맞아야 된다는 말이다. 아무리 의견이 다르고 서로 미워하는 사이라도 힘이 엇비슷해야 적이 될 수 있는 것이다. 敵(적)이란 글자 속에는 이렇게 '대립'이라는 의미와 함께 '균형'의 의미가 함께 들어있다.

● 《사기(史記)》〈항우본기(項羽本紀)〉, 《삼국지(三國志)》〈촉서(蜀書) 관장마황조전(關張馬黃趙傳)〉

금파옥액 金波玉液

아름답고 좋은 술　　　　　　　　　　　　　　　　　　-《연의》 인용

미주(美酒)를 가리키는 다양한 표현 중의 하나이다.

유비가 번성을 떠나 군사들을 거느리고 남쪽으로 피신할 당시 서서(徐庶)도 유비를 수행하고 있었다. 앞서 서서는 유비에게 제갈량을 천거하며 직접 찾아가라 권한 바 있다. 그런데 조조군이 번성과 양양성을 점령하면서 서서의 모친이 조조군에 잡히는 신세가 되어버렸다. 이를 들은 서서가 자신의 가슴에 손을 얹으며 유비에게 이렇게 말하였다.

"저는 본래 장군과 함께 천하를 제패하여 왕업을 이루고자 하였습니다. 하지만 애초에 가진 땅이 너무 좁았습니다. 지금 저는 노모를 잃었고 좁은 땅마저 혼란에 빠지고 말았으니 더 이상 도와드릴 것이 없습니다. 이에 장군 곁을 떠나려 합니다." 그리고는 조조의 진영을 찾아가 투항하였다. 이후 서서는 조조 휘하에서 관직을 맡게 되지만 끝내 중용되지는 못하였다.

그런데 서서가 유비를 떠나 조조에게로 옮겨 간 대목은 정사와 《연의》의 내용 사이에 차이가 매우 크다. 일단 《연의》에서는 서서가 떠난 시기부터 제갈량 등용 전이다. 아울러 그 과정 또한 사뭇 복잡하게 그려져 있다. 한번 살펴보자.

유비 휘하에서 서서가 활약할 것을 조조가 우려하자 정욱이 계책을

냈다. 계책인 즉 서서의 모친의 필적을 흉내 내어 서서를 부르는 것이었다. 이에 편지를 받아본 서서가 눈물을 줄줄 흘리며 "노모께서 손수 편지를 써 부르시니 가지 않을 수 없습니다. 작은 힘이나마 장군을 보필하려 하였으나 어머니께서 잡혀 계시니 어쩔 수가 없습니다."라고 하였다. 이에 유비도 울면서 서서를 보내주기로 하였다. 그러고는 마지막으로 술자리를 열어주며 서서에게 술을 권하였다. 이에 서서가 이렇게 말하였다.

"지금 어머니께서 저들에게 잡혀 있다는 소식을 들었습니다. 비록 금파옥액이라도 목으로 넘어가지 않습니다(雖金波玉液 不能下咽矣)." 그러자 유비도 "공이 떠나신다 하니 양손을 모두 잃은 것 같습니다. 비록 용의 간과 봉황의 뇌수라 하더라도 아무 맛이 없는 것 같습니다(雖龍肝鳳髓 亦 不甘味)."라고 하였다.

그리고 얼마 후 서서는 어머니에게 돌아갔다. 하지만 정작 오랜만에 아들을 본 어머니는 대노하며 유비를 떠난 것을 엄히 꾸짖었다. 그러고는 병풍 뒤로 들어가 그대로 목을 매어 자결해버렸다.

✚ 간혹 이 장면에서 서서의 어머니가 '여자가 글을 아는 것이 문제로구나'라며 식자우환(識字憂患)이라 말했다는 서적도 있다. 하지만《삼국지연의》어느 판본에서 확인한 내용인지 진지하게 묻고 싶다.

참고로 식자우환(識字憂患)이란 표현은 북송(北宋)의 시인 소동파(蘇東坡)가 지은〈석창서취묵당(石蒼舒醉墨堂)〉이란 작품에서 유래한 말이다. 서예로 유명했던 석창서(石蒼舒)라는 인물에 관한 시이다. 일부만 소개해본다.

人生識字憂患始　인생은 글자를 알게 되면서 우환이 시작되는 것이니
姓名粗記可以休　이름이나 쓸 줄 알면 그만해도 되는 것을
何用草書誇神速　초서에 뛰어나다 해서 자랑하여 무엇 하리!

● 미상(未詳) /《삼국지(三國志)》〈촉서(蜀書) 제갈량전(諸葛亮傳)〉,《삼국지연의》36회

삼촌지설 三寸之舌

세 치의 혀

-《연의》 인용

상대를 설득하는 뛰어난 말재주를 가리키는 표현이다. 수많은 유세가들이 맹활약했던 전국시대에 잘 어울리는 성어이기도 하다.

208년 9월 무렵, 장판파에서 겨우 위급을 벗어난 유비가 하구(夏口)에 다다랐다. 하구는 장강(長江)과 한수(漢水)가 만나는 곳으로, 인근에 위치한 강하(江夏)에는 유표의 장자 유기(劉琦)가 머물고 있었다.

이때 제갈량이 유비에게 말하기를 "상황이 위급하니 손권에게 구원을 요청하겠습니다."라며 사자로 가기를 자청하였다. 당초 손권은 노숙을 보내 일대의 상황을 파악하게 한 바 있다. 그런데 불과 한 두 달 사이에 유표가 병사하고 유종이 투항하고 유비가 쫓겨 가는 등 상황이 너무나 긴박하게 변하고 있어 사태를 관망만 하고 있었던 것이다.

《연의》중 이 대목을 살펴보자. 제갈량이 손권을 만나러 가려 하자 유비가 "강동에는 인재가 아주 많습니다. 필시 여러 계책이 있을 터인데 받아들이겠소?"라 물었다. 이에 제갈량이 웃으면서 이렇게 말하였다. "지금 조조가 백만 군사를 이끌고 장강과 한수에 버티고 있습니다. 강동에서도 사람을 보내어 허실을 염탐하지 않았겠습니까? 제가 바람을 타고 곧장 강동으로 가서 세 치 혀를 이용하여 남과 북에 있는 양 군이 서로 싸우도록 하겠습니다(憑三寸不爛之舌 說南北兩軍互相吞併)." 그러고는 손권이 머물고 있는 시상(柴桑)현으로 출발하였다.

✚ BC 258년, 진(秦)나라가 조(趙)나라의 도읍인 한단(邯鄲)을 포위하였다. 이로부터 2년 전인 BC 260년 조나라는 장평(長平)에서 진나라에 참혹한 대패를 당한 바 있다. 그리고 아직 조나라는 그 상처를 회복하지 못한 상태였다. 이에 조나라에서는 초(楚)나라에 구원을 요청하기 위해 평원군(平原君) 조승(趙勝)을 파견하였다.

이에 조승은 자신의 식객 가운데 문무를 겸비한 20명을 골라 함께 가려 하였다. 이때 모수(毛遂)라는 자가 자원하였다. 그런데 조승은 모수란 자가 전혀 미덥지 않았다. 식객으로 지낸 지난 3년간 존재감이 전혀 없었기 때문이다. 하지만 모수가 워낙 강한 의지를 보이는 터라 함께 초나라로 향하였다. 그런데 막상 초나라에 도착하니 모수의 활약이 독보적이었다. 마침내 초나라와 맹약을 맺는 데에도 성공하였다.

이후 조나라로 귀국한 조승이 이렇게 말하였다. "나는 이제 다시는 선비의 관상에 대해 언급하지 않을 것이오. 내가 그동안 보았던 선비들의 관상이 적어도 수백은 될 것이오. 천하의 선비를 한 사람도 놓치지 않았다고 자부했던 이유요. 그러나 나는 하마터면 모수 선생을 잃을 뻔했소. 모수 선생의 세 치 혀는 백만 대군보다 강했소(毛先生以三寸之舌 彊於百萬之師). 앞으로는 감히 선비의 관상을 언급하지 않겠소."

●《사기(史記)》〈평원군우경열전〉,
《삼국지(三國志)》〈촉서(蜀書) 제갈량전(諸葛亮傳)〉,《삼국지연의》42회

3

적벽에 치솟는 불길(上)

장강을 사이에 두고 만난 조조와 유비 그리고 손권. 삼국지의 세 영웅이 드디어 한 자리에 모이며 역사적인 한 판 대결이 펼쳐지려 한다.

강노지말 强弩之末

강한 화살의 마지막   -《정사》 인용

아무리 강한 세력도 마지막에 가서는 힘이 떨어질 수밖에 없음을 빗댄 표현이다.

208년 초겨울 무렵, 마침내 시상현에서 손권과 제갈량이 대면하게 되었다. 제갈량으로서는 조조와의 전쟁에 손권을 반드시 끌어들여야만 하는 상황이었다. 먼저 손권이 제갈량에게 물음을 던졌다 "유예주(유비)는 얼마 전에 대패하였소. 대체 이 난관을 어찌 이겨내겠소?" 그러자 제갈량이 이렇게 대답하였다.

"비록 유예주께서 장판파에서 패하였지만 지금 병력들이 되돌아오고 있습니다. 또 관우 휘하의 병력 1만, 유표의 장자 유기가 거느린 강하의 병력도 1만이 넘습니다. 지금 조조의 군사들은 먼 길을 행군해 왔기에 지쳐 있습니다. 게다가 급하게 유예주를 추격하느라 기병이 3백여 리를 달려왔습니다. 이를 두고 '강한 쇠뇌의 화살도 마지막에 가서는 노나라의 얇은 비단도 뚫지 못한다(彊弩之末 勢不能穿魯縞).'고 하였습니다. 때문에 병법에서도 무리한 추격을 금하는 것입니다."

✚ 한무제(漢武帝)가 재위하던 BC 135년의 일이다. 이때 흉노가 한나라에 화친을
청해왔다. 그러자 조정에서는 화친을 받아들여야 한다는 의견과 싸워야 한다는
의견이 팽팽하게 맞섰다. 이때 어사대부 한안국(韓安國)이 이렇게 말하였다.

"우리 군사가 수천 리 밖에서 이들과 다투면 인마가 모두 지쳐버릴 것입니다.
그러면 흉노는 그 틈을 타 우리를 제압하고자 할 것입니다. 강한 쇠뇌의 화살도
마지막에 가서는 노나라의 얇은 비단 조차 뚫지 못합니다(彊弩之極 矢不能穿魯縞).
또한 돌풍도 마지막에는 기러기의 깃털조차 날리지 못합니다. 이는 당초에 힘이
약했기 때문이 아니라 마지막에 힘이 떨어지기 때문입니다."

참고로 공자의 고향으로 유명한 곡부(曲阜)는 예로부터 縞(호)라고 하는 가늘고
고운 명주를 생산하는 것으로 유명하였다. 곡부가 과거 노(魯)나라의 영역이었으
므로 이를 노호(魯縞)라 불렀다고 한다.

● 《사기(史記)》〈한장유열전(韓長儒列傳)〉, 《삼국지(三國志)》〈촉서(蜀書) 제갈량전(諸葛亮傳)〉

부신구화 負薪救火

섶을 지고 불을 끄려 하다 — 《연의》 인용

매우 어리석고 위험한 행동을 일컫는 표현이다. 유사한 표현으로 포신구화 (抱薪救火)가 있다. 부(負)는 등에 짊어진다는 의미이고, 포(抱)는 품에 안는다 는 의미이다. 섶을 등에 지든 품에 안든 의미는 마찬가지라 하겠다.

제갈량과의 대면이 끝난 후 손권은 여러 신하들을 불러 이 사안에 대해 논의를 하였다. 하지만 대체로 조조에 투항해야 한다는 의견이 중론이 었다. "조조는 승냥이나 범과 같은 인물인데다 한(漢)의 승상이라는 명 분으로 사방을 정벌하고 있습니다. 오늘 우리가 조조에 맞선다면 사정은 더욱 악화될 것입니다. 더구나 그간 우리에게 유리한 조건은 장강이었습 니다. 하지만 지금 조조가 양양을 차지하였습니다. 그간 유표가 훈련시 켜온 수군과 전선들이 모조리 조조의 수중에 들어가버렸습니다. 조만간 이를 이용하여 수군과 육군으로 공격해올 것입니다. 저희의 우견으로는 조조에 투항하는 것이 가장 좋은 계책입니다."

《연의》에서는 이 대목에서 중신 장소가 손권에게 말하길 "주공께서 는 스스로를 원소와 비교하여 어떻다고 생각하십니까? 조조는 지난 날 병력과 장수가 적은 상황에서도 원소를 물리쳤습니다. 이번에는 백만의 군사를 거느리고 나섰는데 어찌 가볍게 저들과 맞선단 말입니까? 제갈 량의 말만 듣고서 망령되어 군사를 일으키신다면 이는 이른바 섶을 지고 불을 끄려 하는 것과 같습니다(此所謂 負薪救火也)."라고 하였다. 하지만 손권은 아무런 대답도 하지 않는다.

✦ BC 273년, 위(魏)나라가 진(秦)나라에 크게 패하였다. 이에 위나라의 장수 단간자(段干子)가 진나라에 영토 일부를 넘겨주고 휴전을 제의했다. 이에 소대(蘇代)가 위안희왕(魏安釐王)에게 이렇게 말하였다. 참고로 소대는 합종책으로 유명한 소진(蘇秦)의 동생이다.

"작위를 노리는 자가 단간자이고 땅을 탐내는 자가 바로 진나라입니다. (중략) 이는 위나라가 온 영토를 다 잃지 않는 한 결코 그치지 않을 것입니다. 그런데 하물며 땅을 바치면서 진나라를 섬기려 하고 있습니다. 비유컨대 이는 장작을 안고 불을 끄려 하는 것과 같은 것이니 장작이 다 타지 않는 한 불은 꺼지지 않을 것입니다(譬猶抱薪救火 薪不盡 火不滅)."라고 하였다. 하지만 위안희왕은 이미 되돌릴 수 없다고 대답하였다.*

* 이와 동일한 이야기를 《전국책》에서도 확인할 수 있다. 다만 소대가 했던 말을 《전국책》에서는 손신(孫臣)이라는 자가 한다.

●《사기(史記)》》〈위세가(魏世家)〉,《전국책(戰國策)》〈위책(魏策)〉,
《삼국지(三國志)》〈오서(吳書) 주유노숙여몽전(周瑜魯肅呂蒙傳)〉,《삼국지연의》 43회

세불양립 勢不兩立

엇비슷한 두 세력은 공존할 수 없다 -《정사》 인용

힘이 비슷한 두 세력은 평화롭게 공존하기 어려워 우열을 가리기 위해 싸울
수밖에 없음을 일컫는 표현이다.

다시 정사의 기록이다. 대부분의 신하들이 항복을 주장하는 와중에 주
유가 나서 이렇게 말하였다.

"그렇지가 않습니다. 조조가 겉으로는 한의 승상이라 하지만 기실 한
실의 도적입니다. 장군께서는 부형의 공업(功業)을 이어받았고 수천리 영
토에 군사와 군량도 충분합니다. 큰일을 실천하고 잔악한 자를 제거하셔
야 합니다. 지금 조조가 제 발로 죽으러 왔는데 왜 우리가 저들을 맞이해
야 합니까? 제가 장군께 계책을 말씀드리겠습니다.

지금도 저들은 북방이 안정되지 않은 데다 관서에는 마초와 한수 등
이 건재합니다. 또한 말을 버리고 배를 이용해 우리와 겨루는 것은 본래
중원 군사들의 장점이 아닙니다. 또 지금은 겨울이라 말에게 먹일 사료
도 구하기 어렵습니다. 더구나 중원의 군사들을 몰아 장강과 호숫가에
왔으니 물과 땅이 몸에 맞지 않아 필시 질병에 시달리게 될 것입니다. 지
금 꼽은 넷은 용병에서 꺼리는 것들인데 조조는 이를 밀어붙이고 있습
니다. 장군께서 조조를 사로잡을 날이 바로 오늘입니다. 청컨대 저에게
정병 3만 명만 주시면 진군하여 적을 깨뜨려버리겠습니다."

이를 들은 손권이 분연히 말하길 "늙은 도적이 한실을 폐하고자 스스로 일어난 지 이미 오래다. 그간 원소와 원술, 여포와 유표 그리고 나를 꺼려왔었다. 허나 다른 호걸들은 모두 멸망하고 이제 나만이 홀로 남았을 뿐이다. 이제 나와 늙은 도적은 서로 양립할 수 없도다(孤與老賊 勢不兩立). 주유의 말이 나의 뜻과 맞으니 이는 하늘이 그대를 나에게 보내준 것이다."라며 결사 항전할 것을 선언하게 된다.

✚ 세불양립(勢不兩立)은 《사기》와 《전국책》에서 여러 차례 볼 수 있는 표현이다. 그 중에서 제(齊)나라 맹상군(孟嘗君) 이야기를 소개해보겠다.

BC 294년, 제민왕이 맹상군을 파면시켰다. 맹상군의 명성이 너무 높고 권력을 농단한다고 여겼기 때문이다. 그러자 맹상군의 식객 중에 풍환(馮驩)이 진(秦)나라로 가 진소양왕을 만났다. 이때 풍환이 말하길 "유세하는 선비 중 진나라로 들어온 자는 하나같이 진나라를 강하게 만들고, 제나라를 약하게 만들려 합니다. 반면 제나라로 가는 자들은 제나라를 강하게 만들고 진나라를 약하게 만들려 합니다. 이 두 나라는 서로 자웅을 다투는 사이라 형세 상 양립할 수 없습니다(此雄雌之國也 勢不兩立為雄)."라 하였다. 그리고는 사자를 보내 맹상군을 맞이할 것을 권하자 진소양왕이 이를 따랐다.

그러자 풍환은 물러나 급히 제민왕을 찾아갔다. 그리고는 '진나라에서 사자를 시켜 맹상군을 맞이하도록 했다'고 하였다. 이에 제민왕이 국경의 동정을 살피게 하니 과연 진나라의 사자가 들어오고 있었다. 그러자 제민왕이 맹상군을 다시 재상의 자리에 앉혔다.

● 《사기(史記)》〈맹상군열전(孟嘗君列傳)〉外,
《삼국지(三國志)》〈오서(吳書) 주유노숙여몽전(周瑜魯肅呂蒙傳)〉

고육지책 苦肉之策

자신의 몸을 괴롭히는 계책 　　　　　　　　　　　　　　　－《연의》유래

고육계(苦肉計) 혹은 고육책(苦肉策)이라고도 한다. 현재는 '다른 방도가 없어 어쩔 수 없이 사용하는 대책'을 일컬을 때 주로 사용된다.

208년 겨울, 마침내 손권과 유비가 함께 조조에 대항하기로 뜻을 모은다. 주유의 예측대로 이때 이미 조조의 군영에는 전염병이 돌기 시작했다. 그리고 배를 이용한 첫 교전에서 주유가 이끄는 수군이 승리하였다. 그리하여 조조는 장강 북쪽 기슭에 진을 치게 되었고 주유는 반대편 기슭인 적벽(赤壁)에 주둔하게 되었다.

　그리고 얼마 후 주유의 부장 중 한 명인 황개(黃蓋)가 주유에게 작전을 제안했다. "적은 많고 우리 군은 적어 오래 끌어선 안 됩니다. 지금 조조 군의 배들은 전부 뱃머리와 꼬리를 연결하고 있습니다. 그러니 화공(火攻)을 이용하여 불태울 수 있습니다." 이에 주유가 황개를 대장으로 하여 대대적인 화공을 준비하게 하였다.

　그런데 《연의》에서는 이 대목의 극적 효과를 높이기 위해 심혈을 기울인 흔적이 역력하다. 한번 살펴보자. 황개와 뜻을 모은 다음날 주유는 모든 장수들을 모은 후 이렇게 말하였다. "조조가 백만 대군을 이끌고 3백리에 걸쳐 영채를 쳐놓았으니 금방 무너뜨릴 수가 없소. 그러니 제장들은 각각 3개월 치 양초를 갖고 적을 막아낼 준비를 하시오."

그러자 황개가 나서서 말하길 "30개월치 양초를 가지고 있다 해도 일은 되지 않을 것이오. 만약 3개월 안에 저들을 깨뜨릴 수 없다면 그대로 항복하는 길 뿐이외다." 그러고는 연이어 주유를 자극하는 말을 서슴없이 하였다. 이에 대노한 주유가 참형을 명하였다. 그러자 여러 장수들이 용서해줄 것을 청하였다. 그러자 주유가 태형을 명하였다. 조조를 속이기 위해 황개가 자청한 고육지책(苦肉之策)이었던 것이다.

●《삼국지(三國志)》〈오서(吳書) 주유노숙여몽전(周瑜魯肅呂蒙傳)〉,《삼국지연의》 46회

4

적벽에 치솟는 불길(下)

한판 대결을 벌이기 위한 샅바싸움도 이제 막바지로 접어들었다. 무르익어 가는 분위기 속에 이제는 도화선에 불을 붙일 일만 남은 듯하다.

인사불성 人事不省

정신을 잃고 쓰러지다   -《연의》인용

정신을 차리지 못하고 몸도 제대로 가누지 못한다는 의미로 다용되는 표현 이다.

장강을 사이에 두고 조조와 손권, 유비 연합군이 대치하고 있던 208년 12월의 상황이다. 이번에는 《연의》의 한 대목을 살펴보겠다. 적벽대전은 역사적으로도 의미가 큰 사건이지만 《연의》의 작가가 극적인 재미를 높이기 위해 허구도 상당히 많이 가미한 전투이기도 하다.

전투 준비가 한창이던 어느 날 주유가 장수들과 함께 인근 산꼭대기에 올랐다. 주유가 강 건너편을 내려다보니 수많은 적선들이 강 위에 있었다. 이에 주유가 장수들을 돌아보며 "강북의 전선들이 마치 갈대숲처럼 빽빽하오. 게다가 조조는 계책이 많은 자인데 어떤 전략을 써야 저들을 격파할 수 있겠소?"라 물었다. 하지만 아무도 대답하지 못하였다. 그때 마침 강한 바람이 불더니 조조군의 영채 중앙에 있던 누런 기가 꺾이며 강물에 떨어졌다. 이를 본 주유가 크게 웃으면서 "이는 적들에게 불길

한 징조로다!"라고 하였다.

그런데 그 다음 한바탕 거센 바람이 불더니 주유 근처에 있던 깃발이 나부끼면서 주유의 뺨을 스쳐 지나갔다. 순간 주유의 마음속에서 무엇인가 문득 떠올랐다. 주유는 큰 소리를 지르고는 피를 토하며 땅에 쓰러졌다. 곁에 있던 장수들이 급히 일으켜 세웠지만 쉽게 깨어나지 못하였다(諸將急救起時 却早不省人事). 이에 모든 장수와 신하들이 놀라며 불안해하였다.

얼마 후 주유의 소식을 들은 제갈량이 병문안을 갔다. 그러고는 "모름지기 기를 먼저 다스려야 합니다. 기가 원활하게 돌면 자연스레 나을 것입니다."라고 하였다. 이에 주유가 "그러려면 어떤 약을 먹어야 할지요?"라 물었다. 그러자 제갈량이 웃으며 "저에게 한 가지 방책이 있습니다. 이를 들으시면 금방 기가 순해질 것입니다."라고 하였다. 그리고 종이에 글을 몇 자 썼다. 이윽고 주유에게 보여주니 이렇게 써져 있었다. "적을 깨뜨리려면 마땅히 화공을 해야 하거늘 모든 것이 다 준비되었으나 동남풍이 빠졌도다."

● 미상(未詳) / 《삼국지연의》 48회

수륙병진 水陸竝進

수로과 육로를 이용하여 함께 진격하다   -《정사》유래

수군과 육군이 나란히 일사분란하게 진격한다는 의미이다.

다시 정사의 이야기로 돌아가겠다. 208년 12월, 마침내 황개를 대장으로
한 돌격선 수십 척이 출항 준비를 마쳤다. 각각의 배에 건초를 가득 실은
다음 기름을 붓고 천으로 덮었다. 한편으로 조조에게는 서신을 보내 투
항 의사를 미리 밝혀두었다. 또 불을 붙인 후 도망칠 수 있도록 돌격선
뒤편에 작은 배도 묶어 둔 상태였다.

　이윽고 조조와 약속한 날짜가 되자 황개의 돌격대가 닻을 올렸다. 황
개 부대의 배가 가까이 오는 것을 보면서 조조의 군사들은 황개가 투항
해 오는 줄로만 알고 있었다. 그런데 조조의 군영에 거의 다다랐을 무렵
황개는 모든 배들을 풀어 놓고 일제히 불을 질렀다. 그때 마침 동남풍이
사납게 불면서 육지에 있는 군영에까지 삽시간에 불이 번졌다. 이에 수많
은 군사들과 말들이 불에 타거나 물에 빠졌다. 그러자 조조군은 육로를
이용해 급히 남군(南郡)으로 퇴각하려 하였다. 이때 주유와 유비가 합세
하여 수륙병진하며 남군까지 추격하였다(先主與吳軍 水陸竝進 追到南郡).

　한편 황개는 난전 중에 화살에 맞고서 강물에 떨어졌다. 다행히 곧바
로 구조되었지만 갑옷을 벗긴 이후 장군인줄도 모르고 구석에 눕혀져
있었다. 이때 동료 장수인 한당(韓當)이 부상병들을 살펴보고 있었는데,

한당의 목소리를 들은 황개가 추위에 덜덜 떨면서 힘겹게 한당을 불렀다. 이에 황개의 목소리를 알아 챈 한당이 급히 달려와서는 눈물을 흘리며 자신의 옷을 벗어 황개의 몸을 덮어주었다.

《연의》중 이 대목에서는 동남풍을 불게 하기 위해 단을 쌓고 제갈량이 하늘을 향해 제를 지내는 등 갖가지 이야기가 화려하게 펼쳐진다. 하지만 정사에는 '때마침 동남풍이 거세게 불었다(時東南風急)'는 기록이 주석으로 있을 뿐이다.

참고로 수륙병진(水陸竝進)이란 표현의 유래에 대해서는 확실한 의견이나 학설이 없다. 하지만 《삼국지》보다 앞선 시대의 문헌에서는 찾아볼 수 없었다. 적벽대전의 클라이막스 부분을 기술한 이 대목에서 유래한 표현이라고 조심스레 주장해본다.

● 《삼국지(三國志)》〈촉서(蜀書) 선주전(先主傳)〉

허장성세 虛張聲勢

겉으로 세력이 강한 척 꾸미다   -《연의》 인용

병력이 많고 기세가 센 것처럼 꾸며 적을 기만하는 전술의 일종이다. 매우 다용하는 표현이지만 정확히 어디서 유래한 표현이라고 확언하기는 힘들다.

다시《연의》의 내용을 살펴보겠다. 대부분이 허구이니 마음 편하게 봐주기 바란다.

황개의 돌격대가 출발하기 직전 유비의 진영이다. 조조의 부대가 패퇴할 것임을 이미 확신하고 있는 제갈량이 장수들에게 지시를 내리기 시작했다. 조운,장비 등 모든 장수들에게 어디서 무엇을 할 것인지 명령을 내렸다. 하지만 어찌된 일인지 관우와는 눈도 마주치려 하지 않았다. 이에 가만히 서있던 관우가 언성을 높였다. 그제야 제갈량이 웃으면서 "장군께선 이상하게 생각하지 마시오. 본디 가장 중요한 임무를 맡기려 하였으나 마음에 걸리는 바가 있어 망설이는 것이오."라고 하였다. 이에 관우가 의아해하자 제갈량이 말하길 "지난 날 조조가 장군을 후대하였으니 그것을 갚으려는 마음이 있을 것이오. 오늘 조조가 패하면 필시 화용도(華容道)로 달아날 것인데, 장군이 그곳을 지키면 틀림없이 조조를 놓아줄 것이오."라고 하였다.

이를 들은 관우가 반드시 조조를 잡겠다고 다짐하며 군령장까지 작성하였다. 그러면서 "만약 조조가 그 길로 오지 않는다면 어찌 하시겠소이

까?"라 물었다. 그러자 제갈량은 "나 또한 군령장을 쓰겠소이다. 다만 장군께선 화용도의 좁은 길 높은 곳에 불을 피워 조조를 유인하도록 하시오."라고 하였다. 이에 관우가 "연기를 보면 매복이 있는 줄 뻔히 알 터인데 그 길로 오겠소이까?" 하고 물었다. 그러자 제갈량이 "조조가 비록 병법에 능하다고 하나 이는 필시 자기를 속이는 것이라고 생각할 것이오. 때문에 연기를 보면 허장성세라 여겨 틀림없이 그 길로 올 것이오(他見煙氣 將謂虛張聲勢 必然投這條路來). 장군께선 사사로이 인정을 베풀어선 아니 됩니다."라고 하였다.

하지만 결국 관우는 화용도에서 조조를 그냥 보내주고 만다.

✚ 참고로 진인사대천명(盡人事待天命)이란 성어의 유래에 대해서 잠시만 살펴보겠다. 이 표현을 모르는 이는 아마도 거의 없을 것이다. '최선을 다하고 나서 결과는 하늘에 맡긴다'는 의미이다. 그런데 간혹 이 표현이 《연의》의 이 대목에서 유래했다는 설명을 본 적이 있을 것이다. 하지만 어느 판본에서 확인한 것인지 궁금하다.

그런데 설령 이 문구가 등장하는 판본을 발견하더라도 '진인사대천명'란 말의 유래는 아니다. 전국시대 저작물인 《한비자》에 이미 유사한 표현이 등장하기 때문이다. 〈양권(揚權)〉편을 살펴보면 "할 수 있는 바를 다 한 후에 하늘로부터 명을 기다려야 한다(謹脩所事 待命於天). 그러한 요체를 잃지 않는 이가 바로 성인이다. 무릇 성인의 도는 술수와 기교를 버리는 데에 있다"는 표현을 확인할 수 있다.

● 미상(未詳) / 《삼국지연의》 49회

담소자약 談笑自若

담소를 나누며 태연하다   —《정사》인용

누가 봐도 무섭고 긴장되는 상황에서 의연하게 평정을 유지하고 있는 모습을 일컫는 말이다.

208년 12월, 적벽에서 뜻하지 않은 화공으로 대규모 선단이 불에 탄 조조는 급히 남군(南郡)으로 퇴각하였다. 남군의 치소는 다름 아닌 강릉(江陵). 강릉은 앞서 유비가 조조의 대군을 피해 이동할 때 목적지로 삼았던 곳이다. 물자가 풍부하고 강에 둘러싸여 있어 방어에 유리한 지역이기 때문이다.

이때 조조 진영에는 전염병이 계속 돌며 사망자가 속출하고 있었다. 결국 조조는 양양에 악진(樂進)을 남기고, 강릉에는 조인과 서황을 남겨 지키게 하고 철군하였다. 그런데 적벽에서의 승리로 사기가 한껏 오른 손권과 유비 연합군이었지만 강릉에서의 싸움은 그리 호락호락하지 않았다. 이듬해인 209년 내내 치열한 공방이 계속해서 이어졌다.

그러자 감녕(甘寧)이 주유에게 '지름길로 가 이릉(夷陵)을 탈취할 것'을 건의하였다. 주유가 이를 허락하니 감녕은 수백의 병력만을 거느리고 진격하여 이릉을 점령하였다. 이에 조인이 수천의 군사를 보내 감녕을 포위하였다. 아울러 조인은 누각을 설치하고 화살을 퍼부었다. 이렇게 수일간의 공격이 이어지자 군사들이 모두 두려워하며 떨었다. 하지만 감

녕만은 담소를 나누며 태연하였다(談笑自若). 그리고 얼마 후 주유와 여몽이 감녕을 구원하였다.

✚ 담소자약(談笑自若)이란 표현의 유래가 이 대목이라고 설명하는 자료가 많다. 하지만 사서에서 자약(自若)만으로 '태연하다'는 의미를 나타낸 경우는 무수히 많다. 더구나 담소자약(談笑自若)과 흡사한 표현도 종종 눈에 띈다. 때문에 이 대목이 이 표현의 유래라고 확정하기에는 무리가 있어 보인다. 관우의 경우를 살펴보면 공감하게 될 것이다.

시기를 정확하게 알 순 없지만 214년 이후로 추정된다. 관우에게는 왼쪽 어깨에 고질병이 있었다. 예전에 전투 중 화살에 맞은 부위가 비 올 때마다 쑤시곤 했던 것이다. 이에 관우의 팔을 진찰한 의원이 "살촉에 독약이 묻어 있었던 것 같습니다. 뼈에까지 독이 들어갔으니 직접 독을 긁어내야 치료할 수 있습니다."라고 말하였다. 그러자 관우는 어깨를 풀어 상처를 수술하게 하였다. 이윽고 어깨에서 피가 흘러 그릇에 가득 고였다. 하지만 관우는 고기를 굽고 술을 마시면서 태연히 웃으며 이야기를 나누었다(言笑自若).

● 《삼국지(三國志)》〈오서(吳書) 정황한장주진동감능서반정전(程黃韓蔣周陳董甘淩徐潘丁傳)〉
〈촉서(蜀書) 관장마황조전(關張馬黃趙傳)〉

5

유비의 형주 임차

적벽에서의 승리로 기사회생한 유비. 아울러 손권은 장차 유비와 함께 조조에 대항하기 위해 남군(南郡)을 임차해주는 과감한 결정을 내린다. 앞으로 펼쳐질 유비의 행보가 기대되는 순간이다.

교룡득운우 蛟龍得雲雨

교룡이 구름과 비를 만나다   –《정사》인용

큰 잠재력을 지닌 존재가 드디어 기회를 얻어 자신의 능력을 발휘함을 가리키는 표현이다.

약 1년여의 공방 끝에 결국 조인이 남군을 포기하고 철군하였다. 그리하여 마침내 주유가 남군을 차지하게 되었다. 하지만 안타깝게도 주유는 이듬해인 210년에 병사하고 만다. 전투 중 화살에 맞아 생긴 상처가 악화된 것이었다. 이때 주유의 나이 겨우 36세.

　그런데 주유가 아직 살아 있을 때 손권에게 상소를 올려 말하기를 "유비는 효웅이며 관우와 장비 같은 맹장들이 있으므로 오랫동안 남에게 몸을 굽히고 있을 인물이 아닙니다. (중략) 그러니 지금 땅을 나눠주어 그들이 근거지를 마련하게 해준다면, 이는 교룡이 비구름을 만난 것과 같아 다시는 연못에 가둬둘 수 없게 될 것입니다(蛟龍得雲雨 終非池中物也)." 라고 하였다.

✛《사기》〈공자세가〉에서 공자가 이런 말을 한다. "연못의 물을 말려 고기를 잡으면 교룡이 음양(陰陽)을 조화시키지 못하고, 둥지를 뒤엎어 알을 깨뜨리면 봉황이 비상하지 못한다(竭澤涸漁則蛟龍不合陰陽 覆巢毀卵則鳳皇不翔)."

즉 제아무리 무한한 잠재력을 가지고 있다 한들 적당한 환경을 만나야만 싹을 틔우고 성장할 수 있는 것이다. 지금 유비가 형주를 기반으로 자리를 잡으면 큰 세력으로 성장할 테니, 애초에 기회를 주어선 안 된다고 피력하였던 것이다.

● 《사기(史記)》〈공자세가(孔子世家)〉,
《삼국지(三國志)》〈오서(吳書) 주유노숙여몽전(周瑜魯肅呂蒙傳)〉

부중치원 負重致遠

무거운 짐을 지고 먼 길을 가다   -《정사》 인용

사람의 인생을 비유하는 말로 흔히 사용되는 표현이다. 간혹 중요한 직책을
맡는다는 의미로도 사용된다. 상황에 따라 다양한 의미로 활용할 수 있는
성어이다.

210년 주유의 안타까운 병사 소식이 알려지자 많은 이들이 조문을 왔다.
이 중에는 양양에서 온 방통도 있었다. 방통은 제갈량보다 두 살이 많고
주유보다는 네 살이 어렸다. 방통은 어렸을 적에는 그다지 두각을 드러
내지 못하였다. 그러다 스무 살이 될 무렵 수경(水鏡)선생 사마휘(司馬徽)
를 찾아간 일이 있었다. 여기서 사마휘가 방통을 특별한 인재라고 칭찬
한 이후부터 일대에 이름이 널리 알려지게 되었다.

　그래서 방통이 주유의 조문을 갔다가 돌아가려 할 때 방통을 전송하
려고 많은 이들이 모여들었다. 그 중에는 육적(陸績), 고소(顧劭), 전종(全
琮) 등 일대에서 이름이 알려진 이들도 제법 있었다. 평소 방통은 인물평
을 잘 하곤 했는데 여기서도 이들에 대해 평을 하였다. "비유하자면 육적
은 말과 같아 빨리 달릴 수 있는 힘이 있소. 반면 고소는 우둔한 소와 같
아 능히 무거운 짐을 지고 멀리 갈 수 있을 것이오(顧子可謂駑牛 能負重致
遠也). 전종은 베푸는 것을 좋아하고 명성을 흠모하지요. 비록 지혜가 뛰
어나지는 않지만 이 시대의 인재라 할 수 있소."

그러자 누군가가 "그러면 육적이 고소에 비해 낮다는 말씀인지요?"
라 물었다. 이에 방통은 "말이 비록 훌륭하다 해도 단지 한 사람을 태울
수 있을 뿐이오. 하지만 소는 하루에 삼백 리를 갈 수 있는데 짊어지는
무게가 단지 한 사람뿐이겠소이까!" 하고 답하였다.

✚ 부중치원(負重致遠)이란 표현은 《논어》에 등장하는 임중도원(任重道遠)의 아류
라고 볼 수 있다. 〈태백(泰伯)〉편에서 증자(曾子)가 말하기를 "선비는 도량이 넓고
마음이 굳세지 않으면 안 된다. 그 소임은 무겁고 가야 할 길은 멀기 때문이다(任
重而道遠). 인(仁)을 베푸는 것이 자신의 소임이라 여기는 것이니 또한 중대하지 아
니한가! 목숨이 다해야 비로소 끝이 나는 것이니 이 또한 멀지 아니한가!"라고 하
였다.

● 《논어(論語)》〈태백(泰伯)〉,《삼국지(三國志)》〈촉서(蜀書) 방통법정전(龐統法正傳)〉

백리지재 百里之才

작은 고을을 다스릴만한 인재 －《정사》 인용

크게 쓸 인재를 표현할 때 '작은 고을을 다스릴 인재가 아니다'라는 형태로 활용하는 관용구이다. 나라를 떠받들 인재를 가리키는 동량지재(棟樑之材)와 대비되는 말이다.

210년, 마침내 손권이 유비에게 남군을 임차하였다. 유비가 지지기반으로 삼을 수 있는 땅을 빌려준 것이다. 주유가 생전에 그렇게 우려했던 일이지만 노숙이 적극적으로 추진하여 마침내 성사되었다. 이렇게 남군을 임차한 이후 유비는 장강 남쪽에 위치한 영릉(零陵), 무릉(武陵), 계양(桂陽), 장사(長沙)군까지 세력을 확대하게 된다. 방통이 유비를 찾아간 시기도 바로 이 무렵이다. 이에 유비는 방통을 계양군에 속한 현의 현령으로 임명하였다.

그런데 이후 방통은 현의 업무를 소홀히 하여 면직되었다. 이를 들은 노숙이 유비에게 서신을 보내어 말하길 "방통은 백리지재가 아닙니다(非百里之才也)."라고 하였다. 방통에게는 중책을 맡겨 그 능력을 발휘하게 해야 된다고 권유한 것이다. 여기에 제갈량도 노숙의 의견에 찬성하였다. 이때부터 유비는 제갈량 다음으로 방통을 대우하기 시작하였다.

✚ 참고로 '백리지재가 아니다'라는 표현은 이후에 한번 더 등장한다. 주인공은 장완(蔣琬). 장완은 제갈량 사후 촉(蜀)을 이끌어가는 중요한 인물인데, 그 과정이 방통과 사뭇 유사하다.

214년 무렵, 장완은 익주에 있는 고을의 현령으로 임명되었다. 하루는 유비가 관내를 순시하는 중 갑자기 장완이 있는 현에 들렀다. 예고도 없이 사단장이나 군단장이 예하부대에 갑자기 방문했다고 한번 상상해보라. 그런데 하필 그때 장완이 술에 취해 있었다. 이에 유비가 대노하여 장완을 처형하려 하였다. 그러자 제갈량이 "장완은 사직을 떠받칠 큰 그릇이지 백리지재가 아닙니다(非百里之才也)."라며 유비를 겨우 말렸다.

● 미상(未詳) /
《삼국지(三國志)》〈촉서(蜀書) 방통법정전(龐統法正傳) / 장완비의강유전(蔣琬費褘姜維傳)〉

백미 白眉

하얀 눈썹   -《정사》 유래

무리 중에서 단연 뛰어남의 의미로 군계일학(群鷄一鶴)과 더불어 다용되는 말이다. 그런데 자세히 헤쳐 보면 그 속에 재밌는 언어유희도 숨어 있는 고사이다.

유비가 남군을 임차할 무렵 마량(馬良)이란 인물이 유비에게 등용되었다. 그 당시 이 일대에는 '마씨 오형제 중 눈썹 하얀 마량이 가장 뛰어나다(馬氏五常 白眉最良)'는 말이 널리 퍼져 있었다. 백미최량(白眉最良), 즉 '하얀 눈썹(白眉)이 가장 뛰어나다(最良)'는 말이다. 량(良)은 보통 '어질 량'이라고 하지만 사실 '좋다, 뛰어나다'는 의미로 쓰이는 경우도 많다. 즉 마량의 이름이 '뛰어나다'는 의미인 '량(良)'인 것을 활용한 것이다. 정리하자면 백미(白眉)라는 말은 백미최량(白眉最良)의 줄임 표현으로 '눈썹 하얀 량(良)이 가장 량(良)하다'의 의미인 것이다.

참고로 마씨오상(馬氏五常), 즉 '다섯 상(常)의 마씨가 있다'는 것은 이들의 자(字)를 가리킨다. 마량의 자는 계상(季常), 동생 마속의 자는 유상(幼常)이다. 나머지 세 형제의 자에도 상(常)이 포함됐던 것으로 보인다.

●《삼국지(三國志)》〈촉서(蜀書) 동유마진동여전(董劉馬陳董呂傳)〉

6

여몽의 각성

어릴 적 공부를 하지 않아 무식했던 오(吳)의 장수 여몽. 뒤늦게 학문에 눈을 뜨며 문무를 겸비한 장수로 거듭나는 과정이 그려진다.

수불석권 手不釋卷

손에서 책을 놓지 않다   −《정사》유래

항상 책을 가까이 함을 일컫는 관용구이다.

210년 이전으로 추정되지만 시기는 명확하지 않다. 오(吳)의 장수 중에 여몽(呂蒙)이라는 자가 있었다. 그런데 여몽은 어려서 공부를 하지 않았기 때문에 중요한 업무는 문서가 아닌 구술로 처리하곤 했다. 하루는 손권이 여몽과 장흠(蔣欽)을 불러 말하길 "경들도 앞으로 공부를 해야 앞길을 열 수 있을 것이오."라고 하였다. 그러자 여몽이 "군중의 업무가 많고 힘들어 책을 볼 겨를이 없습니다."라고 답하였다. 그러자 손권이 "누가 경전을 공부해서 박사(博士)가 되라 했소?"라며 언성을 높였다. 그러고는 이렇게 말했다.

"그래도 여러 분야를 섭렵해야 하오. 나는 어렸을 적에 여러 사서와 병법서를 읽었는데 큰 도움이 되었소. 경들은 자질이 있어 공부만 하면 크게 발전할 텐데 해보지도 않겠단 말이오? 어서 빨리 손자(孫子)와 육도(六韜) 그리고 여러 사서(史書)들을 읽어야 하오. 공자께선 '하루 종일

밥 안 먹고 밤새도록 잠 안 자고 생각해봐도 무익하니 배우는 것만 못하다'고 하였고, 광무제(光武帝)는 군사 업무 중에도 손에서 책을 놓지 않으셨소(光武當兵馬之務 手不釋卷)."

✚ 수불석권(手不釋卷)이란 말의 주인공은 후한(後漢)을 세운 광무제 유수(劉秀)라 할 수 있다. 하지만 《후한서(後漢書)》〈광무제기(光武帝紀)〉에는 '광무제가 손에서 책을 놓지 않는다'는 말이 등장하지 않는다. 때문에 《삼국지》의 이 대목이 수불석권 고사의 유래라고 봐야 할 것이다. 그런데 간혹 '여몽이 손에서 책을 놓지 않았다'라고 엉뚱하게 설명하는 자료도 볼 수 있을 것이다.

●《삼국지(三國志)》〈오서(吳書) 주유노숙여몽전(周瑜魯肅呂蒙傳)〉(배송지주 강표전(江表傳) 인용)

괄목상대 刮目相對

눈을 비비고 상대를 다시 보다

-《정사》유래

어떤 사람의 재주나 능력 등이 급성장했을 때 쓰는 표현이다. 간혹 예전에 알던 그 사람이 맞나 싶을 정도로 갑자기 달라졌을 때에도 흔히 사용된다.

손권의 조언을 들은 여몽은 이후 학문에 매진하여 나날이 발전을 이루었다. 그러던 211년 즈음 여몽의 군영에 노숙이 방문하였다. 병사한 주유의 후임으로 부임하는 길이었다. 사실 이때까지도 노숙은 여몽을 경시하고 있었다. 누군가가 노숙에게 '여(呂)장군을 예전처럼 대할 수 없을 것'이라 귀띔하였지만, 무식하다는 이미지가 그리 쉽게 바뀔 리 없었다.

그런데 그날 술자리에서 여몽이 노숙에게 "이번에 중임을 맡으며 관우와 연접하게 되었는데, 만일의 사태에 어떤 전략으로 대비하십니까?"라고 물었다. 노숙으로선 상당히 당황스러웠을 질문이다. 이에 노숙이 "상황에 따라 적절히 대응해야지요."라고 대답하였다. 그러자 여몽이 다섯 가지 방책을 정리해 제시하였다. 이를 들은 노숙이 "장군의 지략이 이 정도 경지에 이른 줄은 몰랐습니다."라며 감탄하였다. 이에 여몽은 "선비를 보지 못한지 사흘이 지났다면 눈을 비비고 다시 보아야 합니다(士別三日 卽更刮目相待)."라고 하였다. 이렇게 하여 둘은 마음을 터놓는 벗이 되었다.

●《삼국지(三國志)》〈오서(吳書) 주유노숙여몽전(周瑜魯肅呂蒙傳)〉(배송지주 강표전(江表傳) 인용)

불입호혈 부득호자 不入虎穴 不得虎子

호랑이 굴에 들어가지 않고서는 호랑이 새끼를 잡을 수 없다 　　　 -《정사》인용

위험을 무릅쓰지 않으면 성과도 얻을 수 없음을 말하는 비유로 쓰이는 표현이다. 'No pain No gain'이라는 표현과 일맥상통한다.

이번에는 여몽이 어렸을 적 이야기이다. 여몽이 15세 가량 되었을 때 여몽은 매형인 등당(鄧當)의 군사들 틈에 섞여 전투에 참여하곤 했다. 이를 본 등당이 아무리 말려도 듣지 않자 할 수 없이 여몽의 모친에게 이 사실을 알렸다. 이에 여몽의 모친이 여몽을 꾸짖었다. 그러자 여몽이 "빈천한 그대로 살기는 어렵고 공을 세워야 부귀를 누릴 수 있습니다. 범의 굴에 들어가지 않고 어찌 범의 새끼를 잡겠습니까(旦不探虎穴 安得虎子)?"라며 당돌하게 대답하였다.

　이 말은 후한의 명장 반초(班超)가 한 말이다. 하지만 장성해서도 글을 제대로 몰랐던 여몽이 이 당시 사서를 제대로 읽었을 리 없다. 어디선가 '범 새끼를 잡으려면 범의 굴에 들어가야지'라는 말을 주워듣고는 자신의 모친 앞에서 문자를 쓴 셈이다. 어쩔 수 없이 여몽의 모친은 슬퍼하면서 여몽이 하는 대로 내버려두었다. 이후 여몽은 무장으로서 손권의 눈에 들었다. 그리고 뒤늦게 학문에도 눈을 떠 문무를 겸비한 장군이 된 것이다.

✛ AD 73년, 반초(班超)는 장군을 보좌하는 직책인 부사마(副司馬)로 흉노 공격에 참여하였다. 그런데 반초는 중년의 나이가 되도록 관청에서 대필하는 일만 하며 살아왔었다. 하지만 이때 반초는 실전에서 기대 이상으로 활약하였고 이후 서역 (西域)의 선선국(鄯善國)에 사신단으로 파견되었다.

반초 일행이 도착하자 선선국의 왕은 이들을 공손히 대하였다. 하지만 얼마 가 지나자 푸대접하기 시작했다. 이에 반초가 속관에게 "국왕의 대우가 전과 다른 것을 알고 있는가? 이는 틀림없이 흉노의 사자가 와서 어느 쪽을 따를지 의심하고 있기 때문이다."라고 말하였다. 그러고는 시중드는 선선국 하인을 통해 흉노 사자에 대한 정보를 알아낸 후, 자신과 함께 온 관리들을 불러 모았다. 대략 30여 명 가량.

반초는 이들과 같이 술을 마신 후 분위기가 오를 즈음 "여러분은 지금 나와 함께 이역에서 큰 공을 세워 부귀를 얻으려 한다. 지금 흉노의 사자가 이른지 수일이 지났고, 왕은 처음과 달리 우리를 무시하고 있다. 만약 선선국에서 우리를 잡아 흉노에게 보내면 우리는 이리떼의 밥이 될 것인데 어찌 하겠는가?"라고 하였다. 이에 다들 "우리는 지금 죽을 위기에 처해 있으니 생사를 같이 하겠습니다."라고 입을 모았다.

그러자 반초가 "범의 굴에 들어가지 않으면 범의 새끼를 잡을 수 없다(不探虎穴 不得虎子). 지금 우리가 방책을 세워 야간에 흉노를 급습하면 몇 명인지도 몰라 겁을 먹을 것이니 승리할 수 있다. 그리되면 선선국은 기가 죽을 것이고 일은 성공하게 된다."라고 하였다. 그리고 그날 밤 흉노 사자들이 머무는 군영을 기습하여 제압하는데 성공했다.

●《동관한기(東觀漢記)》〈반초전(班超傳)〉,
《삼국지(三國志)》〈오서(吳書) 주유노숙여몽전(周瑜魯肅呂蒙傳)〉

5장

서쪽으로 번진 불길

1

유장의 선택

익주목 유장은 장차 자신과 익주의 운명을 가르게 될 중요한 갈림길에
서게 된다. 한편 형주를 임차한 유비는 차츰 서쪽으로 눈을 돌리게 되는
데……

여반장 如反掌

손바닥 뒤집기와 같다   -《정사》 인용

매우 쉬운 일을 가리키는 관용구로 과거에 빈번하게 쓰였다. 같은 의미를 나
타내는 탐낭취물(探囊取物)에 비해 역사가 훨씬 오래된 성어이다.

211년 봄의 일이다. 조조의 부하인 종요(鍾繇)가 한중(漢中)의 장로(張魯)를
칠 것이라는 소문이 일대에 퍼졌다. 이로 인해 매우 불안해하는 이가 있
었으니 바로 익주목 유장(劉璋)이었다. 사실 200년 이후부터 수년간 조조
는 북동쪽에 위치한 원소 그리고 그의 아들들과 다퉈왔다. 그리고 북동
부가 어느 정도 안정된 이후에는 남쪽의 형주 방면으로 눈길을 돌렸다.
즉 그동안 중원의 서쪽 지역은 신경 쓸 여력이 없었다고 할 수 있다. 때문
에 이 지역에는 종요를 파견하며 일대의 관리에 대한 전권을 위임했던 것
이다.

　이때 유장의 신하 중에서 장송(張松)이 말하길 "조조의 군대는 막강하
기로 유명한데, 만약 장로 원정을 발판으로 익주를 공략하면 어찌 막을

수 있겠습니까?"라며 유장을 불안하게 만들었다. 이에 유장이 "나 또한 그것이 고민인데 어찌 뾰족한 대책이 없구려."라고 대답했다. 그러자 장송이 기다렸다는 듯이 "유예주(유비)는 주군과 종실이면서 조조와는 원한이 깊습니다. 또한 용병에도 능하니 그에게로 하여금 장로를 공략하게 한다면 반드시 성공할 것입니다. 그러고 나면 익주는 지금보다 강대해질 것이니 조조가 공격해 와도 어찌하지 못할 것입니다. 유예주의 도움이 절실합니다."라고 건의하였다.

장송의 의견을 좇기로 한 유장은 법정(法正)을 유비에게 보냈다. 법정은 오래 전에 유장을 찾아와 의탁한 인물이다. 뛰어난 능력을 지니고 있었으나 그동안 유장에게 중용되지 못하고 있었다. 평소 법정은 장송과 가깝게 지냈는데 '유장이 큰일을 할 인재가 못된다'며 늘 탄식하곤 했다. 그러던 차에 장송의 천거로 유비에게 파견된 것이다.

이렇게 유비를 찾아간 법정은 공식적으로 유장의 의중을 전하는 것과는 별도로 은밀하게 유비에게 방책을 제시하였다. "장군께서 움직이신다면 장송이 안에서 호응할 것입니다. 그런 후 익주의 풍부한 자원과 험한 지형을 이용하여 뜻을 펼치십시오. 그리한다면 대업을 이루기가 손바닥 뒤집기와 같을 것입니다(以此成業 猶反掌也)." 유장의 입장에서는 그야말로 배신이자 매국이 아닐 수 없었다.

● 미상(未詳) / 《삼국지(三國志)》〈촉서(蜀書) 방통법정전(龐統法正傳)〉

교토삼굴 狡兔三窟

영리한 토끼는 세 개의 굴을 판다 -《연의》인용

토끼는 굴을 두 개 파는 것이 일반적이다. 세 개의 굴을 판다는 것은 위험에 대한 대비를 보다 철저히 한다는 의미를 나타낸다. 간혹 토영삼굴(兔營三窟)이라 표현하기도 한다.

유장의 명을 받고 파견된 법정이 유비를 만나는 장면.《연의》의 이 대목을 살펴보겠다. 이때 유비는 법정을 위해 연회를 베풀며 대접하였다. 술이 몇 순배 돈 이후 유비가 법정에게 말하길 "그대의 이름을 오래전부터 듣고 있었소이다. 이제야 만나 가르침을 받게 되니 평생 큰 위안이 될 것입니다."라고 하였다. 이에 법정이 "저는 한낱 촉(蜀)지방의 말단 관리인데 어찌 그런 말씀을 하십니까. 사람은 자신을 알아주는 이를 만나면 기꺼이 목숨을 바칠 수 있다 하였습니다. 장군께서는 뜻을 정하셨습니까?"라 물었다.

이에 유비가 대답하길 "저는 늘 남의 땅에 의탁하고 있는 처지라 늘 탄식해 왔소. 말하기를 뱁새도 앉을 나뭇가지가 있고 토끼도 세 개의 굴을 갖고 있다 하오(思鷦鷯尚存一枝 狡兔尚藏三窟). 하물며 사람이겠소? 서촉은 풍요로운 땅이라 갖고 싶지 않은 자가 없을 테지만 유장이 나와 동종인데 어찌 도모할 수 있겠소?"라고 하였다.

✛ 앞서 '세불양립(勢不兩立)'에서 등장한 바 있는 맹상군의 이야기이다. BC 295년 무렵, 어느 날 맹상군이 식객들 앞에 장부를 내놓으며 "누가 회계를 잘 하시오? 어느 분이 설(薛)땅으로 가 빚을 받아오겠소?"라 물었다. 그러자 식객 중에서 풍환(馮驩)이란 자가 자원하였다. 이에 맹상군이 풍환에게 빚문서를 주며 떠나게 하였다. 풍환이 하직 인사를 하며 "빚을 다 받으면 무엇을 사가지고 오면 좋겠습니까?"라 물었다. 이에 맹상군이 "우리 집에 부족해 보이는 것으로 부탁하오."라고 하였다.

설 땅에 도착한 풍환은 맹상군에게 빚이 있는 백성들을 모아 빚의 내용이 맞는지 일일이 확인하였다. 그러고는 빚문서를 모두 불살라버렸다. 이에 백성들이 모두 기뻐하였다. 그러고는 얼른 맹상군에게로 돌아갔다. 풍환이 너무나 빨리 돌아온 것을 괴이하게 여긴 맹상군이 "그래 무얼 사가지고 돌아오셨소?"라 하니 "제가 보니 군의 댁에는 재물도 가득하고 가축도 가득한데 오직 의(義)가 부족해 보였습니다. 그래서 고심 끝에 의를 사갖고 왔습니다."라 대답하였다. 맹상군이 "그게 무슨 말이오?"하니 "제가 군의 명을 가탁하여 빚을 모두 탕감하고 문서를 불태워버렸습니다. 이에 백성들이 기뻐하여 만세를 불렀습니다."라고 하였다. 이에 맹상군이 언짢은 표정을 지었다.

이듬해인 BC 294년, 맹상군이 실각하여 영지인 설 땅으로 돌아가게 되었다. 그러자 일대 백성들이 1백리나 마중을 나와 맹상군을 맞아주었다. 이에 맹상군이 풍환을 돌아보며 "선생이 나를 위해 사온 의(義)가 무엇인지 오늘에야 보게 되었소."라고 하였다. 이에 풍환이 답하길 "영리한 토끼는 굴을 세 개 파둔다 하였습니다(狡兔有三窟). 사람도 굴이 세 개쯤은 되어야 죽음을 면할 수 있습니다. 허나 아직은 군의 굴이 하나 뿐이라 안심할 수 없습니다. 앞으로 두 개의 굴을 더 파드릴 것입니다."라고 하였다.

●《전국책(戰國策)》〈제책(齊策)〉,《삼국지연의》60회

양약고구 良藥苦口

좋은 약은 입에 쓰다 　　　　　　　　　　　　　　　　　　　－《연의》 인용

신하가 간언을 올릴 때 강조의 의미로 사용하는 단골 문구이다. 주로 충언
역이(忠言逆耳)와 대구로 쓰인다.

유장이 장송의 건의에 따라 유비를 불러들이기로 결정하자 이를 우려하
며 반대하는 목소리가 나왔다. 특히 황권(黃權)과 왕루(王累)가 강하게 반
대하였다. 황권은 "유비는 용맹하기로 소문났는데, 이번에 불러들여 우
리 군사처럼 부린다면 불만이 생길 것입니다. 그렇다고 손님으로 예우한
다면 이는 한 나라에 주인이 둘인 것과 마찬가지입니다. 차라리 국경을
폐쇄하고 천하가 안정되기를 기다리는 편이 낫습니다."라고 말하였다.
왕루(王累)는 자신을 관아 정문에 묶어 매달린 상태로 반대하는 간언을
올렸다.

　이런 반대에도 불구하고 유장은 장송의 의견을 좇아 법정을 사신으
로 보냈던 것이다. 그리고 얼마 후 황권을 지방 현령으로 좌천시켜버렸
다. 아울러 각지에 공문을 보내 유비의 병력이 들어오는 곳마다 잘 대하
라고 명하였다. 이에 유비는 마치 자기 집에 되돌아오듯 익주로 들어오
게 되었다.

　《연의》에서는 이 대목에서 왕루가 "좋은 약은 입에 쓰지만 병을 치료
하는 데에 이롭고, 충언은 귀에 거슬리지만 행동에는 이롭습니다(良藥苦

口利於病 忠言逆耳利於行)."라고 말하였다. 흐름상 매우 자연스러운 삽입이다. 양약고구(良藥苦口)라는 말은 이렇듯 신하가 군주에게 어려운 간언을 할 때 강조의 의미로 사용되기 때문이다.

✚《한비자》에 "무릇 좋은 약은 입에 쓰지만 지혜로운 자는 이것을 기꺼이 마신다. 이는 그 약이 몸에 들어가 병을 고친다는 것을 알기 때문이다(夫良藥苦於口 而智者勸而飲之 知其入而己己疾也). 충성스러운 말은 귀에는 거슬리지만 현명한 군주는 이를 경청한다. 그로 인해 공을 이룰 수 있음을 알기 때문이다."라는 표현이 있다.

그런데 일반적으로 양약고구(良藥苦口)란 말의 유래는《사기》에서 BC 207년 10월, 유방이 함양에 입성한 직후 장량(張良)이 유방에게 간하는 장면으로 알려져 있다.《한비자》와《사기》의 저작 시기 등을 고려했을 때 기존의 통설은 수정되어야 할 것으로 보인다.

● 《한비자(韓非子)》〈외저설 좌상(外儲說 左上)〉,
《삼국지(三國志)》〈촉서(蜀書) 유이목전(劉二牧傳)〉,《삼국지연의》60회

순치지국 脣齒之國

입술과 이 같은 관계의 국가   -《정사》 인용

서로 의지하는 나라 사이의 관계를 일컫는 표현이다. 순망치한(脣亡齒寒)과
맥락을 같이 하는 말로, 뒤에 다시 자세하게 설명할 기회가 있을 것이다.

마침내 익주목 유장이 유비를 초빙하였다. 이에 유장과 유비가 성도(成
都) 동쪽편에 위치한 부현(涪縣)에서 회동을 가지게 되었다. 여기서 유장
은 유비에게 각종 군수 문자를 공급하며 장로를 토벌해줄 것을 부탁하
였다. 그 결과 유비는 가맹(葭萌)현에 주둔하며 군대를 정비하게 되었다.
그런데 어찌 된 일인지 유비는 곧바로 장로를 치지 않고 주변 백성들에
게 은덕을 베풀며 민심을 얻으려 하였다.

이듬해인 212년 10월, 조조가 손권을 공격하였다. 이에 손권이 유비에
게 구원을 요청하였다. 적벽대전에서 조조를 상대로 승리를 거둔 이래
유비와 손권은 동맹 관계였고, 또한 손권의 여동생이 유비와 혼인한 상
태이기도 했다.

그러자 유비가 유장에게 서신을 보냈다. "조조가 오(吳)를 원정하여
위기에 처했습니다. 손권과 우리는 본디 입술과 이 같은 관계입니다(孫氏
與孤本爲脣齒). 지금 위(魏)의 장수 악진이 관우와 대치중인데 이를 구원하
지 않으면 악진이 승리를 거두어 익주에까지 침략할 것입니다. 그 폐해
는 장로보다 훨씬 클 것입니다." 그러고는 유장에게 병력 1만과 각종 군

수물자를 요구하며 동쪽으로 진군하려 하였다.

여기서 유장의 입장을 한번 생각해보자. 신료들의 우려와 반대에도 불구하고 유비를 불러들였던 이유가 뭐였던가? 그런데 유비는 계속해서 군수물자만 요구할 뿐이었다. 이에 유장은 마지못해 4천의 군사와 요청한 물자의 절반만 내주었다. 이렇게 유장과 유비 사이에 금이 가기 시작했다.

그리고 여기에 결정타를 가하는 사건이 발생했다. 이 무렵 장송은 유비가 정말 형주로 돌아가는 줄 알고 만류하는 서신을 급히 보냈다. 그런데 그만 이 서신이 발각되면서 그간의 전모가 드러나게 된 것이다. 이에 유장이 장송을 처형하였다. 이리 하여 마침내 유비가 창끝을 남쪽으로 돌리며 유장을 공격하기 시작했다.

● 《춘추좌전(春秋左傳)》〈희공(僖公)5년〉, 《사기(史記)》〈진세가(晉世家)〉, 《삼국지(三國志)》〈촉서(蜀書) 선주전(先主傳)〉

2

유비의 익주 공략

그동안 숨겨왔던 발톱을 이제야 드러낸 유비. 그간 유비를 신뢰하며 지원을
아끼지 않았던 유장을 상대로 어떤 대결을 펼치게 될까.

고장난명 孤掌難鳴

한 손으로는 손뼉을 칠 수 없다   —《연의》인용

혼자서는 일을 제대로 할 수 없다는 의미로 매우 자주 쓰이는 표현이다.

유비가 창끝을 돌려 유장과 다투기 시작한 213년 즈음의 일이다. 유비가
손권에게서 남군을 임차했던 210년 무렵, 손권의 여동생이 유비와 혼인
하였다. 어디까지나 손권과 유비가 힘을 합해 조조에 대항하려고 맺은
정략적인 혼사였다. 그런데 손부인(孫夫人)은 유비에게 시집간 이후에도
매우 교만하고 제멋대로 행동하였다. 때문에 유비는 특별히 조운에게
손부인의 방종을 제어하라는 임무를 맡겼다.

　애초에 유비가 익주로 출병할 당시 관우, 장비, 조운, 제갈량은 잔류하
여 형주를 지키는 임무를 맡고 있었다. 그런데 유비가 익주를 놓고 유장
과 다투기 시작하자 손권은 여러 척의 선박을 보내 자신의 여동생을 데
려 오게 하였다. 그런데 이때 손부인은 유비의 어린 아들인 유선까지 데
려 가려 하였다. 그러자 이를 들은 조운과 장비가 급히 군사를 이끌고 출
진하였다. 그러고는 강을 가로막고 어렵사리 손부인을 저지하였다.

《연의》의 이 대목을 한번 살펴보겠다. 손부인이 유선을 데리고 동오로 돌아가려 한다는 소식을 먼저 들은 이는 조운이었다. 이에 조운은 매우 다급한 나머지 혼자서 손부인이 탄 배에 올라탄 후 유선을 빼앗았다. 하지만 손부인이 탄 배는 그대로 조운까지 태우고서 순류를 타고 빠른 속도로 동오를 향하고 있었다. 이에 조운은 고장난명이라(趙雲孤掌難鳴)! 혼자서 무슨 수로 배를 돌릴 수 있겠는가. 그런데 이때 장비가 배를 몰고서 나타나 뱃길을 가로막았다. 그러고는 조운과 유선을 구해 무사히 형주로 되돌아갔다.

✚ 이 말은 《한비자》에서 그 유래를 찾을 수 있다. 〈공명(功名)〉편에 이르기를 "군주와 신하 모두가 바라는 바는 같으나 각자 맡은 바 일은 다르다. 군주의 근심은 어떤 일을 하고자 하여도 그에 호응하는 신하가 없다는 데에 있다. 옛말에 이르기를 한 손으로 아무리 빨리 쳐보아도 소리가 나지 않는다고 하였다(一手獨拍 雖疾無聲). 또한 신하의 근심은 군주와 하나가 되지 못한다는 데에 있다. 옛말에 오른손으로 원을 그리고 왼손으로 사각형을 그린다면 둘 다 제대로 그릴 수 없다고 하였다."라고 하였다.

●《한비자(韓非子)》〈공명(功名)〉,《삼국지(三國志)》〈촉서(蜀書)
관장마황조전(關張馬黃趙傳)〉(배송지주 운별전(雲別傳) 인용),《삼국지연의》 61회

안색불변 顔色不變

얼굴색이 변하지 않다   -《정사》 인용

두렵고 긴장되는 상황에서도 그런 기색이 얼굴에 드러나지 않고 의연함을
일컫는 표현이다.

213년 여름부터 214년 여름까지 약 1년 동안 유비는 낙성(雒城)에서 유장
군과 공방을 벌이고 있었다. 낙성은 성도 북동쪽에 위치한 큰 성으로 성
도로 가는 마지막 관문이라 할 수 있다. 이 기간 중 유비의 군사 방통이
화살에 맞아 전사하는 등 유비 측의 피해도 적지 않았다. 결국 유비는 형
주에 남아 있는 병력을 부르기로 하였다. 이에 형주에 머물고 있던 장비
와 조운을 포함해 제갈량, 유봉 등이 장강의 물길을 거슬러 성도로 향하
기 시작했다.

이 당시 강주(江州)는 엄안(嚴顔)이라는 장수가 지키고 있었다. 강주
는 장강의 본류와 지류가 합류하는 지점으로 익주 물길의 핵심 요충지
라 할 수 있다. 여기서 벌어진 교전에서 장비가 엄안을 사로잡는 데 성공
했다. 이에 엄안이 포박되어 끌려오자 장비가 "대군이 공격해 오는데 어
찌 투항하지 않고 맞서는가?"라고 질책하였다. 그러자 엄안이 지지 않고
"경들은 우리 영역을 침탈하였다. 우리 익주에 장군의 목을 벨 장수는
있어도 장군에게 투항할 장수는 없다."며 도리어 장비를 포함한 장수들
에게 호통을 쳤다.

이를 들은 장비가 대노하며 부하들에게 엄안의 목을 벨 것을 명하였다. 그런데도 엄안은 안색이 변하지 않았다(顔色不變). 오히려 "머리를 자르면 그뿐인 것을 성질은 왜 부리는가!"라며 큰소리로 말하였다. 그러자 잠시 후 장비는 엄안의 포박을 풀어주었다. 그러고는 더 이상 포로가 아닌 빈객의 예를 갖춰 엄안을 대우하기 시작했다.

✚ 여담으로 안색불변(顔色不變)과 대비되는 모습을 하나 소개해보겠다. 진시황(秦始皇)을 암살하려 했던 시도 중 가장 유명한 사건으로, 아직은 진시황이 진왕(秦王) 정(政)이라 불리던 시절이다.

BC 227년, 진왕 정을 암살하기 위해 형가(荊軻)라는 협객이 길을 떠났다. 그의 여장 속에는 진나라에서 현상금을 건 인물인 번오기(樊於期) 장군의 목과 연(燕)나라의 지도가 들어 있었다. 이때 진무양(秦舞陽)이라는 자가 형가를 돕기 위해 함께 하였다. 이윽고 함양에 도착한 두 사람은 많은 예물을 써 진왕을 직접 알현하는데 성공했다. 그런데 막상 어전 계단 밑에 이르자 진무양의 안색이 바뀌며 겁에 질려 벌벌 떠는 게 아닌가(色變振恐).

이를 본 군신들이 괴이하게 여겼다. 그러자 형가가 웃으며 말하길 "북방 오랑캐 땅 천한 자가 천자를 처음 뵈니 두려워 떠는 것입니다. 무례를 용서하고 대왕 앞에서 임무를 마치게 해주십시오."라고 하였다. 이에 진왕 정이 형가에게 지도를 가져오게 하자, 형가가 계단을 올라가 지도를 바쳤다. 그리고 지도를 펼치니 그 속에 숨겨두었던 비수가 나타났다. 그 순간 형가가 왼손으로 진왕의 옷소매를 붙잡고, 오른손으로 비수를 쥔 채 진왕의 몸통을 향해 힘껏 찔렀다. 하지만 비수가 진왕의 몸에 닿기 전에 일어나 피하는 바람에 몸통이 아닌 소매만 자르고 말았다.

● 미상(未詳) / 《삼국지(三國志)》〈촉서(蜀書) 관장마황조전(關張馬黃趙傳)〉

방약무인 傍若無人

곁에 아무도 없는 듯이 행동하다

-《연의》 인용

본래는 주변의 다른 사람을 의식하지 않고 한껏 흥에 취한 모습을 표현한 것이다. 하지만 현재는 주로 '무례하고 버릇없이 행동함'을 일컫는 말로 사용된다. 안하무인(眼下無人)과 거의 같은 의미로 혼용된다.

214년 여름, 마침내 유비의 대군이 성도를 포위하였다. 당시 성도 성 안에는 3만의 병력과 1년가량을 버틸 수 있는 군량이 있었다. 하지만 유장은 "우리 부자가 20여 년간 익주를 다스리며 백성들에게 은덕을 베푼 것이 거의 없었다. 더구나 지난 3년간 백성들이 싸우며 죽은 자들이 많으니 이 모든 게 다 내 탓이다. 어찌 마음이 편하겠는가!"라며 더 이상 항전할 의사가 없음을 밝혔다. 이때 유비는 자신의 신하인 간옹(簡雍)을 성 안으로 보내 유장을 설득하게 하였다. 이에 간옹을 만난 유장은 간옹과 함께 수레를 타고 성문을 나와 유비에게 투항하게 된다.

그런데《연의》에서는 이 대목에서 간옹의 행동을 매우 무례하게 묘사하고 있다. 성안으로 수레를 타고 들어간 간옹은 수레에서 내리지도 않고 성 안을 내려다보며 거만하게 행동하였다. 이에 진복(秦宓)이란 자가 "소인배가 지위를 얻었다고 방약무인이로구나(小輩得志 傍若無人)! 감히 촉 땅에 사람이 없는 줄 아는 것이냐!"며 호통을 친다. 이를 들은 간옹이 그제야 황급히 수레에서 내려 예를 갖추었다.

✚ 이번에도 자객 형가의 이야기이다. 이때는 아직 형가가 진왕 정을 암살할 생각조차 갖지 않던 시절이다. 본래 형가는 위(衛)나라 출신이지만 이후 연나라로 옮겨 살게 되었다. 이때 고점리(高漸離)라는 자와 친하게 지냈다. 고점리는 축(築)이란 악기를 무척 잘 탔다. 그래서 고점리가 축을 타면 형가가 거기에 맞춰 흥겹게 노래를 부르곤 했다. 시장 안에서 노래를 부르고 즐기다가 서로 얼싸안고 울기도 하였는데, 그 모습이 마치 주변에 아무도 없는 듯하였다(荊軻和而歌於市中 相樂也 已而相泣 旁若無人者). 좋게 보면 흥에 취해 무아지경에 빠진 것이라 할 수 있겠고 나쁘게 보면 망나니들의 고성방가라 할 것이다.

●《사기(史記)》〈자객열전(刺客列傳)〉,
《삼국지(三國志)》〈촉서(蜀書) 유이목전(劉二牧傳)〉,《삼국지연의》 65회

양질호피 羊質虎皮

기질은 양인데 가죽은 호랑이 　　　　　　　　　　　　　　　　　-《정사》 인용

겉은 강해 보이지만 실제 그 속은 나약함을 일컫는 말이다.

약 3년에 걸친 전쟁 끝에 마침내 유장이 유비에게 항복하였다. 그러자 유비는 유장을 형주에 있는 공안(公安)으로 이주시켰다. 공안은 강릉 인근에 위치한 현으로 유비가 남군을 임차하기 전에 임시로 머물렀던 곳이다. 유비에게는 나름 의미 있는 곳이라 할 수 있다. 그런데 이제 유비가 익주를 차지하니 얼마 전까지 익주의 주인이었던 유장을 공안으로 보내버린 것이다. 이후 유장은 공안에서 생을 마감하였다.

　이런 유장에 대해 《후한서》를 편찬한 범엽은 이렇게 평하고 있다. "유장은 험한 지세를 이용해 힘을 기르며 부친의 치적을 지키고 상황에 따라 적절히 대처했어야 했다. 하지만 어느새 익주의 통치권을 다른 사람에게 넘겨주고 밀려나버렸다. 이는 이른바 기질은 양인데 거죽만 호랑이라 승냥이를 보고 두려워한 격이니 통탄할 일이로다(所謂羊質虎皮 見豺則恐 吁哉)!"

✛ 이는 전한 때의 학자 양웅(揚雄)이 지은 《법언(法言)》에 등장하는 표현이다. 간혹 《양자법언(揚子法言)》이라 부르기도 하며 묻고 답하는 형식으로 유학을 논하고 있다. '한(漢)나라의 논어(論語)'라는 별명을 갖고 있는 서적이기도 하다.

어떤 사람이 이렇게 물었다. "여기에 한 사람이 있습니다. 그 사람이 성은 공(孔)이요 자(字)는 중니(仲尼)라 하면서 스스로 공자(孔子)라 합니다. 공자의 집에 들어가서는 당상에 앉아 공자의 책상을 앞에 놓고 공자의 의복을 입고 있다면, 이 자를 공자라 이를 수 있겠습니까?" 이에 대답하기를 "겉모양은 그럴 듯하지만 그 본바탕은 아닌 것이다."라고 하였다. "그러면 본바탕이란 무엇입니까?"라 물으니 이렇게 대답하였다.

"이는 양이 호랑이 거죽을 덮어쓴 것과 같다(羊質而虎皮). 양은 풀을 보면 좋아하지만 승냥이를 보면 두려워하니 자신이 호랑이 거죽을 덮어쓰고 있는 것조차 잊어버린 것이다."

● 《법언(法言)》〈오자(吾子)〉, 《후한서(後漢書)》〈유언원술여포열전(劉焉袁術呂布列傳)〉

3

익주 점령 그 이후

익주를 두고 수년간에 걸친 유비와 유장의 다툼이 이제야 막을 내렸다. 유
장의 어리석은 선택이 불러온 예견된 결과였다. 그렇게 익주를 차지한 유비
는 이후 어떤 모습을 보여주었을까?

두문불출 杜門不出

문을 닫고 나오지 않다 －〈정사〉 인용

사전적 의미는 집 밖으로 나오지 않는다는 뜻일 뿐이다. 하지만 아무 행동
도 하지 않음으로써 자신의 뜻을 드러내는 의사표현 방법으로 볼 수 있다.
일종의 '침묵시위'라 하겠다.

유비가 유장을 물리치고 익주를 평정할 무렵 재동(梓潼)군에 두미(杜微)
라는 선비가 있었다. 두미는 일찍이 유장에게 초빙되었다가 질병으로 사
직한 바 있다. 그런데 유비가 익주를 차지하자, 귀가 안 들린다며 문을 닫
고 외출하지 않았다(閉門不出). 그렇게 몇 해가 지났다.

그 사이 유비가 사망하였고, 제갈량이 정사를 전담하며 인재 영입에
힘을 쏟았다. 그 일환으로 두미를 초청하여 주부(主簿)에 임명하였다. 하
지만 두미는 이를 고사했다. 이에 제갈량이 수레로 두미를 모셔오게 하
였다. 하지만 두미는 들을 수 없다며 거듭 사의를 표하였다. 이에 제갈량
이 그 자리에서 글을 써가며 간곡하게 부탁하였다. 그러고는 두미를 당

장의 실무가 없는 간의대부(諫議大夫)에 제수하였다.

✚ BC 665년, 진헌공(晉獻公)의 애첩 여희가 아들 해제(奚齊)를 낳았다. 그런데 진헌공에게는 이미 태자 신생(申生)을 비롯해 중이(重耳), 이오(夷吾) 등 여러 명의 아들들이 있었다. 이 중에서 중이(重耳)가 장차 진문공(晉文公)이 될 인물로, 그 유명한 춘추오패(春秋五霸) 중 한 명이다. 동서고금을 막론하고 수많은 왕실 분란의 씨앗인 늦둥이 이복동생이 태어난 것이다. 이후 여희와 진헌공은 내심 태자 신생을 폐할 마음을 갖게 되었다.

　그러던 BC 660년, 진헌공은 태자 신생에게 장군의 지위를 주어 전투를 치르게 하였다. 여러 신하들이 태자가 맡을 임무가 아니라며 간하였지만 진헌공은 "과인에게는 여러 명의 아들이 있고 아직 누구를 태자로 세울지 모른다"며 고집을 꺾지 않았다. 이때 대부 호돌(狐突)도 이런 상황을 우려하고 있었다. 호돌은 중이의 외할아버지이기도 하였다. 즉 신생과 중이도 외가가 다른 이복형제였던 것이다. 그 이후 신생은 진헌공의 명을 충실히 이행하며 전공을 세웠다. 하지만 신생에 대한 참소는 점점 더해만 갔다. 이런 상황 중에 대부 호돌이 두문불출하였다(讒言益起 狐突杜門不出). 이에 대해 사가가 평하길 "호돌의 생각이 깊다"며 칭송하였다.

●《국어(國語)》〈진어(晉語)〉,
《삼국지(三國志)》〈촉서(蜀書) 두주두허맹내윤이초극전(杜周杜許孟來尹李譙郤傳)〉

애자지원 睚眥之怨

눈 흘긴 원망   -《정사》인용

아주 사소한 잘못이나 작은 일에 대한 원한을 가리키는 말이다.

214년 무렵의 일이다. 유비가 유장을 물리치고 익주를 차지하자 법정이 중용되었다. 본래 유장의 신하였지만 유비를 적극적으로 도왔고 익주의 내부 사정을 잘 알고 있었기에 나라 안팎을 총괄하게 된 것이다. 그런데 법정은 한끼 식사를 대접받은 작은 은덕이나 자신에게 눈 한번 흘긴 사소한 원망도 일일이 보답하거나 보복하였다(一餐之德 睚眥之怨 無不報復). 그리하여 죽거나 다친 자가 수십 명에 이르렀다. 보다 못해 사람들이 제갈량에게 법정을 제어할 것을 권유하였다.

하지만 이 당시 유비의 세력이 익주를 차지한 지 얼마 되지 않아 내부 기반이 아직 취약했다. 더구나 대외적으로도 힘든 상황이었다. 그간 동맹이었던 손권과 영토 분쟁 중이었기 때문이다. 제갈량으로서는 법정의 도움이 반드시 필요하였고, 법정이 하는 대로 내버려둘 수밖에 없었다.

✚ 참고로 법정보다 훨씬 앞서 이렇게 사소한 은덕과 원한을 일일이 기억했다 되갚은 사람이 있었다. 바로 진(秦)의 범수(范雎)라는 인물이다. 범수는 앞서 '원교근공'에서 등장한 바 있다.

BC 268년, 진소양왕에게 발탁된 범수는 이후 승진을 거듭하여 BC 266년에는 재상에 임명되었다. 그러자 범수는 자신의 재산을 털어 자신이 곤궁했던 시절 신세를 진 사람들을 찾아내어 일일이 보답하였다. 이때 범수는 한 끼 식사를 대접한 자에게도 반드시 보상하였고, 아울러 눈 한번 흘긴 원한도 반드시 보복하였다(一飯之德必償 睚眦之怨必報). 범수와 법정, 두 사람 모두 옛 은혜를 갚는 데서 그쳤더라면 얼마나 멋졌을까!

● 《사기(史記)》〈범수채택열전(范雎蔡澤列傳)〉,
《삼국지(三國志)》〈촉서(蜀書) 방통법정전(龐統法正傳)〉

숙맥불변 菽麥不辨

콩과 보리를 구별하지 못하다

-《정사》 인용

줄임 표현인 숙맥(菽麥)으로 쓰는 경우가 대부분이다. 세상 물정 모르는 사람을 일컬을 때 흔히 사용하는 표현이다.

유비가 익주를 장악하고 한참이 지난 후의 일이다. 어느 날 옥중에서 제갈량에게 한 통의 서신이 올라왔다. "저는 하루아침에 패역한 짓을 저질러 스스로 제 몸을 죽이고 불충한 귀신이 되었습니다. 그런 행동은 어리석은 자라도 하지 않을 터인데, 하물며 저는 콩과 보리를 구별할 줄 아는 사람입니다(況僕頗別菽麥者哉). 이런 저에게 원망의 뜻이 있었던 것은 갑자기 격양되고 술에 취해 아무 뜻도 없이 감히 주군을 노졸(老卒)이라 한 것입니다."

이 서신을 쓴 사람은 팽양(彭羕)이라는 인물이었다. 여기서 주군이란 다름 아니 유비를 가리킨다. 도대체 무슨 일이 있었던 것일까? 잠시 유비가 유장과 맞붙기 시작했던 212년 무렵으로 거슬러 가보겠다.

이 당시 방통이 군사로서 유비를 수행하고 있었다. 그러던 어느 날 누군가가 방통을 찾아왔다. 그러고는 대뜸 침상에 눕더니 방통을 기다린다고 말하였다. 바로 팽양의 첫 등장 장면이다. 《연의》에서도 정사의 기록을 충실히 옮겨놓았다. 어떤 인물이 첫 등장이 이런 경우엔 상당히 거칠고 무례한 사람이거나 뭔가 깊은 뜻을 가진 이인(異人)이거나 둘 중에 하나일 것이다. 독자들의 입장에서는 뭔가 비범한 능력을 지닌 인물일 거란 기대감을 갖게 되는 등장이다. 하지만 이후 팽양은 그런 독자들의 기대를 저버린다. 유비에 임용된 이후에도 막말과 무례한 행동을 계속 일삼았기 때문이다.

그리하여 결국 팽양은 지방 태수로 좌천되고 말았다. 그러자 팽양이 마초(馬超)와 만나서는 "노졸(老卒)의 행패를 어찌 다 말하겠습니까!"라고 불평하였다. 앞서 유비를 노졸, 즉 늙은 병졸이라 불렀다는 바로 그 발언이다. 결국 이로 인해 팽양은 감옥에 갇히는 신세가 되었던 것이다. 나름 재주는 뛰어났는지 모르지만 교만하고 함부로 말을 뱉는 사람이었다고 밖에 볼 수 없다.

그런데 서북방을 호령하던 마등(馬騰)의 아들 마초가 어찌해서 여기 있는 것일까? 이는 다음 장에서 펼쳐지는 이야기들을 보면 알 수 있다.

✚ BC 573년 1월, 진여공(晉厲公)이 신하들에게 살해되는 사건이 발생했다. 얼마 후 14세의 공자(公子) 주(周)가 옹립되니, 이가 바로 진도공(晉悼公)이다. 비록 어린 나이에 급작스레 보위에 올랐지만 진도공에 평가는 훌륭한 편이다. 그런데 이 당시 공자 주(周)에게는 형이 한 명 있었다. 하지만 바보와 같아 콩과 보리도 구별하지 못했다(不能辨菽麥). 때문에 형이 아닌 동생이 보위에 오르게 된 것이다.

●《춘추좌전(春秋左傳)》〈성공(成公)18년〉,
《삼국지(三國志)》〈촉서(蜀書) 유팽요이유위양전(劉彭廖李劉魏楊傳)〉

4

조조와 마초의 다툼

유비와 유장이 익주를 놓고 공방을 벌이는 바로 그 시기, 북쪽 편에서 펼쳐졌던 마초와 조조 사이의 치열한 전투 현장을 살펴보겠다.

병불염사 兵不厭詐

전쟁에서는 속이는 것을 꺼리지 않는다   −《연의》 인용

전쟁 상황 혹은 난세에서 상황에 따라 갖가지 속이는 술책이 필요함을 일컫는 말이다.

유장과 유비가 맞붙기 한참 전인 211년 봄의 일이다. 이 무렵 종요(鍾繇)가 한중을 칠 것이라는 소문으로 인해 유장이 몹시 불안해하고 있었다. 그런데 이 당시 종요의 움직임은 장안의 서북쪽 방면에도 큰 파장을 일으켰다. 일대의 마등과 마초 그리고 한수 등 여러 군벌들이 '종요가 조만간 자신들을 기습할 것'이라고 의심했기 때문이다.

이에 이들이 먼저 조조에게 반기를 들고 일어나 공격에 나서기 시작했다. 그러자 7월 조조가 직접 서쪽으로 대군을 이끌고 출병하였다. 당시 마초의 나이는 36세로 부친인 마등을 대신해 일대에서 이름을 날리고 있었다. 그리고 이후 위수(渭水)와 황하 유역에서 펼쳐진 전투에서 일진일퇴 치열한 공방을 이어갔다. 그렇게 한바탕 흙먼지가 몰아치고 난 9월 무렵, 마초가 조조에게 인질 교환을 제의했다. 조조도 이를 수락했다.

그런데 이때 모사 가후가 조조에게 한 가지 계책을 내었다. 바로 '마초와 한수를 이간시키자'는 것이었다.

얼마 후 이번에는 한수와 조조가 면담을 가지게 되었다. 그런데 조조는 군사에 대해서는 언급하지 않고 예전 일만 이야기하다 헤어졌다. 군영으로 돌아온 한수에게 마초가 무슨 얘기를 나눴는지 물었다. 이에 한수가 "특별한 얘기는 없었소."라고 대답했다. 이때부터 마초는 한수에게 의심을 품기 시작했다. 얼마 후 조조가 한수에게 서신을 보냈다. 그런데 여러 곳에 글자를 지운 흔적이 있는 이상한 서신이었다. 마치 한수가 고친 것처럼 보이게 한 것이다. 이 서신을 본 마초가 더욱 한수를 의심하게 된다. 이후 벌어진 양측의 전투에서 마초가 대패하여 양주(涼州)로 도주하고 말았다.

《연의》의 이 대목에서는 가후가 "전쟁에서는 적을 속이는 것을 꺼리지 않습니다(兵不厭詐). 마초의 제의를 수락한 후 한수와 마초가 서로 의심하도록 만들어 놓는다면 수월하게 이들을 물리칠 수 있습니다."라며 조조에게 계책을 제시한다. 현대의 독자들이 보기에는 참 엉성해 보이는 이간책이지만 결과적으로 제대로 적중했다.

✚ 병불염사(兵不厭詐)는 《한비자》에 등장하는 표현이다. 진문공(晉文公)이 초(楚)나라와의 전쟁을 염두에 두고 구범(舅犯)이란 신하를 불러 묻는 장면이다. 참고로 진문공의 재위기간은 BC 636에서 628년이다.

"초나라는 병력이 많고 우리는 병력이 적소. 이를 어찌하면 좋겠소?" 그러자 구범이 대답하길 "신이 듣건대 무릇 군주는 평시에는 예법이 번거로워도 충성과 신의를 저버리지 않고, 전시에는 속이는 것을 마다하지 않는다 하였습니다(繁禮 君子 不厭忠信 戰陣之間 不厭詐偽). 그러니 적을 속이는 술책을 써야만 합니다."라 하였다.

● 《한비자(韓非子)》〈난일(難一)〉, 《삼국지(三國志)》〈위서(魏書) 무제기(武帝紀)〉, 《삼국지연의》 59회

전화위복 轉禍爲福

화가 바뀌어 오히려 복이 되다

-《정사》 인용

불리한 여건을 뒤집으며 도리어 자신에게 유리한 상황으로 바꿈을 말한다.
《사기》와《전국책》에서 수시로 접할 수 있는 성어이다.

마초가 패주한 지 2년이 지난 213년 겨울 무렵의 일이다. 이때 마초는 장안의 서북쪽에 위치한 양주(凉州) 일대를 공략하기 시작했다. 211년 한수에 대한 의심으로 인해 패배를 자초했던 마초가 세력을 회복한 후 다시 공세에 나선 것이다. 대대로 주변 이민족들과 쌓아온 교분이 있었기에 가능한 일이었다. 정리해보면 211년부터 214년까지 유비와 유장이 익주를 놓고 다투던 시기, 그 북쪽에서는 마초와 조조가 대결을 펼쳤다고 이해하면 되겠다.

이때 양주자사 위강(韋康)이 기현(冀縣)에서 마초에 맞서 농성하였다. 하지만 이미 대부분의 군현이 마초에게 넘어간 상태였다. 힘겹게 수개월을 버텨 보지만 구원병이 출발했다는 소식은 들려오지 않았다. 이에 위강의 부하인 염온(閻溫)이 구원을 요청하려 몰래 성을 빠져나갔다. 장안에 있는 하후연(夏候淵)에게 위급을 알리려는 것이었다. 하지만 얼마 가지 못하고 염온이 생포되고 말았다. 이에 포박된 채로 끌려오니 마초가 염온의 포박을 풀어주면서 이렇게 말했다.

"승부는 이미 판가름 났다. 자네가 외로운 성에서 구원을 요청하려다 이렇게 잡히는 신세가 되었으니, 이제 누구에게 의리를 지키겠는가? 내 말에 따라 기현으로 돌아가 '동쪽에서 구원병이 오지 않을 것이다'라고 말해준다면, 이는 전화위복이 될 것이다(此轉禍爲福之計也). 만약 그렇게 하지 않겠다면 이 자리에서 죽게 될 것이다."

마초의 제안을 염온이 수락하자 마초는 염온을 수레에 태워 기현의 성문 앞에 데려갔다. 그런데 이때 염온은 오히려 "사흘만 있으면 대군이 당도할 것이니 그때까지만 힘써 막아주시오!"라고 외쳤다. 이에 마초가 대노하며 "그대는 목숨을 생각하지 않는가?"라며 물었다. 하지만 염온은 아무런 대꾸도 하지 않았다.

● 미상(未詳) /《삼국지(三國志)》〈위서(魏書) 이이장문여허전이방염전(二李臧文呂許典二龐閻傳)〉

낭패 狼狽

허겁지겁하며 어쩔 줄 모르는 상황

-《정사》 인용

어찌할 바를 몰라 허둥대는 이리(狼)의 모습을 형용한 말이다. 여기서 패(狽)는 '허겁지겁할 패'로 풀이한다.

염온의 희생에도 불구하고 마침내 마초가 기현을 점령하는 데 성공했다. 이때 양주자사 위강은 처형되었고, 그 속관들인 양부(楊阜), 양관(梁寬), 조구(趙衢)는 마초에 투항하였다. 하지만 이들은 은밀히 마초를 격퇴할 계획을 꾸미고 있었다.

얼마 지나지 않아 양부의 아내가 사망하자 이를 구실로 양부가 성을 나가게 되었다. 그러고는 곧장 외사촌형인 강서(姜敍)를 찾아갔다. 이때 뜻을 모은 두 사람은 세력을 규합해 기현 인근 노성(鹵城)에서 마초에 반기를 들었다. 이에 마초가 출병하여 노성을 공격하지만 쉽사리 점령하지 못했다. 이때를 틈타 기현에 남아 있던 양관과 조구가 성문을 닫아버렸다. 그러자 마초는 노성을 함락하지도 못하고 기현으로 돌아갈 수 없어 앞뒤로 낭패에 빠지게 된다(超不得入 進退狼狽). 결국 마초는 한중에 있는 장로에게로 달아날 수밖에 없었다.

얼마 후 마초는 '유비가 성도를 포위하고 있다'는 소식을 듣게 된다. 그러던 차에 마침 유비가 이회(李恢)를 보내 마초를 회유하였다. 이에 마초는 장로를 떠나 유비에게 투항하였다. 《연의》에서 오호대장군(五虎大將

軍)이라 일컬은 관우, 장비, 조운, 황충, 마초가 이제야 한데 모인 것이다.

✚ 간혹 낭패(狼狽)라는 말의 유래를 설명할 때 낭(狼)과 패(狽)가 각각 전설의 짐승들을 가리킨다는 얘기를 접해본 적 있는지 모르겠다. 이는 9세기 당(唐)나라 학자 단성식(段成式)이 지은 박물서적 《유양잡조(酉陽雜俎)》에서 볼 수 있는 내용이다. 《유양잡조》〈광동식지일(廣動植之一)〉편에는 여러 가지 동식물에 관한 설명이 수록되어 있는데 그 중 이런 내용이 있다.

"어떤 이가 전하는 말에, 낭(狼)과 패(狽)란 서로 다른 동물이다. 패(狽)는 앞다리가 아주 짧아 어디를 가든 항상 낭(狼)의 뒷다리 부위에 걸쳐야만 한다. 그래서 낭이 없으면 패는 움직일 수 없다. 때문에 흔히 난감한 일을 겪을 때 낭패(狼狽)라 하는 것이다."

간혹 낭패에 대한 설명이 《산해경(山海經)》에서 유래했다는 주장도 있다. 하지만 이는 근거 없는 이야기이다. 정리하자면 낭패(狼狽)는 오래전부터 관용적으로 '허겁지겁 당황하는 모습'을 가리키는 말로 사용되었다. 그리고 그에 대한 설명 중 패(狽)라는 전설의 동물이 등장하는 이야기도 있는 것이다. 그러나 이는 후대에 덧붙은 이야기일 가능성이 높아 보인다. '낭패'의 유래로 확정된 사실인 양 주장하기는 무리가 있어 보인다.

● 미상(未詳) / 《삼국지(三國志)》〈촉서(蜀書) 관장마황조전(關張馬黃趙傳)〉

5

조조의 후계 구도

마초가 장안 서편에서 하후연 등과 다툼을 벌이고 있던 213년에서 214년
무렵, 조조는 자신의 왕국인 위(魏)를 세우며 내부 기반을 다지고 있었다.
아울러 그 후계 자리를 놓고 아들들의 소리 없는 싸움도 벌어지게 된다.

금의야행 錦衣夜行

비단 옷을 입고 밤에 돌아다니다   -《정사》 인용

무릇 좋은 옷이란 남들 앞에서 입고 다니며 자랑해야 되는데, 그러지 못하
는 아쉬운 상황을 가리키는 말이다. 이외에도 다양한 해석이 가능하기에 꽤
나 흥미롭게 활용할 수 있는 성어이다.

213년 7월, 위국(魏國)의 사직과 종묘가 건립되었다. 국호로서 위(魏)가 이
제야 역사에 등장한 것이다. 그리고 11월에는 상서(尙書)와 시중(侍中), 육
경(六卿)을 두며 나라의 체제를 점점 갖추었다. 아울러 행정구역도 일부
개편하였다. 이 무렵 옹주(雍洲)자사에는 장기(張旣)라는 인물을 임명하
였다.

　장기의 고향은 좌풍익(左馮翊)군으로 장안에서 그리 멀지 않은 지역이
다. 장기는 16세에 좌풍익군의 아전으로 관직에 첫발을 내디딘 이후 조
조 휘하에서 꾸준한 활약을 펼쳐왔다. 종요를 도와 마등을 설득하기도
하였고 병주(幷州)를 평정하는 데에도 크게 기여하였다. 그러다 마침내

옹주자사에 임명된 것이다. 군의 말단 관리로 시작하여 옹주 전체를 관장하는 자리에까지 오르게 되었으니 개인이나 집안으로서는 출세했다고 할만하다.

이때 조조가 장기에게 "이번에 자네가 고향에 돌아가는 것은 옷에 수를 놓고 한낮에 돌아다니는 것일세(還君本州 可謂衣繡晝行矣)."라며 농담 섞인 축하를 건네었다.

✚ 이와 유사한 표현이 《사기》에 등장한다. 진시황이 사망한 이후 진(秦)이 망하고 중원이 어지럽던 BC 207년 12월, 항우(項羽)가 대군을 이끌고 함양을 점령하였다. 그러고는 항복한 진의 황제를 처형하고 궁실을 불태워버렸다. 이에 이 일대를 도읍으로 삼아 패왕의 대업을 이루라고 권하는 신하가 있었다. 그런데 이때 항우의 대답이 무척이나 황당했다.

"부귀해진 뒤에 고향에 돌아가지 않는 것은 옷에 수를 놓고 밤에만 다니는 것과 같다(富貴不歸故鄕 如衣繡夜行). 누가 알아주겠는가!" 이에 그 신하가 탄식하길 "초나라 사람들은 원숭이가 관을 쓴 것(沐猴而冠)이라 하더니, 과연 그렇구만!"라고 하였다. 이를 전해들은 항우가 그를 어떻게 했을지는 짐작하기 어렵지 않다. 항우의 그릇을 짐작할 수 있는 일화가 아닌가 한다.

여기서 유래한 의수야행(衣繡夜行)이 훗날 금의야행(錦衣夜行)으로 변형되어 지금껏 사용되고 있다. 조조는 이 고사를 장기의 상황에 맞게 언어유희로 활용한 것이다. 장기의 입장에서는 말 그대로 금의환향(錦衣還鄕)이란 표현이 딱이라 하겠다.

●《사기(史記)》〈항우본기(項羽本紀)〉,
《삼국지(三國志)》〈위서(魏書) 유사마양장온가전(劉司馬梁張溫賈傳)〉

묵묵부답 黙黙不答

침묵을 지키며 아무 대답도 하지 않다

-〈정사〉 인용

누군가 질문을 했는데 입을 다물고 대답하지 않는 것은 무례한 행동이다.
하지만 상황에 따라서는 매우 강한 메시지를 전달하는 방법이 될 수 있다.

조조가 위(魏)를 세움에 따라 이제는 누가 조조의 후계자가 되느냐가 중요한 화두로 떠오르게 되었다. 이에 조조는 큰아들 조비(曹丕)와 셋째 조식(曹植) 중에서 누구를 자신의 후계자로 세울지 고심을 거듭하고 있었다.

그러던 어느 날, 조조가 중신 가후를 불렀다. 그리고는 조용히 누구를 후계자로 세우면 좋을지 물어보았다. 그런데 가후는 입을 다문 채 아무런 대답도 하지 않았다(太祖又嘗屏除左右問詡 詡嘿然不對). 이에 조조가 "왜 아무런 말도 하지 않는 것이오?"라며 다시 물으니, 가후가 움찔하면서 "방금 뭔가 막 생각나서 즉시 대답하지 못했습니다."고 했다. 조조가 "무슨 생각을 했다는 것이오?"라며 다그쳤다. 그러자 가후는 "문득 원소와 유표 부자의 일들이 생각났습니다."라 하였다.

원소와 유표 모두 큰아들을 후계자로 세우지 않았었다. 그리고 본인이 사망한 후 얼마 지나지 않아 패망하였다는 공통점도 있었다. 잠시후 조조는 크게 웃었다. 그리고 217년 10월, 마침내 큰아들 조비가 태자로 책봉되었다.

● 미상(未詳) / 《삼국지(三國志)》〈위서(魏書) 순욱순유가후전(荀彧荀攸賈詡傳)〉

좌고우면 左顧右眄

이쪽저쪽을 돌아보다 　　　　　　　　　　　　　　　　　　　-《정사》유래

본래는 '이쪽저쪽을 돌아보고 살핀다'는 의미였다. 하지만 현재는 쓰임새가 달라져 '앞뒤를 재며 망설인다'는 뜻으로 사용되고 있다. 예를 들면 "좌고우면하지 않고 앞만 보고 가겠다"라는 식이다.

조비가 태자로 결정되고 난 이후의 일이다. 이 무렵 오질(吳質)이 조가(朝歌)라는 지역의 장으로 부임하였다. 오질은 그리 널리 알려진 인물은 아니지만 조조 말년에 활발하게 활동한 신료였다. 정사에는 '조비가 그의 재능을 아꼈다'라고 기록되어 있다. 아울러 태자가 결정되지 않았던 시기, 조비와 조식 어느 한쪽에 치우지지 않게 처신하였던 인물이기도 하다. 그런 오질에게 조식이 서신을 보내 이렇게 말하였다. 참고로 계중(季重)은 오질의 자이다.

"조식이 아룁니다. 계중 선생 귀하. 어제 업무보고를 하는 자리에서 가까이 앉았고, 연회가 종일토록 이어졌습니다. 하지만 그동안 헤어져 있던 기간은 길었던 데 반해 서로 만난 날은 얼마 되지 않았으니 그간의 노고에 대해 제대로 얘기하지 못한 듯합니다.

연회에서 눈앞에는 술잔에 가득 찬 술이 넘실거리고 뒤에서는 퉁소와 피리 소리가 울려 퍼졌습니다. 그때 선생께서 몸을 일으켜 가슴을 펴니 마치 봉황이 날개를 펼치고 범이 노려보는 것 같았습니다. 그런 모습

은 과거 소하(蕭何)나 조참(曹參)도 필적할 수 없을 것이고, 위청(衛靑)이나 곽거병(霍去病)도 따라오기 어려울 것입니다. 왼쪽을 살펴보고 오른쪽을 둘러보아도 마치 주위에 사람이 아무도 없는 것 같았습니다(左顧右盼 謂若無人). 이야말로 선생의 큰 포부가 아니겠습니까!"

참고로 소하와 조참은 한고조 유방이 한(漢)을 건국하는 데 기여했던 공신들이다. 또한 위청과 곽거병은 전한 시절의 장수들로 흉노 정벌로 크게 이름을 떨쳤던 명장들이다. 당시 오질의 명성이 얼마나 대단했는지 모르겠지만, 일개 신하에게 이렇게까지 과한 표현을 쓴 조식의 의도가 사뭇 궁금하다.

●《조자건집(曹子建集)》〈여오계중서(與吳季重書)〉

6

형주 영토분쟁과 조조의 한중 공략

유비가 발붙일 곳 없던 시절 손권의 과감한 결정으로 임차했던 땅 형주. 하지만 유비가 새로이 익주를 차지하면서 이곳 형주 일대에 묘한 기류가 흐르기 시작한다.

단도부회 單刀赴會

칼 한 자루만 들고 모임에 나아가다 — 〈정사〉 유래

본래는 '거의 비무장에 가까운 상태로 만남을 가진다'는 의미였으나《연의》의 각색을 거치면서 '위험한 곳에 홀로 당당하게 나아가는 용감함'을 뜻하는 말로 돌변하였다.

214년, 유장이 유비에게 항복함으로써 유비가 익주를 차지하였다. 그러자 손권은 기존에 임차했던 형주를 반환하라고 유비에게 요구하였다. 사실 손권으로서는 정당한 요구라 할 수 있다. 유비의 근거지가 전혀 없던 상황에서, 조조와 공동으로 맞서기 위해 강릉(江陵) 일대를 빌려주었던 것이기 때문이다. 하지만 유비의 입장에서 생각해보면 그렇게 간단한 문제가 아니다. 이제 막 익주를 차지하여 아직 입지를 탄탄히 하지도 못한 상황에서 형주를 고스란히 돌려줄 수도 없기 때문이다.

이에 유비는 직접 군사를 이끌고 강릉 인근의 공안(公安)에 주둔하며 강경대응 의지를 보였다. 그러자 이에 맞서 손권도 육구(陸口)에 상당수

260

병력을 집결시켰다. 손권과 유비는 적벽대전 이후 줄곧 우호적인 관계를 유지해왔다. 더구나 손권의 여동생이 유비와 혼인하였으니 처남 매부 사이이기도 했다. 하지만 지금 이렇게 형주를 둘러싼 영토 문제로 인해 일촉즉발의 상황까지 치닫게 된 것이다.

하지만 누가 뭐래도 가장 난처한 입장에 처한 이는 바로 노숙이었다. 노숙은 당초 유비에게 형주를 임차하는데도 가장 적극적이었고 이후로 줄곧 중재 역할을 도맡아 왔기 때문이다. 이때 노숙은 익양(益陽)에서 관우와 대치하고 있었는데, 관우에게 먼저 상견을 요청하였다. 이때 각자의 병마는 1백보 이상 뒤편에 머물고 장군들은 칼 한 자루씩만 지닌 채 만나기로 하였다(各駐兵馬百步上 但諸將軍單刀俱會).

이 회담이 《연의》에서는 연회로 바뀐 것이다. 노숙이 연회를 마련한 후 관우를 초청하였다. 그러자 관평이 염려하길 "이는 필시 호의가 아닐 터인데 아버지께선 어찌 이를 수락하시는 겁니까?"라고 하였다. 그러자 관우가 웃으며 "내 어찌 그것을 모르겠느냐? 하지만 내가 가지 않으면 내가 겁을 먹었다 할 것이다. 나는 내일 작은 배를 타고 열 명 가량만 거느리고 칼 한 자루 들고서 연회에 갈 것이다(只用親隨十餘人 單刀赴會)." 하고 말하였다. 여기서 赴(부)는 '나아간다'는 뜻으로 참석의 의미이다. 문구는 거의 달라진 것이 없건만 분위기는 정사와 전혀 다름을 알 수 있다.

● 《삼국지(三國志)》〈오서(吳書) 주유노숙여몽전(周瑜魯肅呂蒙傳)〉

낭발 狼跋

나아가기도 어렵고 물러서기도 어려운 상황 　　　　　　　　　－《정사》 인용

진퇴양난(進退兩難)의 상황을 나타내는 다양한 표현 중 하나이다.

214년에서 215년 사이, 형주에서 손권과 유비가 첨예하게 대립하고 있던 상황이다. 그런데 이 당시 익주에 머물고 있던 제갈량이 한 말이 상당히 흥미롭다. 제갈량이 측근에게 말하길 "지금 주공께서 공안에 머물고 계십니다. 이는 북쪽으로 조조의 강성함에 대비하고 동쪽으로 손권의 위협에 대처하기 위함입니다. 또한 손부인(孫夫人)이 가까이에서 변란을 일으킬까 걱정하기 때문입니다. 현재 매우 난처한 진퇴낭발의 상황입니다(當斯之時 進退狼跋)."라고 하였다.

　여기서 짐작할 수 있는 것은 당시 손부인에 대한 세간의 평판이다. 제갈량이 유비의 부인을 함부로 폄하했을 리는 없기 때문이다. 제갈량이 손부인을 '내부의 불안요인'으로 지목했다는 건 분명히 뭔가가 있었음을 의미한다. 더불어 조운 관련 기록에서도 '손부인은 손권의 여동생으로 교만하고 멋대로 행동하였고 오(吳)의 관리와 병사들을 여럿 거느리며 함부로 법을 어겼다'는 내용을 찾을 수 있다. 이로 미루어 짐작컨대 《연의》에 그려진 손부인의 모습은 상당히 순화된 것으로 보인다.

✚ 낭발(狼跋)은 《시경》에 등장하는 표현이다. '늙은 이리가 앞으로 갈 때에는 늘어진 턱밑살(胡)을 밟아 자빠지고 뒤로 물러날 때에는 꼬리를 밟아 넘어진다(狼跋其胡 載疐其尾).'

즉 낭발(狼跋)은 진퇴양난(進退兩難)과 거의 같은 의미를 지니며, 앞서 언급했던 낭패(狼狽)와도 일맥상통한다. 낭패(狼狽) 역시 난감한 상황을 표현하는 말이다. 여기에 진퇴(進退)를 덧붙여 진퇴낭패(進退狼狽), 진퇴낭발(進退狼跋)의 형태로 의미를 강조하고 있는 셈이다.

● 《시경(詩經)》〈빈풍(豳風) 낭발(狼跋)〉, 《삼국지(三國志)》〈촉서(蜀書) 방통법정전(龐統法正傳)〉

박장대소 拍掌大笑

손바닥을 치며 크게 웃다 -《정사》인용

크게 웃는 모습을 형용하는 성어이다. 같은 의미의 표현으로 부수대소(拊手大笑), 부장대소(拊掌大笑) 등이 있다. 참고로 拊(부)는 '어루만지다, 두드리다, 치다'의 뜻을 가진 글자이다.

여전히 손권과 유비가 대치하고 있는 형주의 상황이다. 이때 손권은 여몽에게 명하여 형주 동남쪽에 위치한 장사군, 영릉군, 계양군을 점령하게 하였다. 이에 여몽이 진군하니 장사군과 계양군은 곧바로 항복하였다. 하지만 영릉태수 학보(郝普)는 끝까지 저항하며 버티었다. 이때 공안에 주둔하고 있던 유비는 관우에게 세 군을 되찾으라고 명하였다. 그러자 이번에는 노숙이 병력을 이끌고 관우를 저지하였다. 이에 손권은 여몽에게 '영릉을 내버려두고 노숙을 지원하라'는 지시를 내렸다.

그런데 손권의 명령을 받은 여몽은 어찌된 일인지 이 명령을 부장들에게 즉시 알리지 않았다. 오히려 '새벽에 영릉성을 공격한다'며 서둘러 준비하게 하였다. 이때 여몽의 곁에는 등현지(鄧玄之)라는 인물이 있었다. 등현지는 학보의 친구로 장사군에서 여몽이 데리고 온 자였다. 이에 여몽이 등현지에게 말하길 "지금 원군을 기대하기는 어려울 것이다. 학보의 상황은 마치 소 발굽자국 고인 물에 있는 물고기와 같다. 지금 이 성을 공격하면 하루를 넘기지 못하고 함락될 것인데, 함락된 뒤에 죽는다면 무슨 이득이 있을 것이며 100세에 가까운 노모는 또 어찌할 것인가?"라고 하였다. 그러면서 성안으로 들어가 학보를 설득해줄 것을 부탁했다.

이에 등현지가 학보를 만나 여몽의 말을 전했다. 이리하여 결국 학보가 여몽에게 항복하였다. 그러자 여몽은 부리나케 영릉성으로 들어가 관부를 장악한 후, 얼른 학보를 데리고 배에 올라탔다. 그리고 배가 출발하고 한참이 지난 후 그제야 손권이 보낸 퇴각 명령문을 학보에게 보여주었다. 그러면서 손바닥을 치며 크게 웃었다(拊手大笑). 반면 이를 본 학보는 부끄러워 땅 속에라도 들어가고 싶은 심정이었다.

● 미상(未詳) / 《삼국지(三國志)》〈오서(吳書) 주유노숙여몽전(周瑜魯肅呂蒙傳)〉

득롱망촉 得隴望蜀

농우(隴右)를 얻으니 촉(蜀)을 노린다 　　　　　　　　　　　　-《정사》 인용

바라던 것을 얻고 난 후 그 다음을 노린다는 의미이다. 이는 지나친 욕심일
까? 아니면 자연스러운 사람의 마음일까? 여기 비슷한 상황에서 각기 다른
선택을 한 두 사람을 만나 볼 수 있다.

형주 땅을 놓고 첨예하게 대립하던 유비와 손권은 얼마 지나지 않아 협
상을 통해 분쟁을 조정하였다. 이때 여몽이 생포했던 학보도 송환하였
다. 그런데 겉보기에 평화적인 이 합의를 이끌어낸 일등 공신은 다름 아
닌 조조였다. 215년 7월 무렵, 조조가 한중에 웅거해 있던 장로를 공격하
기 시작했던 것이다. 당연히 다급해진 쪽은 유비일 수밖에 없었다.

　장로가 험한 지형을 이용해 조조의 대군에 맞서 보지만 얼마 지나지
않아 항복하고 말았다. 아울러 마초의 옛 부하였던 방덕(龐德)도 이때부
터 조조 휘하에 들게 된다. 이렇게 한중 점령에 성공한 조조는 하후연과
장합을 남겨두고 철군하려 하였다. 그러자 유엽이 의견을 내길 "이번에
촉 지역을 정벌하지 않으면 뒷날 큰 우환이 될 것입니다."라고 하였다. 여
기에 사마의도 "유비는 거짓과 힘으로 유장의 땅을 빼앗았기 때문에 백
성들이 아직 진심으로 귀부하지 않았습니다. 게다가 지금 강릉을 두고
손권과도 다투고 있으니 절호의 기회입니다. 이제 한중을 점령한 여세를
몰아 진군한다면 유비의 세력은 금방 무너질 것입니다."라고 건의하였다.

하지만 조조는 고개를 저으며 "사람의 고통은 만족을 모르는 데서 생긴다더니만 이미 농우(隴右)를 얻었는데 또 촉(蜀)을 바라는가(人苦無足 既得隴右 復欲得蜀)!"라고 하였다. 그러고는 이미 지시한 대로 철군하게 하였다.

참고로 장안의 서쪽에 농산(隴山)이라는 큰 산이 있다. 이 농산의 서쪽 지역을 농우(隴右)라 한다. 그러므로 농우는 지금 조조가 차지한 한중보다 한참 북쪽에 위치하고 있다. 이는 조조가 농우를 얻었다는 의미가 아니라, 과거 광무제(光武帝)의 이야기를 인용하고 있는 것이다.

✛ AD 32년, 광무제 유수 휘하의 장군 잠팽(岑彭)이 농우 지역에 속한 천수(天水)군을 점령하였다. 이어 인근의 서현(西縣)도 포위하였다. 이와 때를 같이 하여 다른 장군들이 상규(上邽)현까지 포위하였다. 그러자 유수가 잠팽에게 조서를 내렸다. "서현과 상규현을 점령하고 나면 곧바로 남쪽에 있는 촉 지역을 공격하여도 괜찮다. 사람의 고통은 만족을 모르는데 있다고 하지만 농우를 평정하니 이제 촉을 바라는 것이다. 군사를 낼 때마다 머리가 하얗게 세는구나(人苦不知足 既平隴 復望蜀. 每一發兵 頭鬚爲白)."

여기서 눈에 띄는 것은 같은 상황에서 조조와 유수 두 사람의 상반된 결정이다. 분명 '사람의 고통은 만족을 모르는 데 있다'는 전제는 같았다. 그런데 조조는 여기서 만족하고 멈추라는 결론을 내린 반면 유수는 만족할 수 없으니 계속 진군하라고 명하였다. 머리가 하얗게 셀지언정 여기서 멈추지는 않겠다고 한 것이다. 솔직히 글의 흐름만 봐서는 조조의 얘기가 좀 더 자연스러워 보이는 게 사실이다.

●《동관한기(東觀漢記)》〈잠팽전(岑彭傳)〉,《진서(晉書)》〈선제기(宣帝紀)〉

선공후사 先公後私

공적인 일을 먼저 하고 사적인 일을 뒤로 미루다   -《정사》인용

일을 함에 있어 사적인 일보다 공적인 일을 먼저 한다는 의미이다. 아울러 사
적인 감정으로 인해 공적인 대의를 저버려선 안 됨을 강조할 때도 사용한다.

조조가 한중을 공략하려 서쪽으로 진군한 직후, 이를 기회라 여긴 손권
이 움직이기 시작했다. 손권이 친히 10만의 병력을 이끌고 합비(合肥)를
공격한 것이다. 그런데 사실 몇 달 전만 하더라도 이런 상황은 예상하기
힘들었다. 형주의 소유권을 놓고 손권과 유비가 한 치의 양보도 하지 않
을 기세로 대치하지 않았던가. 하지만 조조가 한중으로 움직이면서 상황
이 완전히 달라져버렸다. 유비는 조조를 방비하기 위해 부랴부랴 익주로
회군했고 손권과 유비 사이에는 협약이 성사되었다. 이어 손권이 조조의
후방을 공격하는 형세가 된 것이다.

그런데 조조도 서쪽으로 진군하면서 동쪽 합비 일대가 마음에 걸렸
던 모양이다. 그래서 합비로 함을 하나 보냈다. 그 함의 겉에는 '적이 침
입하면 열어보라'고 적혀 있었다. 그리고 얼마 지나지 않은 215년 8월 손
권이 합비로 출병했다. 당시 합비에는 장료(張遼), 악진(樂進), 이전(李典)
등이 주둔하고 있었다. 이에 장료는 모든 장수들이 보는 앞에서 함을 열
어보았다. 그러자 '손권이 침입해 오면 장료와 이전은 출전하고 악진은
성을 지키며 교전하지 말라.'라는 교서가 담겨 있었다.

이를 본 장수들이 저마다 의아해 하였다. 그러자 장료는 '이는 적군이 미처 다 모이기 전에 공격하여 예봉을 꺾은 후 수비하는 뜻'이라 풀이하였다. 그런데 장료는 본래 여포 휘하에 있다가 조조에게 항복한 장수이다. 때문에 조조의 구신인 이전, 악진과는 아직도 거리감이 있었다. 이에 장료가 그 점을 우려하였다. 그러자 이전이 말하길 "이는 나라의 대사입니다. 장군이 어떤 계책을 내든 내가 사적인 감정으로 공적인 의(義)를 저버릴 수 있겠습니까(顧君計何如耳 吾可以私憾 而忘公義乎)!"라고 하였다. 그러고는 장료와 함께 출전하여 손권을 상대로 승리를 거두었다.

✚ 선공후사(先公後私)라는 표현의 유래는 《시경》으로 보는 것이 타당하다. 간혹 《맹자》에서 '정전법(井田法)에 대해 설명하는 대목'을 유래로 보는 견해도 있지만, 맹자도 《시경》의 이 대목을 인용했다고 봐야 할 것이다.

有渰萋萋 興雨祁祁	뭉게뭉게 구름 일어 주룩주룩 단비 오니
雨我公田 遂及我私	우리 공전에 비 내리고 우리 사전도 적셔주오
彼有不穫穉 此有不斂穧	저기 베지 않은 벼 있고 여기 거두지 않은 벼 있고
彼有遺秉 此有滯穗	저기 남은 볏다발 있고 여기 흘린 벼이삭 있으니
伊寡婦之利	이는 과부 같은 이들의 몫이려오

● 《시경(詩經)》〈소아(小雅) 대전(大田)〉,
《삼국지(三國志)》〈위서(魏書) 이이장문여허전이방염전(二李臧文呂許典二龐閻傳)〉

6장

셋으로 나뉜 땅덩이

한중을 둘러싼 공방

유비가 익주를 차지하고 난 후 손권과 형주를 분할하였다. 여기에 조조가 한중을 차지함으로써 삼국의 대략적인 형태가 비로소 갖춰지게 되었다. 이 제부터는 한중을 놓고 조조와 유비가 맞붙는 상황이 펼쳐진다.

초잠식지 稍蠶食之

조금씩 침범하여 먹어 들어가다   -《정사》 인용

흔히 사용하는 잠식(蠶食)이란 말의 본디 표현이다. 누에가 잎을 갉아먹는 모습을 표현한 말로, 조금씩 영역을 침범해가는 상황을 가리킨다.

217년의 일이다. 조조가 장로를 몰아내고 한중을 점령한 지도 제법 시간이 흘렀다. 그러던 어느 날 법정이 유비에게 의견을 냈다.

"조조가 단 한 번의 출병으로 한중을 평정하면서 여세를 몰아 파촉(巴蜀)을 치지 않고 물러났습니다. 이는 힘이 모자라서가 아니라 내부에 급박한 우환이 있었기 때문일 것입니다. 하지만 하후연과 장합의 능력으로 그곳을 지키기는 버겁습니다. 우리가 병력을 움직여 공격한다면 틀림없이 이길 수 있습니다. 아울러 그들을 물리친 후 군량을 비축하며 기회를 노린다면, 상책으로는 적국을 뒤집어 왕실을 받들 수 있습니다. 중책으로는 옹주와 양주의 땅을 잠식해가며 세력을 넓힐 수 있습니다(中可以蠶食雍涼 廣拓境土). 하책이라 하더라도 요해처를 지키며 지구전을 펼칠 수

있습니다."

이에 유비가 한중으로의 진격을 결정하였고 법정이 유비를 수행했다. 이후 2년간에 걸쳐 펼쳐지는 한중 공방전의 막이 이렇게 오른 것이다.

➕ 잠식(蠶食) 혹은 초잠식지(稍蠶食之)라는 성어는 《사기(史記)》 곳곳에 등장한다. 그런데 대부분 진(秦)나라가 나머지 제후국들의 영토를 점령하며 확장해나가는 모습을 표현할 때 사용된다.

BC 334년 무렵, 소진(蘇秦)이 각 국을 돌아다니며 합종책(合從策)을 유세할 때 의 일이다. 소진이 조(趙)나라에 도착해 조숙후(趙肅侯)에게 말했다. "진나라는 조 나라를 해로운 존재로 여깁니다. 하지만 쉽게 군사를 동원해 조나라를 치지 못하 는 까닭이 무엇이겠습니까? 이는 한(韓)나라와 위(魏)나라가 후방을 공격할까 우 려하기 때문입니다. 말하자면 한나라와 위나라가 조나라의 남쪽 장벽인 셈입니 다. 하지만 진나라가 한나라와 위나라를 칠 경우에는 장애물이 없습니다. 누에가 뽕잎을 조금씩 갉아 먹듯 이들의 땅을 차지해 마침내 도성에까지 이르게 될 것입 니다(稍蠶食之 傅國都而止)."

● 《사기(史記)》〈소진열전(蘇秦列傳)〉外,《삼국지(三國志)》〈촉서(蜀書) 방통법정전(龐統法正傳)〉

인후지지 咽喉之地

목구멍과 같은 땅   -《정사》 인용

인후(咽喉)란 사람의 목구멍을 가리키는 말로, 마치 목구멍과 같이 중요한 군사적 요충지를 가리키는 표현이다.《사기》와《전국책》에서 자주 볼 수 있다.

당시 양평관은 하후연과 서황, 장합 등이 지키고 있었다. 그러던 218년 무렵, 유비가 진식(陳式) 등을 보내 10여 군데에 군영을 설치하며 마명각도(馬鳴閣道)를 차단하였다. 마명각도는 일대에 설치되어 있던 잔도(棧道) 중 하나이다. 당시 한중 일대는 험지가 많아 곳곳에 이런 잔도가 설치되어 있었는데, 서황이 별동대를 거느리고 촉군을 기습 공격하였다. 이로 인해 많은 수의 촉군들이 낭떠러지에 떨어지는 피해를 입었다.

한편 이 소식을 들은 조조는 매우 기뻤다. 아울러 서황에게 부절을 하사하면서 "마명각도는 한중의 험지로 목구멍과 같은 곳이다(此閣道 漢中之險要咽喉也). 유비는 우리의 안과 밖을 차단하여 한중을 차지하려 하였다. 하지만 서황 장군이 이를 일거에 깨뜨렸으니 정말 잘한 일이다."라고 치하하였다.

● 미상(未詳) /《삼국지(三國志)》〈위서(魏書) 장악우장서전(張樂于張徐傳)〉

금고진천 金鼓振天

징과 북 소리가 하늘을 뒤흔들다 — 《정사》 유래

하늘을 뒤흔들 듯 전투 중에 요란하게 소리를 낸다는 의미이다. 맹렬한 기세와 치열한 격전을 형용하는 표현이다.

한중을 차지하기 위해 유비와 하후연은 치열한 공방을 계속해서 이어갔다. 그러던 219년 1월 유비가 양평관(陽平關) 남쪽 정군산(定軍山)에 군영을 설치하였다. 이후 야간에 출진한 유비는, 하후연과 장합의 군영에 기습을 가해 방어용 울타리를 불태우는 데 성공하였다. 그러자 하후연은 장합에게 동쪽 편을 맡기고, 자신은 경무장한 군사들을 거느린 채 남쪽 편을 방어하였다.

이에 유비의 군사들은 장합의 부대와 교전을 벌인 후 물러나 주마곡(走馬谷)에서 위군을 포위하며 사방에 불을 질렀다. 그러자 하후연이 장합을 구원하기 위해 급히 회군하려 하였다. 이때 어디선가 나타난 황충(黃忠)이 병력을 이끌고 하후연을 향해 맹렬히 돌진하기 시작했다. 더불어 하늘이 울릴 듯 징과 북을 쳐 그 소리가 온 계곡을 진동시켰다(金鼓振天 歡聲動谷). 그러고는 하후연의 목을 베며 촉군의 대승을 이끌었다.

● 《삼국지(三國志)》〈촉서(蜀書) 관장마황조전(關張馬黃趙傳)〉

중과부적 衆寡不敵

적은 수의 병력으로 많은 수의 상대에 맞설 수 없다

－《정사》 인용

여기서 敵(적)은 대등하게 맞선다는 뜻이다. 즉 체급이 다르면 게임 자체가
성립되지 않음을 의미하는 표현이다.

하후연이 전사했다는 소식이 전해지자 위군은 크게 술렁이기 시작했다.
그러자 하후연의 부관이었던 곽회(郭淮)가 군사들에게 말하길 "장합 장
군은 나라의 명장으로 유비도 두려워하고 있다. 오늘의 위급 상황에서
장합 장군이 아니면 우리 군을 안정시킬 수 없다."라고 하였다. 이에 모
든 장수들이 장합을 주장으로 추대하며 군영을 안정시켰다. 그런데 바로
다음 날 유비가 공격해오기 시작했다. 당장이라도 강을 건너 공격하려
는 기세였다. 이에 여러 장수들이 입을 모아 지금은 중과부적임을 말하
였다(諸將議衆寡不敵). 게다가 유비군이 승세를 타고 있으니 강에 의지하
여 진을 설치해야 한다고 주장하였다.

하지만 곽회가 나서서 이렇게 제안했다. "이는 우리의 약점을 내보이
는 것으로 적을 막기엔 오히려 부족합니다. 좋은 계책이라 할 수 없습니
다. 차라리 강에서 멀리 떨어져 군진을 설치하여 적군을 유인하고, 적군
이 강을 반쯤 건넜을 때 급히 공격하면 격파할 수 있습니다." 장합이 이
의견을 좇아 군진을 설치하니 유비가 강을 건너지 않았다. 아울러 굳게
지키며 쉽게 철수할 의사가 없음을 보여주었다.

✚ 중과부적(衆寡不敵)은 《맹자》에서 볼 수 있는 표현이다. 맹자가 제선왕(齊宣王)에게 묻기를 "추(鄒)나라와 초(楚)나라가 전투를 한다면 누가 이기겠습니까?"라 하였다. 이에 제선왕이 "초나라가 이기겠지요."라고 대답하였다. 그러자 맹자가 "그렇습니다. 이는 작은 세력이 큰 세력을 상대하기 어렵고, 적은 병력이 많은 병력을 상대하기 어렵고, 약한 자가 강한 자를 상대하기 어렵기 때문입니다(小固不可以敵大 寡固不可以敵衆 弱固不可以敵强)."라고 하였다.

●《맹자(孟子)》〈양혜왕(梁惠王) 상(上)〉,《삼국지(三國志)》〈위서(魏書) 만전견곽전(滿田牽郭傳)〉

계륵 鷄肋

닭갈비   -《정사》유래

버리자니 아깝고 가지자니 별로 얻을 것이 없음을 빗대어 표현하는 말이다.

하후연이 전사하고 한중마저 빼앗겼다는 소식이 전해지자 이번에는 조조가 대군을 이끌고 직접 출병하였다. 이때가 219년 3월이다. 이렇게 조조가 양평관에 다다르자 유비는 험지를 지키기만 할 뿐 교전하지 않았다. 이에 조조군이 공격을 퍼부어보지만 한 달이 넘도록 함락시키지 못하였다. 오히려 사상자와 도망자만 속출할 뿐이었다. 이에 조조는 철군할지 여부를 놓고 혼자서 고민하고 있었다. 그러던 중 조조가 어떤 명령을 내면서 뜬금없이 '계륵(鷄肋)'이라고 말하였다.

　이것이 정확히 어떤 상황에서 조조가 한 말인지는 명확하지 않다. 하여튼 조조의 부하들은 적잖이 당황하였던 것으로 보인다. 그런데 이때 주부 직책을 맡고 있던 양수(楊脩)가 매우 확신에 찬 태도로 병사들에게 군장을 꾸리라는 명령을 내렸다. 이에 다들 양수에게 "어떻게 그 의미를 안다는 것이오?"라고 물었다. 그러자 양수가 "무릇 닭갈비는 먹으려고 하면 별로 먹을 게 없고 막상 버리려고 하면 아까운 부위이지요(夫雞肋 食之則無所得 棄之則如可惜). 그러니까 한중 땅을 닭갈비에 빗대신 겁니다. 조만간 대왕께서 회군하려고 함을 알 수 있는 것이오."라고 자신 만만하게 대답하였다.

그런데 이렇게 똑똑한 부하인 양수를 조조는 과연 어떻게 생각했을까? 이후 조조는 이런저런 구실로 양수를 처형하고 만다. 수년 전 태자 후보를 놓고 고민하던 시절 조식을 지지했던 점도 작용했고, 원술의 생질인 점도 영향을 미쳤다고 한다. 어느 경우든 태자 조비에게 후환을 남기지 않기 위한 조조의 선택이었다.

●《삼국지(三國志)》〈위서(魏書) 무제기(武帝紀)〉(배송지주 구주춘추(九州春秋) 인용)
《후한서(後漢書)》〈양진열전(楊震列傳)〉

관우의 최후

외교에서는 영원한 적도 없고 영원한 우방도 없다고 했던가. 그간 거대 세력
인 조조에 맞서 동맹관계를 유지해온 유비와 손권이 대립각을 세운다. 아울
러 삼국지의 주요 영웅들이 하나둘 스러지며 독자들을 아쉽게 만든다.

단병접전 短兵接戰

짧은 무기를 들고 맞붙어 싸우다   -《정사》인용

원거리 무기 대신 근접 병기를 이용해 싸운다는 의미이다. 앞서 한 차례 등
장한 바 있는 '단병접전'의 상황과 비교해서 보는 것도 흥미로울 것 같다.

219년 여름, 형주를 책임지고 있던 관우가 북쪽을 향해 출병하였다. 목표
는 바로 양양(襄陽). 유표가 병사한 208년 이후 한 번도 다시 밟아보지 못
했던 땅이다. 이에 조인은 번성(樊城)에 주둔하며 관우에 맞섰다. 번성은
양양성의 지성으로서 전략적으로 매우 중요한 곳이었다.

 이때 조인의 부장 방덕은 번성에서 북쪽으로 10리 가량 떨어진 곳에
주둔하였고, 양양에는 여상(呂常)이 잔류하였다. 여기에 원군으로 우금
(于禁)도 출진하였다. 우금은 조조가 연주(兗州)를 차지할 무렵 임용한 장
수이다. 조조 휘하에서만 약 27년간을 활약해온 믿음직한 장수였던 것
이다.

 이후 관우가 진격하여 번성과 양양성을 포위하였다. 그런데 마침 8월

장마철에 한수(漢水)가 범람하여 방덕과 우금의 진지가 물에 잠기고 말았다. 이에 군사들이 제방에 올라 경우 물을 피하였다. 그러자 관우가 배를 타고 이들을 공격하기 시작했다. 이때 우금은 별다른 저항 없이 관우에게 항복했다. 하지만 방덕은 계속해서 저항을 이어갔다. 이에 배에 탄 관우가 제방 위로 활을 쏘니 방덕이 응사하며 맞섰다. 이른 새벽부터 한낮이 지나도록 전투는 계속되었고 관우의 공격은 갈수록 격렬해졌다. 이후 화살이 떨어진 방덕은 창과 칼로 맞붙어 싸웠다(矢盡 短兵接戰). 하지만 결국 생포되고 말았다.

이후 관우가 방덕에게 몇 차례 항복을 권해보았다. 하지만 방덕은 끝내 관우에 항복하지 않고 죽음을 맞았다. 그러자 이를 들은 조조가 크게 한탄하였다. 자신의 휘하에 들어온 지 4년 밖에 안 되는 방덕은 자신에게 절개를 지킨 반면, 27년간을 동고동락했던 우금이 투항한 것에 적잖은 충격을 받았던 것이다.

✛ 신병교육대에서 총검술 훈련을 받아본 분이라면 이런 생각을 해본 적이 있을 것이다. '현대전에서 총에 대검 꽂고 싸울 일이 과연 있을까?' 만약 실전에서 적군과 총검술로 맞붙는 상황이라면 양측 모두 갈 데까지 간 상황임이 분명할 것이다.

혹여 단병(單兵)이라고 오해하여, 각각의 병사들이 전투를 벌인다고 짐작한 독자도 있겠지만 단병(短兵)이다. '짧은 무기로 맞붙어 싸운다'는 의미이다. 간혹 '짧은 무기를 지닌 병사들'을 가리키는 경우도 있다.

정리하자면 활(弓)이나 포(砲) 같은 원거리 무기로 싸우다가 근접전이 벌어졌을 때 등장하는 표현인 것이다. 아울러 긴 창으로 싸우다가 짧은 칼을 이용해 싸우게 되었을 때에도 등장한다. 어느 경우든 긴장이 점점 고조되는 위기의 상황인 것만은 분명하다. 방덕의 최후가 바로 이런 상황에 정확하게 부합한다고 할 수 있다.

● 《사기(史記)》〈항우본기(項羽本紀)〉,
《삼국지(三國志)》〈위서(魏書) 이이장문여허전이방염전(二李臧文呂許典二龐閻傳)〉

도불습유 道不拾遺

길에 떨어진 물건을 주워가지 않는다   -《정사》 인용

나라에 질서가 잘 잡혀 있음을 표현할 때 수시로 등장하는 상용구이다.

관우가 양양 일대에서 전투를 벌이고 있을 무렵이다. 당시 강릉(江陵)은
미방(麋芳), 공안(公安)은 부사인(傅士仁)이 남아서 지키고 있었다. 그런데
이들은 평소 관우가 자신들을 모욕했던 것에 감정이 있었다. 게다가 이
들이 군량 공급을 열심히 돕지 않는다 하여 관우가 "회군하면 그간의 죄
를 묻겠다."면서 출병하였다. 때문에 두 장수는 두렵고 불안한 마음을
갖게 되었다.

　한편 손권은 여몽에게 강릉을 점령할 것을 명하였다. 이때 손권과 조
조 사이에도 어느 정도 교감이 있었다. 역시 국제 관계에서는 영원한 적
도 영원한 우방도 없는 것이다. 출병한 여몽은 병사들을 상인으로 위장
시킨 후 이동하였다. 그리고 관우가 설치해둔 강변 초소의 척후병들을
잡아서 묶어버렸다. 이렇게 연락망부터 봉쇄한 다음 강릉으로 진격하였
다. 그러자 미방과 부사인이 곧바로 투항해버렸다. 이렇게 무혈 입성한
여몽은 관우와 장졸들의 가족을 위로하고, 병사들이 민가의 물건을 함
부로 건드리지 못하게 철저히 단속하였다. 이에 병사들은 길에 떨어진
물건조차 주워가지 않았다(道不拾遺).

　얼마 지나지 않아 강릉이 함락되었다는 소식을 들은 관우는 급히 회

군하였다. 하지만 관우의 병사들은 싸울 마음이 없어진 상태이다. 자신의 가족들이 성 안에 있는데다, 가족들의 안부가 군영 곳곳에까지 전해졌기 때문이다. 주도면밀한 여몽의 심리전이 성공한 결과이다.

➕ 도불습유(道不拾遺)라는 표현은《사기》에 여러 차례 등장한다. 그 중 위의 경우와 가장 유사한 분위기를 소개해보겠다. 주인공은 진(秦)나라 상앙(商鞅)이다.

BC 359년, 상앙이 진효공(秦孝公)에게 발탁되어 개혁을 단행하기 시작하였다. 철저한 법 집행과 군공에 따른 보상을 원칙으로 한 부국강병 정책이었다. 그러나 시행 초기에는 새 법령의 부당함을 호소하는 목소리가 끊이질 않았다. 하지만 새 법령이 시행된 지 10년 가량이 지나자 산에는 도적이 없어지고 백성들의 살림이 풍족해졌다. 길거리에 떨어진 물건이 있어도 사람들이 주워가지 않았다(道不拾遺).

● 《사기(史記)》〈상군열전(商君列傳)〉外,
《삼국지(三國志)》〈오서(吳書) 주유노숙여몽전(周瑜魯肅呂蒙傳)〉

탄환지지 彈丸之地

매우 작은 땅 -〈연의〉 인용

탄환(彈丸)이란 말은 총이라는 무기가 발명되기 수천 년 전부터 사용되었다. 탄(彈)과 환(丸)은 모두 구형으로 던지는 원거리 무기를 가리키는 말이었다. 여기서는 매우 작은 물건을 의미한다고 보면 되겠다.

219년 가을 무렵, 위군과 오군에 연이어 패한 관우는 쫓기는 신세가 되어 맥성(麥城)에 고립되고 말았다. 맥성은 작은 성이라 오래 머물 수가 없었다. 맥성의 서북쪽 방면은 산간 지역으로 골짜기에 상용(上庸)이라는 고을이 있었다. 이에 관우는 상용에 구원 요청을 하였다. 관우로서는 다른 방도가 없었다. 이 당시 상용에는 맹달(孟達)과 유비의 양아들 유봉(劉封)이 머물고 있었다.

앞서 한중에서 유비가 조조와 맞붙고 있던 219년 5월 무렵 유비는 의도(宜都)태수 맹달에게 명하여 상용 일대를 점령하도록 한 바 있다. 의도군은 익주와 형주 남부를 잇는 지역에 위치하는데, 이곳의 병력으로 익주와 형주 북쪽마저 연결하고자 하였던 것이다. 이때 유비가 원군으로 보낸 장수가 유봉이었다. 때문에 관우가 맥성에 고립될 당시에는 상용에 맹달과 유봉이 함께 머물고 있었다. 그런데 연이은 관우의 구원 요청에도 맹달과 유봉은 원군을 보내지 않았다.

《연의》에서 이 대목을 살펴보겠다. 유봉이 맹달에게 "숙부께서 곤경에 처하셨는데 이를 어찌하면 좋겠소?"라 물었다. 이에 맹달이 "동오의 병사들은 용맹합니다. 형주의 모든 군현들이 복속하였고, 맥성만이 남아 있으니 이는 탄환지지입니다(止有麥城 乃彈丸之地). 이 산성의 병력으로 어찌 위와 오 양국의 강병들을 대적하겠습니까? 함부로 군사를 움직여서는 안 됩니다."라며 원군 요청을 거절하였다. 그리고 얼마 지나지 않아 관우는 생포되었고, 마침내 219년 12월 무렵 손권이 관우를 처형하게 된다.

✚ BC 260년, 장평에서 진(秦)나라가 조(趙)나라를 대파하였다. 기록상 전국시대 최다 전사자를 낸 참혹한 전투였다. 이어 진나라는 조나라의 수도인 한단(邯鄲)까지 포위하였다가 물러갔다. 이에 BC 259년 1월 무렵, 조효성왕(趙孝成王)이 진나라에 입조하고 6개의 현을 할양하고 강화하는 방안이 제시되었다.

이때 조나라의 상경(上卿)인 우경(虞卿)이 조효성왕에게 "대왕께서 보시기에 진나라가 철군한 것은 지쳐서 그런 것 같습니까, 아니면 여력이 있는데도 대왕을 아끼어 그만둔 것 같습니까?"라 물었다. 이에 조효성왕이 "진나라는 온힘을 기울였소. 분명 지쳐서 돌아갔을 것이오."라고 대답하였다. 그러자 우경이 말하길 "진나라는 자신들의 힘으로 취할 수 없는 곳을 치다가 지쳐 돌아간 것입니다. 그런데도 대왕께선 6개 현을 내주려 하십니다. 이는 진나라를 도와 조나라를 공격하는 일입니다."라고 하였다.

얼마 후 조효성왕이 우경의 말을 진나라에서 파견된 조학(趙郝)에게 전했다. 그러자 조학이 말하길 "진나라의 힘이 실제 어디까지 미칠 수 있는지 우경이 어찌 제대로 알 수 있겠습니까. 진나라가 더 이상 여력이 없는 것을 확신하신다면 조그마한 땅조차 내주실 수 없겠지요(此彈丸之地弗予). 허나 만일 진나라가 내년에 다시 공격해온다면 대왕께선 어떤 땅도 내주지 않고 강화하실 수 있겠습니까?"라고 하였다. 이에 조효성왕이 "그대의 말대로 땅을 떼어줄 경우 내년에 진나라가 다시 공격해오지 않게 만들 수 있겠는가?"라 물었다. 그러자 "이는 감히 제가 책임질 수 있는 사안이 아닙니다."라고 하였다.*

---

* 《전국책(戰國策)》〈조책(趙策)〉에서는 이 말을 한 사람이 누완(樓緩)으로 기록되어 있다.

● 《사기(史記)》〈평원군우경열전(平原君虞卿列傳)〉,
《삼국지(三國志)》〈촉서(蜀書) 유팽요이유위양전(劉彭廖李劉魏楊傳)〉, 《삼국지연의》 76회

3

조조의 최후와 조비의 즉위

조조의 뒤를 이어 태자인 조비가 위(魏)의 왕위에 오르게 된다. 과연 왕으로서 조비는 장차 어떤 행보를 보이게 될 것인가.

선견지명 先見之明

미리 앞을 내다보는 지혜　　　　　　　　　　　　　　　　　　　　－《정사》 유래

어떤 일이 일어나기 전에 미리 예측하고 대비하는 능력과 지혜를 일컫는 표현이다. 하지만 그 숨겨진 사연을 듣고 나면 매우 슬픈 고사성어임을 알게 될 것이다.

후한의 구신 중에 양표(楊彪)라는 인물이 있었다. 양표는 동탁이 집권하던 시절에는 3공의 지위에 있었고, 이각과 곽사의 난리 중에는 헌제를 보좌하며 낙양까지 함께 하기도 하였다. 그러던 196년에 헌제가 허현으로 도읍한 이후에는 질병을 이유로 사직하였다. 이후 199년에 복직하였다가 205년 무렵 면직되었다. 그야말로 기울어지는 후한의 마지막 상황을 온몸으로 겪은 신하였다고 하겠다.

219년의 어느 날 조조와 양표가 오랜만에 다시 만났다. 조조가 세상을 떠나기 불과 몇 달 전이었다. 그런데 조조가 보니 양표의 얼굴이 몹시 야위어 있었다. 이에 조조가 걱정스러운 듯이 "공이 어찌하여 이리도 수척해지셨소?"라고 물었다. 아마도 조조는 미처 기억하지 못하고 있었을

것이다. 얼마 전 계륵(鷄肋) 사건으로 처형된 양수(楊脩)가 바로 양표의 아들이었다.

이에 양표가 조조에게 "부끄럽게도 김일제(金日磾)처럼 멀리 앞을 내다보는 지혜는 없지만, 어미 소가 송아지를 핥아주는 사랑은 아직까지 남아 있습니다(愧無日磾先見之明 猶懷老牛舐犢之愛)"라고 대답하였다. 그러자 이를 들은 조조가 낯빛을 바꾸었다.

참고로 '어미 소가 송아지를 핥는다'는 노우지독(老牛舐犢)도 여기서 유래한 것으로 볼 수 있을 것이다. 자식에 대한 부모의 지극한 사랑을 표현할 때 널리 쓰는 말이다.

✚ 김일제(金日磾)에 관한 이야기는 《한서(漢書)》〈곽광김일제전(霍光金日磾傳)〉에 자세히 기술되어 있다. 김일제는 본래 흉노족으로 휴도왕(休屠王)의 태자였다. 그리고 그 이웃한 지역에는 혼야왕(昆邪王)이 있었다. 그러던 BC 121년 표기장군 곽거병(霍去病)이 이 일대를 연이어 공격해 큰 타격을 입혔다. 이에 흉노족의 선우(單于)가 책임을 물어 이들을 주살하려 했다. 그러자 휴도왕과 혼야왕은 함께 한나라에 투항하기로 했다. 얼마 후 휴도왕이 후회하며 망설이자 혼야왕이 휴도왕을 죽여버렸다. 그러고는 무리들을 이끌고 한나라에 투항하였다. 이에 한나라에서는 혼야왕을 치하하며 열후에 봉하였다.

반면 김일제의 가족들은 관노가 된다. 아버지인 휴도왕이 투항을 머뭇거리다 죽임을 당했기 때문이다. 이 당시 14세였던 김일제가 맡은 일은 말을 돌보는 것이었다. 헌데 이후 김일제가 돌본 말들이 다 살찌고 건강했다. 뿐만 아니라 김일제도 자라면서 그 풍모가 뛰어났고 품행도 남달랐다. 그리하여 김일제는 한무제의 눈에 띄게 되고 점차 신임을 얻게 된다. 더불어 김일제의 어린 아들들도 한무제의 귀여움을 받게 된다.

그런데 그 아들들이 자라면서 조금씩 위험한 장난을 치는 일이 잦아졌다. 어느새 제법 큰 맏아들이 전(殿) 아래에서 궁인들을 희롱하였다. 이를 지켜보던 김일제는 마침내 자신의 손으로 맏아들을 베어버린다. 얼마 후 이를 들은 한무제가 김일제에게 화를 냈다. 이에 김일제가 머리를 조아리며 앞뒤 상황을 말하니 한무제가 그를 위해 함께 울어주었다.

●《후한서(後漢書)》〈양진열전(楊震列傳)〉

칠보성시 七步成詩

일곱 걸음에 시를 짓다

-《정사》유래

언제든 그 자리에서 시(詩)를 지을 수 있다는 말로, 글재주가 매우 뛰어남을 가리키는 표현이다.

220년 1월에 조조가 병사하였다. 그 뒤를 이어 태자 조비(曹丕)가 위왕(魏王)으로 즉위하였다. 이후 조비가 동생 조식(曹植)을 불렀다. 조식은 한때 자신과 태자 자리를 놓고 경합을 벌였던 경쟁자였다. 이때 조비는 조식에게 '일곱 걸음 안에 시를 지으라'고 명하였다(文帝嘗令東阿王 七步中作詩). 그러면서 '만약 짓지 못하면 극형에 처하겠다'며 엄포를 놓았다. 그러자 조식이 명이 떨어지자마자 시를 지었다. 이에 조식의 시를 들은 조비의 얼굴에 부끄러운 기색이 역력하였다.

煮豆持作羹 漉菽以爲汁

콩을 삶아 국을 끓이고 콩을 걸러 즙을 만드는데

萁在釜下然 豆在釜中泣

콩깍지는 솥 아래서 타고 콩은 솥 안에서 우는구나

本自同根生 相煎何太急

본래 같은 뿌리에서 났거늘 서로 볶는 것이 어찌 그리 급한가 참고로 이 장면은 《세설신어(世說新語)》에 수록되어 있는 내용이다. 《세설신어》는 후한에서 동진 말까지 실존했던 인물들의 독특한 언행과 일화를 모아놓은 이야기 모음집이다. 《연의》의 저자도 분명 이를 토대로 해당 장면을 서술하지 않았을까 추정해본다.

● 《세설신어(世說新語)》〈문학(文學)〉

참사기의 斬蛇起義

칼로 뱀을 베고 거병하다   -《연의》 인용

한고조 유방(劉邦)을 언급할 때면 의례히 등장하는 문구이다. 유방이 아직
세상에 알려지기 전의 소탈한 모습을 엿볼 수 있다.

220년 10월, 하루는 헌제가 여러 중신들을 불러 모았다. 그러고는 한고
조 유방의 묘당에 나아가 아뢴 후 옥새와 인끈(綬)을 내놓으며 위왕 조
비에게 제위를 선양한다는 조서를 내렸다. 그리고 며칠 뒤 마련된 제단
에 조비가 오른 뒤 천제(天帝)에 대한 예를 올렸다. 이로써 공식적으로 한
(漢)이 망하고 위(魏)가 세워졌다. 정사에서는 매우 건조하게 기록하고 있
는데 《연의》의 이 대목을 한번 살펴보겠다.

어느 날 화흠(華歆)을 비롯한 위(魏)의 신료들이 모여 회의를 하였다.
여기서 의견을 모은 후 헌제에게로 몰려갔다. 그러고는 위왕에게 제위
를 물려줄 것을 강권하였다. 이에 헌제가 크게 놀라 울면서 이렇게 말하
였다.

"고조께서는 검을 들고 뱀을 벤 후 거병하시었소(斬蛇起義). 이후 진
(秦)을 평정하고 초(楚)를 멸한 후 나라를 세운 것이 오늘까지 이어져 4백
년이 되었소. 짐이 비록 재주는 없으나 큰 과오가 없는데 어찌 선조들의
대업을 쉽게 버릴 수 있겠소. 다시 의논해 보시오." 하지만 이미 마음먹
은 신료들은 물러서지 않았다. 헌제로서도 중신들의 계속된 위협에 더

는 어찌 할 도리가 없었다.

✚ 유방이 현(縣)의 말단 정장(亭長)이던 BC 209년의 일이다. 이때 유방은 현의 명에 따라 노역에 동원된 죄수들을 인솔해 여산(驪山)으로 향하고 있었다. 그런데 가는 도중에 상당수 죄수들이 탈주했다. 유방이 보기에 이대로라면 여산에 도착할 때쯤엔 죄수가 한 명도 남지 않을 것 같았다. 이에 유방은 행렬을 멈춘 후 술을 마셨다. 그야말로 될 대로 되란 식이었다. 그날 밤 죄수들을 풀어주며 말하길 "모두 떠나라. 나도 달아나겠다."라고 하였다. 그런데 정작 떠나라 하니 10여 명 가량의 죄수들이 유방을 따르겠다고 하였다.

이후 이들과 함께 늪지의 좁은 길을 가는데 앞길을 살피던 자가 "앞에 큰 뱀이 길을 막고 있어 돌아서 가는 게 좋을 것 같습니다."라고 하였다. 그러자 술에 취한 유방이 "장사가 길을 가는데 무엇이 두렵겠는가?"라고 말하고는 칼을 뽑아 뱀을 베어버렸다(拔劍擊斬蛇). 그러고는 길을 계속 갔는데 얼마 가지 않아 취기가 올라 길바닥에 누워버렸다. 이렇게 술김에 베었던 뱀이 그렇게나 긴 세월 동안 수많은 사람들의 입에 회자될지 누가 알았으랴!

● 《사기(史記)》〈고조본기(高祖本紀)〉,
《삼국지(三國志)》〈위서(魏書) 문제기(文帝紀)〉, 《삼국지연의》 80회

좌불안석 坐不安席

앉아 있어도 불안하다 　　　　　　　　　　　　　　　　　　-《정사》 인용

불안하고 초조한 상황에 처해 있음을 표현할 때 자주 등장하는 문구이다. 와불안석(臥不安席), 침불안석(寢不安席) 등 유사한 표현도 《사기》 등에서 흔하게 볼 수 있다.

220년 10월, 위왕 조비가 헌제로부터 제위를 선양받았다. 그런데 이 소식이 촉(蜀)에는 '헌제가 시해 당했다'라고 와전되었다. 그리하여 이듬해인 221년 4월, 유비가 한(漢)의 명맥을 잇는다는 명목으로 황제를 칭하게 된다. 아울러 우장군(右將軍)이던 장비를 거기장군(車騎將軍)으로 승진시키고 작위도 올려주었다. 이때 유비가 책서를 내리며 이렇게 말하였다.

"짐이 제위를 이어 선제(先帝: 헌제)의 대업을 계승하여 포악한 무리들을 제거하고, 혼란을 평정해야 하나 아직 이루지 못하였다. 지금 적도들이 해악을 저지르고 있어 백성들이 고통을 당하며 한실의 부흥을 고대하고 있도다. 이에 짐은 앉아 있어도 불안하고 음식을 먹어도 단맛을 모르게 되었다(坐不安席 食不甘味)."

● 미상(未詳) / 《삼국지(三國志)》〈촉서(蜀書) 관장마황조전(關張馬黃趙傳)〉

위문제 조비

왕위를 물려받은 지 수 개월 만에 제위에까지 오르게 된 조비. 과연 위문제(魏文帝) 조비는 황제로서 어떤 모습을 보여줄 것인가.

즐풍목우 櫛風沐雨

바람으로 머리 빗고 빗물로 목욕하다 　　　　　　　　　　　　－《정사》 인용

야외에서 비바람을 맞으며 고생함을 일컫는 표현이다. 아울러 객지에서 오랜 세월 고생하는 것을 표현할 때도 사용되는 성어이다.

헌제로부터 제위를 선양을 받은 후, 조비는 낙양에 궁궐을 짓고 수시로 사냥을 즐기곤 했다. 이에 시중(侍中) 포훈(鮑勛)이 "지금은 군사와 농사 그리고 백성들에게 혜택 베푸는 일을 우선으로 해야 합니다."라며 간하였다. 아울러 사냥도 자제할 것을 권하는 상소를 올렸다. 하지만 조비는 이를 듣지 않고 사냥을 나갔다. 잠시 쉬는 도중에 조비가 신하들에게 "사냥을 즐기는 게 풍악을 즐기는 것과 비교해 어떠하오?"라고 물었다. 그러자 유엽이 대답하길 "사냥이 풍악보다 낫습니다."라고 하였다.

　그러자 포훈이 따지듯이 말했다. "풍악은 위로는 신명(神明)과 통하고 아래로는 사람의 도리에 부합하여 백성들을 교화할 수 있습니다. 또한 백성들의 풍속을 바꾸는 데에 예악보다 나은 것이 없습니다. 그러나 사냥은 수레가 들판을 가로질러 다니며 만물의 자라는 것을 상하게 하

고 바람과 비를 맞아야 하니 언제 쉴 틈이 있겠습니까(櫛風沐雨 不以時隙哉)?" 아울러 유엽을 간신인 양 비판하기도 하였다. 이에 조비가 노하면서 사냥을 중단하고 환궁하였다. 그러고는 포훈을 전직시켜버렸다.

✚《장자》에서 묵자(墨子)의 말을 인용하여 말하는 부분이다. 하(夏)나라의 시조인 우(禹)에 대한 이야기이다.

"우임금이 홍수를 막고 물길을 터 사방을 연결하였다. 그 시절 천하에는 하천과 지류가 수없이 많았다. 이에 우임금이 친히 연장을 들고 물길을 트니 장딴지에는 살이 빠졌고 정강이에는 털이 없어졌다. 그렇게 빗물로 목욕하고 거센 바람으로 머리를 빗질하며 천하를 안정시켰던 것이다(沐甚雨 櫛疾風 置萬國)."

●《장자(莊子)》〈잡편(雜篇) 천하(天下)〉,
《삼국지(三國志)》〈위서(魏書) 최모서하형포사마전(崔毛徐何邢鮑司馬傳)〉

십중팔구 十中八九

열 중에서 여덟 아홉

-《정사》 인용

매우 높은 빈도나 확률을 일컬을 때 흔히 사용하는 표현이다

위(魏)의 말단 관리 중에 주선(周宣)이란 자가 있었다. 주선은 해몽을 잘 하기로 매우 유명하였는데, 그 풀이가 십중팔구 들어맞았기에 세인들은 관상 잘 보기로 유명한 주건평과 비교하곤 했다(十中八九 世以比建平之相矣).

하루는 조비가 주선을 불러 이렇게 물었다. "꿈에 전각 지붕의 기와 두 장이 떨어져서는 한 쌍의 원앙으로 변하였다. 이는 무슨 꿈인고?" 그러자 주선이 "후궁 중에 누군가 갑작스레 죽을 것입니다."라고 하였다. 이에 조비가 "내가 일부러 지어낸 말이다."라고 하니 주선이 "꿈이란 생각입니다. 그 생각을 말한 것이기에 길흉을 점칠 수 있는 것입니다."라고 하였다. 그 말이 채 끝나기도 전에 궁인이 서로 죽였다는 보고가 올라왔다.

얼마 뒤인 221년 8월 어느 날 조비가 다시 주선을 불렀다. 그리고 말하기를 "내가 어제 푸른 기운이 땅에서 나와 하늘로 올라가는 꿈을 꾸었구나."라고 하였다. 이를 들은 주선이 대답하길 "나라에 귀한 여인이 원한을 품고서 죽을 것입니다."라고 하였다. 이를 들은 조비가 갑자기 무엇인가를 크게 후회하였다. 도대체 무슨 일이 있었던 것일까?

● 미상(未詳) / 《삼국지(三國志)》〈위서(魏書) 방기전(方技傳)〉

유방백세 流芳百世

아름다운 이름이 후세에 전해지다

-《정사》유래

여기서 芳(꽃다울 방)은 '향기나는 풀, 좋은 향기'의 의미이다. 이름이 널리 알려지는 것을 좋은 향이 퍼지는 것에 빗댄 표현이다. 대비되는 표현으로는 '더러운 이름을 후세에 남긴다'는 뜻의 유취만년(遺臭萬年)이 있다.

220년에 황제로 즉위한 조비는 이 당시 곽(郭)씨를 포함한 여러 명의 후궁들을 총애하고 있었다. 후궁 곽씨의 부친은 곽영(郭永)이라는 관리였다. 그런데 그는 자신의 어린 딸을 몹시 귀여워하여 딸에게 여왕(女王)이라는 자(字)를 붙여주었다. 하지만 곽씨가 장성하기도 진에 부친인 곽영과 모친이 모두 사망하고 말았다. 그리하여 곽씨는 유랑 끝에 동궁(東宮)의 비녀로 들어가게 되었다. 거기서 조비의 눈에 들었던 것이다. 게다가 곽씨는 상당히 영리하여 조비가 태자가 되는 데도 제법 기여를 하였다.

그런데 당시 견(甄)황후가 이를 몹시 원망하고 있었다. 견황후는 204년 8월 업성(鄴城)이 함락될 때 조비가 취했던 여인이다. 아울러 조비의 맏아들 조예의 생모이기도 하였다. 하지만 221년 6월 급기야 조비가 견황후에게 사약을 내리고야 만다. 처음 만난 지 17년만이었다.

222년 조비는 곽씨를 황후로 삼으려 하였다. 이때 중랑(中郞) 잔잠(棧潛)이 상소를 올려 간하길 "옛날 제왕들이 천하를 다스리는 데는 조정 대신들의 보필뿐 아니라 후비의 내조도 있었습니다. 그에 따라 흥망성쇠도 달라지곤 했습니다. 과거 서릉(西陵)의 여인은 황제(黃帝)와 혼인하였고, 여영(女英)과 아황(娥皇)은 순(舜)임금과 혼인하였습니다. 이들은 모두 현명하여 세상에 아름다운 이름을 남겼습니다(並以賢明 流芳世上). (중략) 지금도 후궁에서 총애를 받는 희첩(姬妾)의 대우가 황후와 다를 바 없습니다. 주군의 총애를 받는다 하여 황후의 지위에까지 오른다면 천인이 갑자기 귀인이 되는데, 훗날 아랫사람이 윗사람을 능멸하게 되는 일이 널리 퍼질까 두렵습니다."라고 하였다. 하지만 조비는 이를 받아들이지 않고 결국 곽씨를 황후로 삼았다.

✚ 유방백세(流芳百世) 혹은 유방후세(流芳後世)라는 말의 유래에 대해서는 명확한 설명을 찾기가 어렵다. 간혹 《진서(晉書)》 등이 거론되기도 하지만 《삼국지》보다 앞선 시대의 저작물이 언급되는 경우는 아직 본 가가 없다. 따라서 《삼국지》가 '유방백세'라는 표현의 유래라고 조심스레 주장해본다.

●《삼국지(三國志)》〈위서(魏書) 후비전(后妃傳)〉

위호부익 爲虎傅翼

호랑이에게 날개를 달아주다   -《정사》 인용

강한 적의 세력을 더욱 강하게 만들어준다는 의미이다. 아울러 위호첨익(爲
虎添翼), 여호첨익(與虎添翼), 여호첨익(如虎添翼) 등 약간씩 다른 형태로도 접할
수 있다.

221년 8월, 손권이 조비에게 사자를 보내며 신하를 칭하였다. 아울러 그
간 생포해 있던 우금도 돌려보냈다. 번성에서 관우에게 항복했던 우금은
관우가 처형된 후에도 줄곧 오(吳)에 감금되어 있었던 것이다. 이때 조비
가 유엽에게 손견의 항복에 대한 의견을 물었다.

이에 유엽이 말하길 "이번에 손권이 고개를 숙이는 것은 나라에 큰
일이 생겼기 때문입니다. 지금 유비가 관우의 일로 손권에게 크게 분노
하고 있으니 곧 오를 칠 것이 분명합니다. 손권은 이것이 불안한데 여기
에 우리마저 그들을 정벌할까 두려운 나머지 고개를 숙이는 것입니다.
지금 오와 촉이 서로 다투고 있으니 이는 하늘이 그들을 망하게 하려는
것입니다. 청컨대 대군을 일으켜 장강을 건너 그들을 정벌하십시오."라
고 하였다.

하지만 조비는 손권의 항복을 받아들였다. 그리고는 손권을 오왕(吳
王)에 봉하려 하였다. 이에 유엽은 "아니 됩니다. 비록 손권이 영웅의 자
질이 있다고 하나 지금의 작위는 남창후(南昌侯)일 뿐입니다. 지금 부득이

하게 그의 항복을 받아들이더라도 왕으로 봉해선 안 됩니다. 그가 왕에 봉해진다면 천자와 한 단계 밖에 차이 나지 않게 됩니다. 곧 복식과 의전도 천자와 비슷해질 것입니다. 지금 우리가 그의 거짓항복을 믿고서 그 작위와 칭호를 높여준다면 이는 그야말로 호랑이에게 날개를 달아주는 꼴입니다(是爲虎傅翼也)."라고 하였다.

하지만 조비는 끝내 유엽의 말을 듣지 않고 손권을 오왕으로 봉하였다. 만약 이때 조비가 유엽의 의견을 따랐다면 이후 역사가 어떻게 바뀌었을까?

> ✚《한비자》에 이런 말이 있다. "무릇 권세라는 것을 현명한 자가 사용하면 천하가 다스려지고 불초한 자가 사용하면 어지러워진다. (중략) 대체로 권세는 다스리는 데도 편리한 것이지만 어지럽게 하기도 쉬운 것이다. 그렇기에《일주서(逸周書)》*에 이르길 '호랑이에게 날개를 달아주어서는 안 되니 호랑이가 날개를 달게 되면 장차 고을로 날아들어 사람을 잡아먹게 될 것이다.'라고 하였다. 불초한 자에게 권세를 주는 것은 곧 호랑이에게 날개를 달아주는 것과 같다(是為虎傅翼也)."
>
> * 원문에는《주서(周書)》라 되어 있다.《서경(書經)》에〈주서(周書)〉라는 편명이 있어 통상《일주서(逸周書)》라 불러 구별한다. 일실(逸失)된 부분이 많다는 의미라고 한다.

●《한비자(韓非子)》〈난세(難勢)〉,
《삼국지(三國志)》〈위서(魏書) 정곽동유장유전(程郭董劉蔣劉傳)〉(배송지주 부자(傅子) 인용)

5

오(吳)의 위기

촉(蜀)과 위(魏) 양국을 모두 적으로 상대하게 된 오(吳). 외교적으로 고립된 위기 상황, 손권의 리더십이 어느 때보다 중요한 시기이다.

거재두량 車載斗量

수레에 싣고 말(斗)로 재다 　　　　　　　　　　　　　　　　　　　　　－《정사》 유래

수가 워낙 많아 일일이 셀 수도 없음을 빗대어 표현하는 말이다.

221년 4월, 유비가 촉(蜀)의 황제로 등극하였다. 그리고 7월 무렵에는 오(吳)를 상대로 대대적인 공격을 선언하였다. 명분은 관우의 죽음에 대한 복수였다. 그러자 조운을 비롯한 많은 신하들이 유비를 만류하였고, 손권도 여러 차례 국서를 보내 화친을 시도하였다. 하지만 소용없었다.

마침내 221년 말에서 222년 1월 무렵 촉의 대군이 오의 서쪽을 공격하였다. 이른바 이릉대전(夷陵大戰)으로 불리는 촉과 오 사이의 대규모 전투가 이렇게 시작된 것이다. 이때 유비는 한편으로 무릉군 일대의 이민족들도 회유하면서 진군하였다. 이에 인근 군현들이 연이어 촉에 항복하였다.

그러자 손권은 조자(趙咨)라는 인물을 위(魏)에 사자로 파견하였다. 조자가 도착하자 조비가 대뜸 이렇게 물었다. "오왕은 어떤 군주인가?" 그러자 조자는 "총명하고 인자하며 지혜롭고 큰 지략을 가진 군주입니다."

라고 대답하였다. 이에 조비가 자세히 캐물으니 조자가 거침없이 대답을
이어갔다.

그러자 조비가 끝으로 "오에는 대부와 같은 자가 얼마나 되는가?"라
고 물었다. 이에 조자가 "총명함이 뛰어난 인물은 80, 90명 정도이고 신
과 같은 자들은 수레에 싣고 말(斗)로 잴 정도이니 일일이 셀 수도 없습니
다(車載斗量 不可勝數)."라고 대답하였다.

＋ 참고로 《연의》에서는 거재두량(車載斗量)이란 말이 이 대목 외에도 또 등장한
다. 바로 장송(張松)이 조조의 진영에 들러 양수(楊修)와 대화를 나누는 장면이다.

장송이 양수에게 말하길 "익주에는 저와 같은 인물이 셀 수 없이 많습니다(車
載斗量)"고 하였다. 독자들에게는 이 장면이 훨씬 더 기억에 많이 남아 있을 것이
다. 때문에 '거재두량'이란 말이 《연의》의 이 대화에서 연원했다는 주장도 종종
보게 된다. 하지만 정사에서는 장송과 양수가 만나는 장면을 찾을 수 없다.

● 《삼국지(三國志)》〈오서(吳書) 오주전(吳主傳)〉(배송지주 오서(吳書) 인용)

고침안면 高枕安眠

베개를 높이 베고 편안하게 잠들다   −《정사》 인용

일상적으로 사용하는 '두 다리 쭉 뻗고 잠들다'와 같은 의미로 편안한 상황
을 표현하는 말이다. 과거에는 고침(高枕)만으로 '편안하게 잠들다'의 의미로
통용되었다. 안면(安眠)이 덧붙은 것은 상당히 후대로 보인다.

유비가 오(吳)를 상대로 대대적인 공세를 취하자 손권은 육손(陸遜)을 대
도독에 임명하고 부절을 하사하였다. 이때 육손의 나이 40세.《연의》에
서는 육손을 나이 어린 백면서생인양 표현하고 있지만 적벽대전 당시
주유의 나이가 34세였던 점을 감안하면 그리 어린 나이는 아닌 듯하다.
그런데 이렇게 유비의 대군에 맞서 중책을 부여받은 육손은 지키기만
할 뿐 도무지 나아가 싸우려 하지 않았다. 출진하여 공격하자는 부장들
의 요구가 그치지 않았지만 육손은 촉군이 흐트러지기만을 기다릴 뿐
이었다.

그러던 중 육손이 손권에게 상소를 올렸다. "신이 비록 재주는 없지만
주군의 위엄을 받들어 조만간 적을 격파할 것입니다. 그간 유비가 행군
해온 바를 살펴보면 실패가 많고 성취한 바는 적습니다. 이를 보면 걱정
할 것이 없습니다. 신은 애초에 유비가 육로와 수로로 나란히 진군할 걸
로 예상하였는데, 저들은 배를 버려두고 육로로 이동하며 곳곳에 군영
을 설치하였습니다. 그 배치를 살펴 보건대 이변은 없을 것입니다. 엎드

려 바라오니 지존께서는 베개를 높이 베고 괘의치 마십시오(伏願至尊高枕不以爲念也)."

＋ 간혹 《사기》〈장의열전(張儀列傳)〉이 고침안면(高枕安眠)의 유래라는 주장을 볼 수 있다. 하지만 이는 '고침(高枕)'의 수많은 용례 중 하나로 보는 편이 합당할 것이다. 《사기》만 살펴보더라도 고침(高枕)이란 표현이 여러 차례 등장하기 때문이다.

BC 317년 무렵, 장의(張儀)가 위나라로 가 유세를 하는 장면이다. 장의는 합종책(合從策)에 대항하는 연횡책(連衡策)을 편 유세가로 유명한 인물이다. "제후들이 합종을 꾀하는 이유는 그것으로 사직(社稷)을 편안하게 하고 군주를 높이고 군대를 튼튼히 해 이름을 드러내려는 것입니다. 이에 합종하는 자들이 굳게 맹세하였습니다. 그러나 같은 부모 소생의 형제들도 재물로 인해 다투기도 합니다. 거짓말을 하고 자신의 말을 수시로 번복하는 소진(蘇秦)의 계책을 믿는다면 성공할 수 없다는 것 역시 명백합니다. (중략) 대왕을 위한 계책으로는 진(秦)나라를 섬기는 것이 가장 낫습니다. 그리 하면 초(楚)나라와 한(韓)나라는 감히 움직이지 못할 것입니다. 이 두 나라에 대한 근심이 없다면 대왕은 베개를 높이 하고 편히 주무실 수 있습니다(高枕而臥). 또한 나라에는 아무런 근심이 없을 것입니다." 이에 위나라가 합종의 맹약을 배반하고 진나라에 화친을 청하게 된다.*

* BC 317년 당시 위나라의 왕은 《사기》에 의하면 위애왕(魏哀王)이고 《자치통감》에 의하면 위양왕(魏襄王)이다.

● 미상(未詳) / 《전국책(戰國策)》〈위책(魏策)〉, 《삼국지(三國志)》〈오서(吳書) 육손전(陸遜傳)〉

토붕와해 土崩瓦解

흙더미가 무너지고 기와장이 부서지다 　　　　　　　　　　　　 －《정사》 인용

본래 별개의 표현인 토붕(土崩)과 와해(瓦解)가 합해진 성어이다. 전투에서 어느 한쪽의 전열이 붕괴되면서 대패하는 상황을 간단명료하게 표현하고자 할 때 흔히 사용된다.

221년 말, 촉의 황제 유비가 공격하며 시작된 전투는 어느새 무더운 여름까지 지루하게 이어지고 있었다. 아울러 지난 수개월간 오의 도독 육손은 기회가 오기만을 기다리고 있었다. 어느 여름날 육손이 드디어 움직이기 시작했다. 육손은 모든 군사들에게 마른 풀 한 묶음씩을 갖고 이동하게 명하였다. 그리고 일거에 화공(火攻)을 퍼부어 유비의 40여 군영을 완파하였다. 이어 육손이 군사들을 독려하여 사방에서 유비를 압박하자 촉군은 그야말로 흙더미가 무너지고 기와장이 흩어지듯 하였다(遜督促諸軍四面蹙之 土崩瓦解).

이에 유비는 밤을 틈타 도주하며 여러 기물들을 소각하여 오군의 추격을 겨우겨우 막았다. 그렇게 어렵게 당도한 곳이 바로 어복(魚復)현이었다. 후에 어복현은 영안(永安)현으로 개명하는데, 이곳이 바로 유비가 숨을 거둔 장소로 유명한 백제성(白帝城)이다.

당시 조운은 후방인 강주(江州)에 주둔하고 있었다. 애초에 유비의 출병을 거듭 만류하였기에 전투에 참전하지 못했던 것이다. 이후 유비의 대

군이 무너졌다는 소식을 듣고 조운은 급히 영안으로 원군을 거느리고 이동하였다. 유비로서는 그제야 한숨을 돌리게 된다.

✚ 토붕(土崩)과 와해(瓦解)가 각각 사용된 예는 매우 오래 전부터 찾아볼 수 있다. 하지만 두 성어가 합해진 형태의 토붕와해(土崩瓦解)는 《사기》〈진시황본기〉에서 확인할 수 있다. 참고로 이 부분은 사마천이 아닌 후한의 반고(班固)가 덧붙인 것이다. 진(秦)이 붕괴되어가는 상황을 설명하는 대목이다.

"강물은 일단 터지면 막을 수 없고 물고기는 썩으면 다시 온전하게 할 수 없다. (중략) 진의 쇠퇴가 너무나도 심각했기에 천하는 토붕와해 되었다(天下土崩瓦解). 비록 주공 단(旦)의 재주가 있을지라도 더는 어찌 해볼 도리가 없었다."

●《사기(史記)》〈진시황본기(秦始皇本紀)〉, 《삼국지(三國志)》〈오서(吳書) 육손전(陸遜傳)〉

승부재장 勝負在將

승부는 장수의 능력에 달려 있다　　　　　　　　　　　-《정사》 인용

보통 전력이 열세인 쪽에서, 병력의 많고 적음보다 중요한 것은 최고 지휘관의 능력임을 강조할 때 사용하는 표현이다.

222년 여름, 유비가 이끄는 촉군이 육손에게 대파된 직후의 일이다. 9월이 되자 이번에는 위의 황제 조비(曹丕)가 오에 대한 대대적인 공격을 명령하였다. 이에 위군은 강릉(江陵), 동구(洞口), 유수(濡須) 이렇게 세 방면으로 동시에 진격하기 시작했다. 이제 막 유비를 물리친 손권으로서는 숨 돌릴 겨를조차 없었다.

이때 유수 일대는 주환(朱桓)이라는 장수가 방어하고 있었다. 그런데 위의 장수 조인이 수만의 병력을 거느리고 진군하여 성을 포위해버렸다. 이때 주환의 휘하 군사는 5천 명에 불과했고 장수들은 허둥대며 두려움에 떨고 있었다. 그러자 주환이 부하들에게 이렇게 말했다.

"본래 양측 군사들이 대치할 때 그 승부는 장수의 능력에 있지 병력의 많고 적음에 있지 않다(勝負在將 不在眾寡). 제군들이 보기에 조인의 용병이 나와 비교해서 어떠한가? 지금 조인의 지혜나 용기가 뛰어난 것도 아니고 사졸들은 겁을 먹었으며, 거기다 천 리를 걸어왔기에 사람과 말이 모두 지쳐 있다. 우리는 높고 견고한 성안에 있고 편히 쉬면서 적이 지치기를 기다리고 있다. 이는 주인이 손님을 제압하는 모양새이고 백전백

승의 형세이다." 그리고 이후 벌어진 수개월간의 전투에서 결국 주환이
조인을 물리쳤다.

✚ 《손자병법》에서 흔히 사용하는 표현들을 활용한 것은 분명하지만 딱히 어느
구절을 정확히 인용한 것도 아니다. 〈군쟁편〉〈허실편〉 등을 넘나들어 인용하면
서 자신의 의도를 강하게 전달하고 있다.

　《손자병법》〈허실편〉에는 "월(越)나라의 병력이 비록 많다 하지만 어찌 승패가
병력의 수만으로 결정되겠는가(越人之兵雖多 亦奚益於勝敗哉)"라는 말이 있다. 당시
손무가 몸담고 있던 오(吳)나라의 입장에서 월나라가 주된 적국이었기에 이렇게
표현한 것이다.

●《손자병법(孫子兵法)》,《삼국지(三國志)》〈오서(吳書) 주치주연여범주환전(朱治朱然呂範朱桓傳)〉

유비의 최후

이릉에서 대패한 이후 성도로 돌아가지 못하고 생을 마감하는 유비의 마지막 모습이 그려진다. 아울러 어린 유선과 그를 보좌하는 제갈량의 시대가 펼쳐지려 한다.

언과기실 言過其實

말이 실제보다 지나치다 　　　　　　　　　　　　　　　　　－《정사》인용

말에 비해 실행이 그만큼 따르지 못함을 일컫는 성어이다. 현재는 '실천이 뒤따르지 않는 이론가'나 '자신을 과장하여 꾸미는 허풍쟁이'를 가리킬 때 주로 사용된다.

222년 초에서 여름까지 이어졌던 이릉대전에는 마량(馬良)도 참전하였다. 앞서 '하얀 눈썹(白眉)'이라고 소개했던 바로 그 인물이다. 개전 초기 마량은 무릉군 일대의 이민족들을 회유하는 데 성공하며 촉군에 큰 기여를 하였다. 하지만 안타깝게도 난전 중에 전사하고 말았다. 이때 마량의 나이 36세. 마량은 제갈량과의 친분도 깊어 평소 '존형(尊兄)'이라 부르며 따르던 사이였다.

　마속(馬謖)은 마량의 세 살 터울 동생이다. 어려서부터 재능과 기량이 뛰어났는데 특히 군사 전략에 대해 논의하기를 즐겼다. 제갈량도 그 능력을 인정하며 매우 특별하게 여기곤 했다. 마량을 동생처럼 여겼으니

마속 또한 그러했을 것이다. 하지만 유비는 이를 탐탁지 않게 여겼다.

그러던 223년 봄, 임종을 앞둔 어느 날 유비가 제갈량에게 이렇게 당부했다. "마속은 실제보다 말이 지나치니 크게 써선 아니 되오(馬謖言過其實 不可大用). 승상은 이를 잘 살피기 바라오!" 하지만 제갈량의 생각은 전혀 달랐던 것 같다. 이후에도 제갈량은 곧잘 마속을 불러 함께 밤이 깊도록 담론을 나누곤 하였다.

+ 언과기실(言過其實)의 의미에 가장 부합하는 표현은 《논어》에서 찾아볼 수 있다. 〈헌문(憲問)〉편에 "군자는 말이 그 행동을 넘는 것을 부끄럽게 여겨야 한다(君子恥其言而過其行)."는 문구가 있다. 자신이 실행에 옮기기 어려운 것을 함부로 말해선 안 된다는 가르침이라 하겠다.

그런데 간혹 《관자(管子)》가 언과기실(言過其實)이란 표현의 유래라는 주장을 접할 수 있다. 〈심술(心術)〉편에 얼핏 비슷해 보이는 말이 있기 때문이다. "사물은 고유의 형태가 있고 형태는 고유한 이름이 있다. 이 말은 이름이 그 실제를 벗어나지 못하고 실제가 그 이름을 벗어날 수 없음을 가리키는 것이다(物固有形 形固有名. 此言名不得過實 實不得延名)." 어떠한가? 판단은 독자들에게 맡기겠다.

●《논어(論語)》〈헌문(憲問)〉, 《삼국지(三國志)》〈촉서(蜀書) 동유마진동여전(董劉馬陳董呂傳)〉

고굉지력 股肱之力

다리와 팔의 힘 　　　　　　　　　　　　　　　　　　　　　　　 -《정사》 인용

임금의 유지를 받드는 신하의 충절을 간곡하게 표현하는 말이다.

223년 봄, 유비가 점점 위독해졌다. 이에 유비가 제갈량을 불러 "승상의 재능은 조비보다 열 배는 더 뛰어날 것이오. 그러니 틀림없이 나라를 안정시키고 통일의 대업을 달성할 것이요. 그리고 내 아들이 보필할 만하면 보필하고, 만약 보필할 만한 재목이 아니거든 승상이 그 자리를 대신해도 괜찮소."라고 당부하였다.

이에 제갈량이 눈물을 흘리면서 "신은 감히 고굉지력을 다하고 충정 (忠貞)의 지조를 바치며, 죽음으로써 이를 이어갈 것입니다(臣敢竭股肱之力 效忠貞之節 繼之以死)."라고 답하였다. 한편으로 유비는 태자 유선에게 "너는 승상을 좇아 국사를 처리할 것이며 승상을 부친처럼 섬기도록 하여라."라고 조칙을 내렸다.

그런데 여기서 이런 표현을 사용한 제갈량의 마음을 조금이라도 더 이해하려면《춘추좌전》의 한 장면을 살펴봐야 할 것 같다.

✚ BC 651년 9월에 진헌공(晉獻公)이 사망하였다. 진헌공은 앞서 '두문불출(杜門不出)'에서 등장한 바 있다. 아울러 춘추오패 중 한 사람인 진문공(晉文公)의 부친이기도 하다. 진헌공이 사망할 당시 태자 해제(奚齊)의 나이는 15세였다. 즉 17세에 촉의 황제로 즉위한 유선보다도 어렸던 것이다.

병세가 점차 위독해지던 진헌공이 순식(荀息)이라는 신하를 불렀다. 그러고는 이렇게 물었다. "이 어리고 약한 고아를 그대에게 맡기나니 그대는 어찌 하려는가?" 이에 순식이 머리를 조아리며 대답하길 "신은 고굉지력(股肱之力)을 다하고 충정(忠貞)을 바칠 것입니다. 성공한다면 이는 주군의 영령 덕분이고 성공하지 못하면 죽음으로 이을 것입니다." 이에 진헌공이 묻길 "무엇을 충(忠)이라 하고 무엇을 정(貞)이라 하는가?"라고 하였다. 순식이 대답하길 "나라의 이득을 알면 행하지 않음이 없는 것이 충(忠)입니다. 가신 분을 보내드리고 계시는 분을 섬기는 데에 두 가지 모두 의심이 없음이 정(貞)입니다."라고 하였다.

참고로 비슷한 형태의 고굉지신(股肱之臣)도 함께 살펴보자. 고굉(股肱)이란 股(넓적다리 고), 肱(팔뚝 굉)으로 각각 다리와 팔을 가리킨다. 즉 고굉지신(股肱之臣)이란 '팔 다리와 같은 신하'를 뜻한다. 임금을 머리와 몸통에, 신하를 팔과 다리에 비유한 것으로 《서경(書經)》〈우하서(虞夏書)〉에 등장하는 표현이다. 순(舜)임금이 신하인 우(禹)에게 말하기를 "신하는 짐의 다리요 팔이요 귀요 눈이로다(臣作朕股肱耳目). 짐은 백성들을 돕고자 하니 그대가 잘 보좌해주시오"라고 말한다. 결국 고굉지력(股肱之力)이란 스스로를 고굉지신(股肱之臣)에 빗댐과 더불어 자신의 온 힘을 다하겠다는 표현이라 하겠다.

●《춘추좌전(春秋左傳)》〈희공(僖公)9년〉, 《삼국지(三國志)》〈촉서(蜀書) 제갈량전(諸葛亮傳)〉

해로동혈 偕老同穴

함께 늙고 같은 무덤에 묻히다 　　　　　　　　　　　　　　　-〈정사〉인용

함께 늙는다는 뜻인 해로(偕老)와 죽어서 같은 자리에 묻힌다는 뜻인 동혈(同穴)을 더한 표현이다. 금슬 좋은 부부를 표현할 때 흔히 사용한다.

유비가 숨을 거두기 한참 전인 194년, 유비는 예주자사에 임명되어 소패(小沛)에 머물고 있었다. 당시 나이 34세였던 유비는 한 여인을 첩으로 맞아들였는데 그녀가 바로 감(甘)부인이었다. 유비는 여러 차례 장가를 갔지만 정실부인을 매번 잃어버렸다. 때문에 이후로 감부인이 실제 집안일을 주관하며 정부인 역할을 하였다. 그러다 유비가 유표에 의탁하여 형주에 머물던 시절인 207년에 유선을 낳았다. 이때 유비의 나이 47세. 감부인과 혼인한 지 13년 만에야 비로소 첫 아기를 얻은 것이다.

　그리고 이듬해인 208년, 조조의 대군이 형주에 침입하여 장판파에서 유비를 공격하였다. 이때 유비는 감부인 그리고 유선과 헤어졌다. 다행히 조운이 이들 모자를 잘 호위하여 모두 무사히 생존하였다. 하지만 이후 감부인은 유비와 해로(偕老)하지 못하고 먼저 세상을 떠났다. 익주에 함께 가지 못한 채 형주의 남군(南郡)에 묻히고 만 것이다. 시기는 대략 209, 210년 무렵으로 짐작할 수 있다.

　이후 유비가 황제를 칭한 이듬해인 222년, 감부인에게 황사부인(皇思夫人)의 시호가 내려지고 장지도 익주로 옮기기로 결정하였다. 하지만 운

구가 성도에 도착하기도 전에 유비가 사망하고 말았다. 그러자 제갈량이 유선에게 상주하길 "《시경》에서도 '살아서는 다른 방에 머물지만 죽어서는 같은 자리에 함께 묻힌다(穀則異室 死則同穴)'고 하였습니다. 그러니 두 운구를 합장함이 마땅한 줄 아룁니다."라고 하였다. 이에 유선이 합장을 윤허하였다.

✚ 해로(偕老)와 동혈(同穴)은 모두 《시경》에 등장하는 말들이지만 각각 별개로 사용되고 있다. 해로(偕老)라는 표현이 사용되는 〈맹(氓)〉은 '나이 들면서 옛날과 너무 달라져버린 남편을 원망하는 여인의 노래'이다. "그대와 같이 늙어가자고 하더니 나이가 들수록 더욱 원망하게 하는가(及爾偕老 老使我怨)"라는 대목이 참 절절하다.

동혈(同穴)이란 표현이 유래한 〈대거(大車)〉 역시 한 남자를 원망하는 여인의 노래이다. 과거 사랑했던 남자가 이제는 출세하여 자신과 신분이 달라져버린 상황을 노래한 것이다. 이에 그 여인은 '죽어서라도 한 무덤에 묻히겠노라'라고 노래한 것이다. 합장(合葬)과 관련된 논의를 할 때면 의례히 인용되는 시이다.

● 《시경(詩經)》〈위풍(衛風) 맹(氓)〉, 〈왕풍(王風) 대거(大車)〉,
《삼국지(三國志)》〈촉서(蜀書) 이주비자전(二主妃子傳)〉

7장

제갈량의 분투

1

제갈량의 남방 평정

유비가 떠난 이후 흔들리는 촉의 내부를 안정시키려는 제갈량의 노력이 펼쳐진다.

공심위상 攻心爲上

마음을 공략하는 것이 최상의 전략이다   −《정사》 인용

병력을 움직여 상대방을 힘으로 제압하는 것보다 마음으로 굴복시키는 것이 가장 좋은 전략임을 일컫는 성어이다.

유비가 사망한 이후 익주 곳곳에서 반란이 일어났다. 특히 남중(南中), 즉 익주의 남부 지역에서 다수의 반란이 일어났다. 그러던 225년 봄, 마침내 제갈량이 직접 남중으로 출병하기로 결정하였다. 이때 마속이 수십 리나 따라 오며 제갈량을 전송하였다. 이에 제갈량이 다시금 마속에게 좋은 계책이 있는지 물었다. 그러자 마속이 이렇게 대답하였다.

"남중은 길이 멀고 험하여 일대의 백성들이 그것을 믿고 복종하지 않은 지 오래되었습니다. 때문에 오늘 그들을 격파한다 하더라도 내일이면 다시 반기를 들 것입니다. 지금 승상께서 그야말로 나라의 온힘을 기울여 북쪽의 강적을 상대하고 계십니다. 그리하여 저들은 촉의 내부가 텅 빌 것으로 알고 있기에 반역하는 것 또한 재빠른 것입니다. 만약 저 무리들을 모조리 처단하여 후환을 없애고자 한다면 이는 어진 자의 마음가

318

짐이 아닐 뿐더러 창졸간에 그리 할 수도 없습니다. 그렇기에 용병을 함에 있어 마음을 공략하는 것을 상책으로 삼고 성을 공략하는 것을 하책으로 삼습니다(攻心爲上 攻城爲下). 또한 심리를 이용해 싸우는 것을 상책으로 삼고 병사를 움직여 싸우는 것을 하책으로 삼습니다. 원컨대 승상께서는 저들의 마음을 복종시키기 바랍니다."

➕ 이와 매우 유사의 의미의 전략을 《손자병법》에서 찾을 수 있다. 〈모공(謀攻)〉편에 이르길 "용병에 있어서 적국을 온전히 굴복시키는 것이 최상책이며 깨부수며 굴복시키는 것은 차선책이다. (중략) 그러므로 백번 싸워 백번 이기는 것은 최선이 아니다. 싸우지 않고서 굴복시키는 것이 최선인 것이다(不戰而屈人之兵 善之善者也).

아울러 《전국책》에는 '명분을 세우려 하는 자는 그 마음을 공략하고 실질을 구하는 자는 그 형체를 공략한다(爲名者攻其心 爲實者攻其形).'라는 말도 있다. 요컨대 여러 고전들을 함축하여 마속 자신의 표현으로 만들었다고 볼 수 있겠다.

● 《손자병법(孫子兵法)》〈모공(謀攻)〉, 《전국책(戰國策)》〈한책(韓策)〉,
《삼국지(三國志)》〈촉서(蜀書) 동유마진동여전(董劉馬陳董呂傳)〉(배송지주 양양기(襄陽記) 인용)

칠종칠금 七縱七擒

일곱 번 사로잡고 일곱 번 풀어주다 　　　　　　　　　　　　　　-《정사》 유래

전투에서 상대방을 마음대로 생포했다 풀어주었다 한다는 의미이다. 눈앞의 승리만이 목적이 아닌 그 이후의 상황까지 염두에 두고 펼치는 전략이다.

남중을 평정하기 위해 제갈량이 출병하였다. 당시 일대에서 일어난 반란의 주동자들은 고정(高定), 주포(朱褒), 옹개(雍闓)였다. 하지만 제갈량은 이들과 별도로 맹획(孟獲)이라는 한 인물을 주목하고 있었다. 맹획이 그 일대에서 나름 영향력 있는 인물이란 것을 알게 되었던 것이다. 이에 명을 내려 맹획을 반드시 생포하게 하였다. 그리고 첫 번째 교전에서 맹획을 사로잡는 데 성공했다.

이후 제갈량은 맹획에게 촉군의 군영을 구석구석 구경시켜주고는 "우리 군이 어떠한가?"라고 물었다. 그러자 맹획이 "지난번에는 당신들의 허실을 잘 몰라 패했지만, 이번에 샅샅이 살펴보니 이 정도라면 다음엔 우리가 쉽게 이길 것이다."라고 답하였다. 그러자 제갈량이 웃으며 맹획을 풀어주었다. 그리고 얼마 지나지 않아 다시 맞붙어 싸웠다. 그러기를 무려 일곱 번. 일곱 번을 싸워 일곱 번을 사로잡았다(七縱七擒). 그렇게 사로잡은 후 또 맹획을 풀어주니 맹획이 말하길 "공께서는 진정 하늘만큼 대단하십니다. 이제 남인(南人)들은 다시 반기를 들지 않을 것입니다."라고 말하였다.

여기서 눈여겨 볼 점은 당시 남중에서 일어난 반란의 핵심 주동자는 맹획이 아니었다는 사실이다. 월수(越嶲), 장가(牂牁), 영창(永昌) 그리고 익주(益州)군 등지에서 일어난 반란은 앞서 말했듯 고정, 주포, 옹개가 주된 인물들이었다. 맹획과의 전투는 남방 평정 과정 중 극히 일부분만을 차지한다고 할 수 있다. 그러니까 제갈량은 이들을 당장 진압하는 게 어려운 게 아니라, 어떻게 하면 이후에도 안정된 상태를 유지할 수 있느냐가 고민이었던 것이다. 그러기 위해선 자신의 말을 잘 들으면서 현지에서도 영향력 있는 인물이 반드시 필요했고 그렇게 낙점한 인물이 바로 맹획이었다. 때문에 맹획을 잡았다 풀어주었다 하면서 심복하게 만들었던 것이다.

●《삼국지(三國志)》〈촉서(蜀書) 제갈량전(諸葛亮傳)〉(배송지주 한진춘추(漢晉春秋) 인용)

경거망동 輕擧妄動

경솔하고 망령되게 함부로 행동하다 —〈정사〉 인용

경솔하게 행동한다는 경거(輕擧)와 함부로 망령되게 움직인다는 망동(妄動).
이렇게 별개로 사용되던 두 단어가 합해진 성어이다.

제갈량이 철군하고 시간이 제법 흐른 뒤의 이야기이다. 이후 월수(越嶲)
군에서는 태수가 연이어 두 명이나 피살되는 등 크고 작은 분란이 계속
해서 일어났다. 이에 촉의 조정에서는 고심 끝에 장억(張嶷)이란 인물을
월수군에 파견하였다.

월수군에 부임한 장억은 사납고 억센 착마(捉馬)족을 토벌하여 우두
머리를 생포하였다. 그러고는 그를 풀어주어 남은 부족들을 회유하게 하
였다. 이렇게 장억은 앞서 제갈량이 썼던 방식과 유사한 방법으로 일대
를 조금씩 안정시켜 나갔다. 그리고 몇 년 후 장억은 소금과 철 등이 생
산되는 정작(定筰)현을 공략하였다. 그런데 일대 이민족의 우두머리는
장억에 복속하지 않은 채 원한을 품고 있었다. 이에 장억이 그를 잡아 처
형하였다. 그러고는 그 시신을 부족에게 돌려보내며 "함부로 망동하지
말라. 망동하면 처형할 것이다(無得妄動 動卽殄矣)."라고 선언하였다. 이에
남은 부족들이 머리에 밧줄을 걸고 찾아와 사죄하였다. 그러자 장억은
이들에게 잔치를 열어주는 등 여러 가지 은덕을 베풀었다. 그리고 이후
부터 일대에서 생산되는 소금과 철도 활용할 수 있게 되었다.

✛《한비자》에 이런 말이 있다. "현명한 군주는 자신의 분노를 드러내지 않는다. 군주가 분노를 드러내게 되면 신하가 자신의 죄를 두려워하게 된다. 자칫 경솔하게 계략을 꾸미게 되어 결국 군주가 위태로워지는 것이다(輕擧以行計 則人主危)."

한편《전국책》에는 BC 311년, 장의(張儀)가 연소왕(燕昭王)을 만나는 장면에서 등장한다. "무릇 조(趙)나라의 왕이 탐욕스러운 인물인 것은 대왕도 익히 알고 계실 것입니다. 그런데 어찌 조왕과 가까이 할 수 있겠습니까? (중략) 지금 조나라는 진(秦)나라의 일개 군현과 마찬가지라 함부로 군사를 일으킬 수 없습니다. 지금 대왕이 진나라를 섬기면 진나라는 크게 기뻐할 것입니다. 그리 되면 조나라는 감히 함부로 움직일 수 없을 것입니다(趙不敢妄動矣)."

말하자면 경거(輕擧)의 유래는《한비자》, 망동(妄動)의 유래는《전국책》이라고 할 수 있겠다. 하나로 합해져서 사용된 시기는 상당히 후대로 추정된다.

●《한비자(韓非子)》〈난사(難四)〉,《전국책(戰國策)》〈연책(燕策)〉,
《삼국지(三國志)》〈촉서(蜀書) 황이여마왕장전(黃李呂馬王張傳)〉

2

제갈량의 기산 출병

수년간에 걸친 준비와 기다림 끝에 제갈량이 비로소 북으로 향한다. 과연
제갈량은 한실 중흥이라는 꿈을 이룰 수 있을 것인가.

존망지추 存亡之秋

존망이 걸린 매우 중요한 시기　　　　　　　　　　　　　-《정사》 인용

생사의 갈림길과 유사한 의미이다. 죽느냐 사느냐가 결정되는 매우 중대한
시점임을 강조한 표현이다.

227년 겨울, 드디어 제갈량이 북쪽을 향한 대규모 공격을 개시하였다.
유비가 사망한지도 벌써 4년이 지났다. 촉(蜀)의 국정을 짊어진 제갈량이
남방에서 일어난 반란도 잠재우고, 인재도 확보하고 내정도 충실히 다지
면서 착실히 준비해온 출병이었다. 이때 제갈량은 유선에게 〈출사표(出
師表)〉를 올렸다.

"선제(先帝)께서 창업하셨지만 대업을 절반도 이루지 못한 채 붕어하
셨습니다. 천하는 셋으로 나뉘어 있고 익주도 피폐하니, 지금이야 말로
나라의 존망이 걸린 중요한 시기입니다(此誠危急 存亡之秋也)."

여기서 추(秋)는 기(機)와 유사한 의미로, 위기감을 좀 더 강조하는 표
현이라고 볼 수 있다. 이와 유사한 용례를 찾는 일은 그리 어렵지 않다.
앞서 소개한 바 있는 진림의 격문 중에도 "충신들이 간뇌도지할 시기(忠

臣肝腦塗地之秋)"라는 표현이 등장한다.

✚《한비자》에 등장하는 일화를 소개해보겠다. 초영왕(楚靈王)이 신(申)나라에서 제후들과 회맹을 가졌다. 참고로 초영왕의 재위기간은 BC 541년에서 529년이었다. 그런데 이때 초영왕이 매우 거만하고 무례하게 행동하였다. 이에 한 신료가 "제후들과 모인 자리에서 무례해서는 아니 됩니다. 나라의 존망이 걸린 중요한 시기입니다(此存亡之機也)."라고 간하였다.

사실 여기서 기(機)를 적절하게 번역하기가 쉽지 않다. 흥성할 수 있는 '기회'이면서 패망할 수도 있는 '위기'를 뜻한다고 할 수 있다. 즉 지금 죽느냐 사느냐의 중요한 갈림길, 바로 그 지점에 서 있다는 의미이다.

● 《한비자(韓非子)》〈십과(十過)〉, 《삼국지(三國志)》〈촉서(蜀書) 제갈량전(諸葛亮傳)〉

조수불급 措手不及

손도 제대로 움직이지 못하다   -《연의》 인용

일이 워낙 급해 어떻게 손 댈 겨를도 없는 상황을 나타내는 표현이다. 위급한 상황에 닥쳐 침착하게 대처하지 못하는 사람의 모습을 형용하고 있다.

227년 12월 무렵의 일이다. 당시 제갈량의 출병에 맞춰 공동 작전을 펴려 했던 인물이 있었으니, 바로 맹달(孟達)이었다. 맹달은 219년 관우의 구원 요청을 외면하였다가 이후 위(魏)에 투항한 바 있다. 이후로 맹달은 상용 일대를 책임지며 나름의 권세를 누려 왔다. 하지만 그동안 맹달을 신임해왔던 문제 조비가 병사한 후로는 입지가 매우 불안해진 상태였다. 이에 제갈량이 대규모로 출병한다는 소식을 듣고는 제갈량에게 서신을 보내 투항 의사를 밝혔던 것이다.

그런데 맹달이 제대로 준비를 갖추기도 전에 비밀이 누설되어버렸다. 이에 사마의가 급하게 움직이기 시작했다. 하지만 정작 당사자인 맹달은 느긋했다. 사마의가 군사를 움직이려면 조정의 재가를 받아야 할 것이고 그러려면 최소한 한 달가량 소요될 것이라 여겼기 때문이다. 하지만 사마의는 그런 절차를 모두 무시한 채 곧바로 상용으로 들이닥쳤다. 이에 순식간에 들이닥친 사마의를 보고 깜짝 놀란 맹달이 제갈량에게 서신을 보냈다. "제가 군사를 일으킨 지 단 8일 만에 사마의의 부대가 당도하였습니다. 어찌 이리 빠를 수가 있단 말입니까!" 그리고 얼마 지나지

않아 맹달은 사마의에게 잡혀 처형되고 말았다.

《연의》에서 이 대목을 잠시 살펴보겠다. 제갈량이 기산의 영채에 머물러 있을 때 상용에 있던 세작이 급히 보고를 올렸다. "사마의가 평소보다 약 두 배의 속도로 행군하여 단 8일 만에 상용에 이르렀습니다. 이에 맹달은 급하여 손도 제대로 움직이지 못하였습니다(孟達措手不及). 여기에 성 안에서 신탐과 신의 등이 내응하였기에 결국 맹달은 목숨을 잃고 말았습니다." 이를 들은 제갈량이 크게 놀랐다.

＋ 어느 날 공자의 제자인 자로(子路)가 공자에게 정치에 관해 물었다. 이에 공자가 '명분을 바르게 한다'는 의미인 정명(正名)에 관해 이야기해주었다.

"명분이 똑바로 서지 않으면 말이 제대로 되지 않고, 말이 제대로 되지 않으면 성사되는 일이 없느니라. 일이 성사되지 않으면 예악(禮樂)이 흥하지 못하고, 예악이 흥하지 않으면 형벌이 공정하게 시행되지 못한다. 형벌이 공정하게 시행되지 않으면 백성들은 손과 발을 둘 데가 없게 되느니라(刑罰不中 則民無所措手足)."

●《논어(論語)》〈자로(子路)〉,《진서(晉書)》〈선제기(宣帝紀)〉,《삼국지연의》 95회

수미상응 首尾相應

머리와 꼬리가 서로 응하다 -〈정사〉 인용

뜻이 맞아 일이 잘 되어감을 표현하는 성어이다. 수미상련(首尾相連), 수미상접(首尾相接) 등 다양한 형태로 접할 수 있다.

228년 1월, 기산으로 출병하는 제갈량에게는 맹달 외에 비장의 카드가 하나 더 있었다. 그것은 바로 선비족 가비능(軻比能)이었다. 꽤 오래전부터 제갈량은 멀리 북편에 위치하고 있는 선비족을 끌어들여 위(魏)를 남과 북으로 협공하려고 하였다.

그런데 당시 위에서 제갈량과 가비능의 관계를 눈치 챈 자는 안문(雁門)태수 견초(牽招) 밖에 없었다. 견초는 병주(幷州) 북쪽 안문군에 머물면서 '가비능이 제갈량과 교류할 수 있으니 이를 방비하여야 한다'는 표문을 올렸다. 하지만 제갈량과 가비능의 거리가 너무 멀다며 견초의 의견을 제대로 믿어주는 이가 없었다. 마침내 제갈량이 기산으로 출병할 때, 사자를 보내 가비능과 연락을 취하였다. 이에 가비능도 출병하니 제갈량과 서로 머리와 꼬리처럼 연결되었다(比能至故北地石城 與相首尾).

✚《손자병법》에 이런 말이 있다. "용병에 능한 자는 마치 솔연(率然)처럼 부대를 움직인다. 솔연이란 상산(常山)에 있는 뱀을 말한다. 솔연의 머리를 공격하면 꼬리가 달려들고 꼬리를 공격하면 머리가 달려든다. 몸통을 공격하면 머리와 꼬리가 한꺼번에 달려든다(擊其首 則尾至 擊其尾 則首至 擊其中 則首尾俱至)."

즉 부대가 유기적으로 일사분란하게 한 몸처럼 운영되는 모습을, 마치 뱀의 머리와 꼬리가 서로 어울려 움직이는 것에 빗댄 것이다. 참고로 시(詩)에서 첫 연과 끝 연의 문구를 반복하는 기법을 수미쌍관(首尾雙關)이라 부른다.

● 《손자병법(孫子兵法)》〈구지(九地)〉, 《삼국지(三國志)》〈위서(魏書) 만전견곽전(滿田牽郭傳)〉

구상유취 口尙乳臭

입에서 젖비린내가 난다   -《연의》 인용

상대를 갓난아기 취급하며 얕잡아볼 때 흔히 사용하는 표현이다.

228년 1월 무렵, 제갈량이 사곡도(斜谷道)를 거쳐 미현(郿縣)을 향해 진군하였다. 미현은 동탁이 살아있을 때 미오(郿塢)를 축조했던 바로 그 고을이다. 이때 조운과 등지(鄧芝)가 본대보다 앞서 기곡(箕谷)을 점거하였다. 《연의》의 이 대목에서는 하후무(夏侯楙)라는 장수가 등장한다. 하후무는 하후돈의 아들로 조조의 사위이기도 하다. 정사에서는 활약이 거의 없건만 《연의》에서는 곱게 자란 도령으로 조운과 맞서는 제법 큰 역할을 맡았다.

기세등등하게 출전한 하후무이지만 조운과의 첫 교전에서 대패하고 물러났다. 이에 하후무가 장수들에게 "그간 조자룡의 이름만 듣고 직접 보지 못했는데 과연 노영웅이더이다. 이를 대적할 사람이 없으니 어찌하면 좋겠소?"라고 의견을 구하였다. 이에 정욱(程昱)의 아들 정무(程武)가 말하길 "조운은 담은 크나 꾀가 없는 자입니다. 내일 도독께서 다시 군사를 이끌고 나가시되 좌우편에 복병을 매복해 둔 후 거짓 패하는 체하면서 조운을 유인하십시오. 그러한 후 조운을 포위한다면 사로잡을 수 있을 것입니다."라고 하였다. 하후무가 이 계책을 따르기로 하였다.

다음날 하후무가 군사를 거느리고 출진하였다. 이에 조운과 등지가

맞섰다. 이때 등지가 조운에게 "어제 위군이 대패하여 물러났는데 오늘 다시 출진한 것을 보니 반드시 계략이 있는 듯합니다. 장군께서는 미리 염두에 두시는 편이 좋을 듯합니다."라고 하였다. 그러자 조운이 대답하 길 "저런 젖먹이 어린 것들이 무엇이 두렵겠는가(量此乳臭小兒 何足道哉)!" 라며 말을 달려 나갔다. '조운과 등지가 기곡을 점거했다'는 정사의 짧은 기록에 이렇게 살을 붙였던 것이다.

✚ BC 205년 3월, 한고조 유방이 황하를 건너 진군하자 위왕(魏王) 표(豹)가 병사 들을 이끌고 항복했다. 그리고 5월 유방은 형양(滎陽)에 머물고 있었다. 이때 위왕 표가 모친의 병을 살핀다며 귀향을 청하니 유방이 이를 허락하였다. 그런데 위왕 표는 황하를 건너 위나라에 이르자마자 나루를 끊고 유방을 배신했다.

이에 8월 유방이 역이기(酈食其)를 보내 위왕 표를 설득하게 하였다. 하지만 위 왕 표는 역이기의 말을 듣지 않았다. 그러자 유방이 한신(韓信), 조참(曹參), 관영(灌 嬰)을 보내 위나라를 치게 하였다. 이때 유방이 역이기에게 "위군의 대장이 누구 인가?" 하고 물으니 "백직(柏直)입니다."라고 대답하였다. 이에 유방이 "그는 아직 입에서 젖비린내가 나는 자이니 한신을 당해내지 못할 것이다(是口尚乳臭 不能當韓 信)."라고 하였다.

● 《한서(漢書)》〈고제기(高帝紀)〉,
《삼국지(三國志)》〈촉서(蜀書) 제갈량전(諸葛亮傳)〉, 《삼국지연의》 92회

읍참마속 泣斬馬謖

울면서 마속을 베다 　　　　　　　　　　　　　　　　　　　　　-《정사》 유래

큰 원칙을 지키기 위해 개인적으로 아끼던 사람을 내칠 수밖에 없는 안타까
운 상황을 일컫는 표현이다.

제갈량이 대군을 동원하여 기산으로 진격하자 남안(南安), 천수(天水), 안
정(安定) 3개 군이 제갈량에게 투항하였다. 당시 촉군의 기세는 하늘을
찌를 듯했다. 이에 위(魏)의 황제인 조예(曹叡)가 장안까지 행차하며 장합
을 원군으로 보냈다. 그러자 제갈량은 평소 아끼던 마속을 요충지인 가
정(街亭)으로 보내 맞서게 하였다. 이때 촉의 진영에는 위연(魏延)과 오의
(吳懿) 등의 장수가 있었다. 게다가 대다수가 이 둘 중에서 선봉을 골라
야 한다고 의견을 냈건만 제갈량은 굳이 마속에게 중임을 맡겼다.

　그런데 가정에 도착한 마속이 물가가 아닌 산 위에 진을 치려고 하였
다. 이에 부장들이 우려의 목소리를 냈다. 특히 왕평(王平)이 연이어 간하
였으나 마속은 끝내 자신의 고집을 꺾지 않았다. 이에 장합이 촉군의 물
길부터 차단한 후 공격을 퍼부었다. 결국 마속의 부대는 대패하고 말았
다. 그나마 왕평이 침착하게 잘 대처하여 전멸은 면할 수 있었다.

　이후 수세에 몰린 제갈량은 한중으로 철군할 수밖에 없었다. 그리고
패전의 책임으로 마속을 하옥한 후 처형하며 눈물을 흘렸다(謖下獄物故
亮爲之流涕). 이때 마속의 나이 39세였다. 아울러 제갈량은 부하들에게

자신의 판단 착오를 사과하고 관등을 스스로 강등시켰다.

사실 눈물을 흘리며 아끼는 부하의 목을 베는 장면은 이 외에도 드물지 않게 등장한다. 사사로운 정으로는 용서해주고 싶지만 원칙을 지키기 위한 불가피한 처벌. 이것이 바로 눈물을 흘리며 처형을 결정하는 지휘관들의 아픔일 것이다.

●《삼국지(三國志)》〈촉서(蜀書) 동유마진동여전(董劉馬陳董呂傳)〉

위(魏)와 오(吳)의 다툼

기산을 배경으로 촉(蜀)과 위(魏)가 싸움을 벌이는 동안 오(吳)와 위(魏) 사이에 펼쳐졌던 대규모 전투를 살펴보려고 한다.

호사수구 狐死首丘

여우가 죽을 때 제가 살던 언덕으로 머리를 향하다   -《정사》 인용

고향을 그리워하는 마음을 나타내는 표현이다. 일반적으로 수구초심(首丘初心)이란 형태가 더 친숙하다.

228년 1월, 제갈량의 공세를 물리친 위(魏)의 조예는, 5월에는 대대적으로 오(吳)를 공격할 계획을 세웠다. 당시 위는 서쪽으로 촉(蜀), 동쪽으로 오(吳) 이렇게 두 개의 전선을 유지하고 있었다고 할 수 있다.

이때 대사마 조휴 (曹休)가 여강군의 환현(皖縣)으로 진군하였다. 이외에도 사마의가 수군을 이끌고 강릉으로 진격하는 등 여러 방면에 걸쳐 대규모로 공격을 하였다. 그런데 이보다 앞선 시기에 파양(鄱陽)태수 주방(周魴)이 조휴에게 서신을 보내 투항 의사를 밝힌 바 있었다. 조휴로서는 나름 비밀무기를 숨겨둔 기세등등한 출병이었던 것이다.

주방이 보낸 첫 번째 서신의 내용이다. "저는 어쩌다 양주(揚州)의 백성이 되었습니다. 하지만 멀리 장강에 가로막혀 저의 존경심을 드러낼 수 없어 멀리서 바라볼 뿐이니 이 또한 하늘이 만든 것입니다. 저의 정성이

미약하고 이름과 지위도 낮지만, 타는 듯한 갈증과 같은 그리움을 어느 기회에 표현할 수 있겠습니까? 여우도 죽으며 자신이 살던 언덕에 머리를 향한다고 합니다(狐死首丘). 인정도 근본에 연연하건만 저는 여러 제약으로 핍박당하여 예를 표할 수도 없습니다."

➕ 이는 《예기》에서 유래한 표현이다. "악(樂)은 사람이 생겨난 근원을 즐기는 데에서 비롯된 것이고, 예(禮)는 그 근본을 잊지 않는 데에 있다. 옛말에 여우가 죽을 때에 제가 머물던 굴이 있는 언덕으로 머리를 향하고 죽는다고 하니 짐승도 인(仁)을 분별한다고 하겠다(狐死正首丘 仁也)."

●《예기(禮記)》〈단궁(檀弓) 상(上)〉,
《삼국지(三國志)》〈오서(吳書) 하전여주종리전(賀全呂周鍾離傳)〉

전전반측 輾轉反側

잠 못 들어 몸을 뒤척이다 ―《정사》 인용

마음이 불편하여 몸을 뒤척이는 모양새를 형용하는 말로 역사가 매우 오래된 표현이다. 비슷한 표현으로 전전긍긍(戰戰兢兢)을 들 수 있지만 의미와 글자가 사뭇 다름을 알 수 있다.

이어지는 주방의 서신이다. "저는 그저 홀로 고개를 들어 서쪽을 바라보면서 자나 깨나 탄식하고 잠 못들어 뒤척일 따름입니다(未嘗不寤寐勞歎 展轉反側也). 이제 모처럼 기회를 얻어 예전부터 품어온 뜻을 말씀드리오니 이 또한 하늘이 돕지 않는다면 어찌 성사될 수 있겠습니까! 우러러 보는 마음 이기지 못하여 먼 곳에서 제 목숨을 바치려 합니다. 제가 신임하는 자들로 하여금 저의 뜻을 글로 전하게 합니다."

구구절절 간곡한 내용의 서신이지만 조휴가 처음부터 주방의 투항을 쉽게 믿었을 리 없다. 이후로도 주방은 수차례에 걸쳐 조휴에게 서신을 보냈다. 아울러 그 무렵 오의 조정 관료가 내려와 주방을 모질게 힐난하는 일도 있었다. 더구나 이로 인해 주방이 굴욕적으로 삭발까지 했다는 사실까지 알려지면서 조휴가 주방의 투항을 믿게 되었던 것이다.

✚ 상당히 다양한 문헌을 인용한 서신이다. 그 중에서도 특히 《시경》〈관저(關雎)〉를 주로 인용했음을 알 수 있다. 참고로 〈관저〉는 《논어》〈팔일(八佾)〉편에서 '즐거워하되 음탕하지 않고 슬퍼하되 상심하지 않는다(樂而不淫 哀而不傷)'라고 평한 것으로 유명한 시이다. 아울러 요조숙녀(窈窕淑女)와 같이 지금껏 쓰이는 성어도 여럿 유래하였다.

關關雎鳩 在河之洲	끼룩끼룩 물수리는 황하의 모래톱에서 우는데
窈窕淑女 君子好逑	아리따운 아가씨는 군자의 좋은 배필이로다
參差荇菜 左右流之	올망졸망 마름풀을 여기저기 헤치자니
窈窕淑女 寤寐求之	아리따운 아가씨가 자나 깨나 그립구나
求之不得 寤寐思服	구하여도 얻지 못해 자나 깨나 생각하니
悠哉悠哉 輾轉反側	그리워라 그리워라 잠 못 들어 뒤척이네
參差荇菜 左右采之	올망졸망 마름풀을 여기저기 뜯노라니
窈窕淑女 琴瑟友之	아리따운 아가씨와 함께 거문고를 타고 싶네
參差荇菜 左右芼之	올망졸망 마름풀을 여기저기 고르자니
窈窕淑女 鍾鼓樂之	아리따운 아가씨와 함께 종과 북을 울리고 싶네

●《시경(詩經)》〈주남(周南) 관저(關雎)〉,
《삼국지(三國志)》〈오서(吳書) 하전여주종리전(賀全呂周鍾離傳)〉

천재일우 千載一遇

천년에 한번 만날 좋은 기회 　　　　　　　　　　　　　　　 -《정사》 유래

여기서 載(실을 재)는 年(해 년)의 뜻을 나타낸다. 용례가 많지는 않지만 載(재)
는 '해, 연세'의 의미로도 활용된다. 물론 주된 의미는 아니다.

조휴의 공격이 임박하였을 무렵 주방은 비밀리에 손권에게 표문을 올렸
다. "신이 이번에 반적 조휴를 유인하는 계획이 혹시라도 계획대로 되지
않을까 걱정할 뿐입니다. 그러니 계곡에 살던 우두머리 중 위나라에 알
려진 자들이 북쪽과 왕래할 수 있게 허용해 주시기 바랍니다. 신이 생각
하건데 그리되면 신이 조휴를 속이는 것이 더 쉬울 것입니다. 이는 여러
해에 걸쳐 이루고자 하였던 일이온데 천재일우의 기회를 얻었습니다(逢
値千載之一遇). 저 혼자 결정을 내리고 우둔한 지혜를 짜내 서신으로 조휴
를 유인하였으니 서신은 별지와 같습니다."

이에 손권이 보고한 대로 시행하라고 하였다. 마침내 주방을 믿고 유
인에 말려든 조휴는 10만의 병력을 이끌고 환성으로 진입하였다. 그러자
기다리고 있던 육손(陸遜)과 주환(朱桓), 전종(全琮)이 세 갈래로 일제히
공격을 퍼부었다. 이에 조휴의 대군은 대패하였고 전사하거나 포로로 잡
힌 위군의 수가 수만을 헤아렸다. 조휴는 전사하지 않게 겨우 활로를 찾
아 도주하였다. 하지만 얼마 지나지 않아 여기서 얻은 부상이 악화되어 병
사하고 만다.

✚ 일반적으로 천재일우(千載一遇)는 《삼국명신서찬(三國名臣序贊)》이란 문헌에서 유래했다고 널리 알려져 있다. 《삼국명신서찬》은 삼국시대에 활약한 인물들에 관한 서적이지만, 진수의 《삼국지》보다 한참 후대인 동진(東晉)시대에 지어진 저작물이다. '천재일우'의 유래에 관한 기존의 통설에 수정이 필요해 보인다.

● 《삼국지(三國志)》〈오서(吳書) 하전여주종리전(賀全呂周鍾離傳)〉

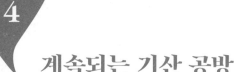

계속되는 기산 공방

눈물을 흘리며 마속의 목을 베었던 제갈량. 뼈아팠던 첫 번째 출병의 실패를 뒤로 하고 제갈량이 다시 기산으로 향한다.

동량지재 棟梁之材
한 나라를 떠받드는 큰 인물 　　　　　　　　　　　　　　　　　　－《연의》인용

동량(棟梁)이란 건물에서 가장 큰 무게가 실리는 마룻대와 들보를 가리킨다. 즉 나라의 중요한 인물을 건물의 큰 기둥에 빗댄 표현이다. 들보를 뜻하는 梁(량)과 樑(량)은 같은 글자이기 때문에 동량지재(棟樑之材)로 쓰기도 한다.

229년, 촉(蜀)의 명장 조운이 사망하였다. 228년 봄, 기산에서 활약을 끝으로 다시 전장에 서지 못한 것이다. 삼국지의 영웅 중 또 한 명이 이렇게 퇴장하였다. 참고로 《연의》에서는 조운이 228년 가을에 사망한 것으로 되어 있다. 같이 한번 살펴보자.

　기산에서 패배한 후 촉으로 돌아온 제갈량은 재출병을 위한 준비로 여념이 없었다. 그러던 가을 어느 날, 제갈량이 장수들과 함께 연회를 갖고 있었다. 그런데 갑자기 큰 바람이 일더니 뜰에 있던 소나무가 쓰러지는 게 아닌가. 이에 제갈량이 점을 친 후 말하길 "이 바람은 큰 장수 한 명을 잃을 조짐이로다!"라고 하였다.

　얼마 지나지 않아 조운의 큰아들과 둘째아들이 급히 제갈량을 보려

한다는 전갈이 왔다. 이에 불길한 예감을 느낀 제갈량이 술잔을 땅에 떨어뜨렸다. 곧이어 제갈량을 본 두 아들이 절을 하면서 큰 소리로 울었다. 그리고는 "저희 부친께서 어젯밤에 숨을 거두셨습니다."라고 말하였다. 이를 들은 제갈량이 비틀거리면서 눈물을 흘렸다. "자룡(子龍)이 떠난 것은, 나라의 동량 하나를 잃은 것이요, 나의 팔 하나가 잘린 것이다(國家損一棟樑 去吾一臂也)." 이에 주위의 모든 장수들이 눈물을 흘렸다.

✚ BC 492년, 월왕 구천(句踐)의 이야기이다. BC 494년 회계산에서 구천은 오왕 부차에게 굴욕적인 조건으로 항복한 바 있다. 이때 나온 이야기가 그 유명한 와신상담(臥薪嘗膽)이다. 그로부터 2년이 지난 BC 492년 구천은 부차의 신하가 되기 위해 오나라로 가려는 참이었다. 이에 여러 대부들을 모아놓고 나랏일을 부탁하려 했다.

　　이때 대부 예용(曳庸)이 나서서 말하길 "대부 문종(文種)은 나라의 대들보입니다(大夫文種者 國之梁棟). 또한 주군의 어금니와도 같습니다. 무릇 준마는 다른 말과 짝을 이뤄 달리지 않고 해와 달은 더불어 땅을 비출 수 없습니다. 그러니 군왕께서는 문종 한 사람에게 나랏일을 일임하십시오. 그러면 모든 일이 잘 진행될 것입니다."라며 문종을 적극 추천하였다. 이에 다른 신하들도 입을 모아 문종을 추천하였다. 이에 구천은 문종에게 국정을 일임한 채 범리(范蠡, 범려라고 읽는 자료도 흔함) 등과 함께 오나라로 떠났다.

●《오월춘추(吳越春秋)》〈구천입신외전(句踐入臣外傳)〉,《삼국지연의》97회

백발백중 百發百中

백번 쏘아 백번 모두 맞히다

-《연의》 인용

활을 잘 쏘는 사람을 표현하는 대표적인 성어이다. 현재는 활 이외에 다양한 분야에서 활용되고 있다.

228년 겨울, 제갈량이 다시 출병하였다. 이번에는 산관(散關)으로 진군하여 진창(陳倉)을 포위하였다. 이에 위(魏)에서는 조진(曹眞)이 맞섰다. 하지만 얼마 지나지 않아 제갈량은 군량이 다하여 회군할 수밖에 없었다. 이때 위의 장군 왕쌍(王雙)이 기병을 이끌고 추격하였다. 이에 양측의 교전이 펼쳐졌고 이 전투에서 왕쌍이 전사하였다.

《연의》에서 이 대목을 살펴보겠다. 제갈량의 대군이 출병했다는 소식이 위의 조정에 전해졌다. 그러자 대장군 조진이 나서며 한 장수를 자신 있게 소개하였다. "신이 작년에 농서 지역을 지키고 있을 때 죄는 크고 공은 보잘 것 없어 황공하기 이를 데 없었습니다. 이번에 제가 병력을 이끌고 출진하여 제갈량을 사로잡을 수 있게 해주십시오. 근자에 한 장수를 얻었사온데 60근의 칼을 사용합니다. 또한 천리마를 타고서 철궁과 세 개의 유성추를 사용하는데 백발백중입니다(騎千里征駃馬 開兩石鐵胎弓 暗藏三個流星鎚 百發百中). 만 명의 적을 상대할 용맹을 지닌 자로, 농서 적도 출신 왕쌍이란 장수입니다. 이 자를 선봉으로 삼으려 합니다."

이에 가까이에서 왕쌍을 살펴본 조예가 "이런 장수를 얻으니 무엇을 걱정하겠는가?"라며 기뻐하였다. 그러며 조진을 대도독으로 삼고 왕쌍을 호위장군 전부대 선봉으로 삼고 출진을 명하였다. 하지만 안타깝게도 왕쌍의 활약은 이 전투가 처음이자 마지막이었던 것이다.

✚ 간단하게 백발백중(百發百中)에 관한 이야기를 해보겠다. 《사기(史記)》에 수록되어 있는 내용이다.

옛날 초(楚)나라에 양유기(養由基)라는 명궁이 있었다. 그는 백 보 떨어진 거리에서 버들잎을 쏘아도 백 번 쏘아 백 번을 모두 맞추었다(去柳葉者百步而射之 百發而百中之). 이에 지켜보던 사람들이 모두 감탄하는데 어떤 사람이 '훌륭하다. 내가 가르칠 만하다'라고 하였다. 이를 들은 양유기가 활을 내려놓고 검을 집어 들면서 '어떻게 나에게 활쏘기를 가르칠 수 있다는 말인가?'라고 성을 냈다. 그러자 그 사람이 '왼손으로 버티고 오른손으로 시위를 당기는 활쏘기 자세를 가르칠 수 있다는 말이 아니오. 그대가 백발백중이라 한들 활을 쏜 후 쉬지 않으면 기력이 쇠해지고 결국에는 힘이 달려 활은 휘고 화살은 구부러지게 되오. 그럴 때 활을 쏘아 단 한 발이라도 빗나가게 되면 백발백중이라는 이전의 공적은 모두 쓸모없게 되오.'라고 하였다.

● 《사기(史記)》〈주본기(周本紀)〉,《전국책(戰國策)》〈서주책(西周策)〉,
《삼국지(三國志)》〈촉서(蜀書) 제갈량전(諸葛亮傳)〉,《삼국지연의》97회

복중린갑 腹中鱗甲

뱃속에 비늘갑옷이 들어 있다

—《정사》 유래

사람의 속셈을 알 수 없다는 의미이다. 무슨 꿍꿍이를 가졌는지 모른다는
말로, 누군가에 대한 부정적인 평으로 등장하는 표현이다.

231년 2월, 제갈량이 또 기산으로 출병하였다. 이에 맞서 위에서는 사마
의와 장합이 기산을 구원하기 위해 출병하였다. 이때 제갈량이 이끄는
본대는 기산을 포위하였고 왕평이 이끄는 부대는 기산 남쪽 군영을 지
켰다. 그러자 위군도 병력을 나누어 사마의가 제갈량을, 장합이 왕평을
각각 공격하였다. 이때 왕평은 장합의 공세를 막아내며 남쪽 군영을 굳
건히 지켜냈다.

하지만 6월 장마철로 접어들면서 점차 군량 공급에 어려움을 겪게 되
었고, 어쩔 수 없이 제갈량은 철군을 결정하게 되었다. 그러자 장합이 군
사들을 급히 몰아 제갈량을 추격하였다. 이에 목문(木門)이라 불리는 협
곡에서 양 군의 교전이 벌어졌는데 전투 중 날아든 화살이 장합의 오른
쪽 다리에 명중하였다. 그리고 얼마 후 이 부상이 악화되어 장합이 사망
하고 말았다.

이 당시 후방에서 군량 공급을 담당하던 책임자가 이엄(李嚴)이었다.
악천후 등으로 인해 군량 수송에 어려움이 이어지자 이엄은 제갈량에게
상황을 설명하며 회군하게 하였던 것이다. 그런데 막상 제갈량이 성도로

돌아오자 이엄은 "군량이 풍족하거늘 어찌하여 회군하신 겁니까!"라며 거짓으로 놀라는 척 하였다. 짐짓 자신이 제대로 군량을 조달하지 못한 책임을 벗어나고 오히려 제갈량이 제대로 진격하지 않았다고 책임을 떠넘기려 했던 것이다. 그러자 제갈량이 그간 자신의 손으로 일일이 써두었던 서류들을 모조리 제출하였다. 이에 이엄의 거짓말이 드러나 버렸고 이엄은 자신의 잘못을 자백하고 사죄하였다. 하지만 제갈량은 이엄을 엄하게 문책할 것을 상주하였다. 그리하여 결국 이엄은 평민으로 강등되어 재동(梓潼)군으로 유배되고 만다.

대략 2년 전 상서령 진진(陳震)이 제갈량에게 이렇게 말한 적이 있었다. "이엄의 뱃속에는 비늘갑옷이 들어 있으니 사적으로도 가까이 해선 아니 될 것입니다(正方腹中有鱗甲 鄕黨以爲不可近)." 그때 제갈량은 비늘갑옷을 '쉽게 침범할 수 없다'는 의미로 대략 받아들였다. 하지만 이엄이 엉뚱한 짓을 저지르는 것을 직접 겪고 나자 비로소 진진의 말이 옳았음을 알게 되었다.

●《삼국지(三國志)》〈촉서(蜀書) 제갈량전(諸葛亮傳) / 동유마진동여전(董劉馬陳董呂傳)〉

5 오장원에서의 대결

무려 8년간에 걸쳐 기산 일대에서 벌어졌던 싸움이 이제 막바지로 치닫는다. 오장원을 배경으로 제갈량과 사마의의 지략 대결이 펼쳐진다.

이일대로 以逸待勞

휴식을 취하며 적이 지치기를 기다리다   -《정사》인용

싸우기 전에 이길 수 있는 여건을 먼저 만들라는 병법의 정석이 담겨 있는 유명한 표현이다.

234년, 제갈량이 기산으로 출병할 무렵의 일이다. 제갈량이 사곡(斜谷)을 거쳐 오장원(五丈原)에 주둔하자 위(魏)에서는 사마의가 맞섰다. 이때 조예가 사마의에게 조서를 내렸다.

"견고한 성벽에 의지하며 적의 예봉을 꺾는다면 적은 공격해도 뜻을 이룰 수 없고 물러난다 해도 싸울 수 없을 것이다. 대치가 길어지면 곧 군량이 다하고 노략질을 해도 얻을 게 없으니 반드시 패주하게 될 것이다. 적이 물러나거든 그때 추격하라. 쉬면서 적이 지치기를 기다리는 것이 확실하게 승리를 거두는 방법이다(以逸待勞 全勝之道也)."

✚ 이일대로(以逸待勞)는 《손자병법》에 등장하는 표현이다. 조금 길지만 앞뒤 문맥을 따져서 읽으면 이해가 훨씬 깊어질 것이다. 참고로 逸(일)과 佚(일) 두 글자는 모두 '편안하다'는 의미로 통용된다.

"용병에 능한 자는 적군의 예기는 피하고, 흐트러지길 기다렸다가 공격하니 이는 '사기'를 다스리는 방법이다(善用兵者 避其銳氣 擊其惰歸 此治氣者也). 또 아군은 질서를 유지하면서 적군이 혼란해지길 기다리고, 아군은 고요한 상태를 유지하며 적군이 떠들썩해지기를 기다리니 이는 '마음'을 다스리는 방법이다(以治待亂 以靜待嘩 此治心者也). 또 아군은 되도록 짧게 행군하고 적군이 멀리 행군해오기를 기다리며, 아군은 휴식을 취하면서 적군이 지치기를 기다리며, 아군은 배불리 먹으면서 적군이 굶주리기를 기다리니 이는 '힘'을 다스리는 방법이다(以近待遠 以佚待勞 以飽待飢 此治力者也)."

요약하면 '기다리면서 최대한 아군에 유리한 여건을 만든 이후에 싸우라'는 것이다. 여기서 단 한 글자만 뽑는다면 '待(기다릴 대)'가 핵심이라 할 수 있다. 결국 유리한 흐름이 올 때까지 참고 기다릴 줄 알아야 한다고 반복해서 말하고 있다.

● 《손자병법(孫子兵法)》〈군쟁(軍爭)〉, 《삼국지(三國志)》〈위서(魏書) 명제기(明帝紀)〉

모사재인 성사재천 謀事在人 成事在天

일을 도모하는 것은 사람이요, 이루는 것은 하늘이라!　　　　　-《연의》 유래

제갈량의 마지막 기산 출병을 배경으로 《연의》에 등장하는 이야기이다. '최선을 다한 후 결과를 기다린다'는 뜻인 진인사대천명(盡人事待天命)과 의미가 통한다.

234년 여름 무렵, 제갈량과 사마의는 지루한 대치를 이어가고 있었다. 그런데 《연의》에서는 이 대목 매우 흥미로운 허구를 삽입하고 있다. 정사와는 무관한 내용이니 편안하게 즐기기 바란다.

제갈량이 이끄는 촉군과 대치하며 줄곧 지키는 전략만을 고수하던 사마의가 마침내 제갈량의 유인책에 말려들었다. 그리하여 사마의와 아들 사마사, 사마소는 함께 상방곡(上方谷)이라는 골짜기로 들어갔다. 그런데 골짜기 안에는 병사들은 보이지 않고 초방(草房) 위에 마른 섶만 잔뜩 쌓여 있었다. 이에 사마의가 두 아들에게 말했다. "혹여 적군이 산골 어귀를 끊는다면 어찌한단 말이냐?" 그 말이 채 끝나기도 전에 산 위에서 고함 소리가 진동하였다. 아울러 촉병들이 내려와 골짜기 어귀에 불을 질렀다. 또한 초방 안에서 지뢰가 폭발하면서 마른 섶에 불이 옮겨 붙었다. 한순간에 사방이 불구덩이로 변해버렸다. 그러자 사마의가 두 아들을 껴안고서 "우리 삼부자가 이곳에서 죽을 줄은 몰랐구나."라며 통곡하였다.

그런데 갑자기 광풍이 불고 천둥이 치면서 소나기가 퍼붓기 시작했다. 그러자 골짜기 안에 가득했던 불길이 삽시간에 모두 꺼져버렸다. 사마의는 기뻐하며 군사들을 이끌고 온힘을 다하여 진을 뚫고 탈출에 성공하였다. 산 위에서 이 광경을 지켜보고 있던 제갈량이 "일을 꾸미는 것은 사람이지만 이루는 것은 하늘에 달렸구나(謀事在人 成事在天). 이는 억지로 할 수 없도다!"라며 한탄하였다.

●《삼국지연의》103회

숙흥야매 夙興夜寐

새벽에 일어나고 밤늦게 잠들다 　　　　　　　　　　　　　　　　　-《정사》 인용

매우 부지런함을 나타내는 표현으로 역사가 매우 오래된 성어이다.

234년, 오장원에서 제갈량과 사마의가 대치하고 있을 때의 일이다. 제갈량이 보낸 사자가 사마의의 진중에 도착하였다. 그런데 사마의는 군사에 대해서는 일절 언급하지 않고, 제갈량이 먹고 자는 것과 업무량에 대해서만 물었다. 이에 제갈량의 사자가 대답하길 "승상께서는 새벽에 일어나 밤늦게 잠자리에 들고 곤장 20대 이상의 형벌은 전부 직접 챙기십니다(諸葛公夙興夜寐 罰二十已上 皆親覽焉)."라고 하였다.

> ✚ 당시 제갈량의 일상을 요약한 말이 바로 숙흥야매(夙興夜寐)이다. 숙흥야매(夙興夜寐)는 《시경》에 여러 차례 등장하는 표현이다. '새벽 일찍 일어나고 밤늦게 잠자리에 들다' 즉, 부지런한 생활을 표현할 때 오래 전부터 관용적으로 사용해온 말이다.
>
> 　참고로 夙(일찍 숙)은 '달(月)'과 '앉아서 일하는 사람'이 더해진 형태의 글자이다. 즉 夙(숙) 한 글자만으로도 '새벽달이 뜰 무렵부터 일하다'는 의미가 들어 있다고 할 수 있다.

　　　　　　　　　　　　　●《시경(詩經)》〈위풍(衛風) 맹(氓)〉外,
《삼국지(三國志)》〈촉서(蜀書) 제갈량전(諸葛亮傳)〉(배송지주 위씨춘추(魏氏春秋) 인용)

식소사번 食少事煩

먹는 것은 적고 하는 일은 많다 －《정사》 유래

체력이나 건강 상태에 비해 지나치게 많은 업무를 수행하는 사람을 일컫는
표현이다. 간혹 투입한 노동력에 비해 성과가 적다는 의미로 활용하는 경우
도 볼 수 있다.

앞에서 이어지는 대화이다. 제갈량의 사자가 사마의에게 말하길 "승상
께서는 새벽에 일어나 밤늦게 잠자리에 들고 곤장 20대 이상의 형벌은
전부 직접 챙기십니다. 하지만 드시는 음식은 고작 몇 되밖에 되지 않습
니다(所噉食不至數升)."라고 하였다. 그러자 이를 들은 사마의가 "제갈량
이 곧 죽겠구나."라고 말하였다.

　참고로 식소사번(食少事煩)이라는 문구는 《연의》에서 볼 수 있다. 사자
가 물러간 후 사마의가 부하들에게 말하길 "공명(孔明)이 먹는 것은 적고
일은 번잡하니 어찌 오래 버티겠는가(孔明食少事煩 其能久乎)!"라고 하였
다.《연의》의 저자가 정사의 내용을 식소사번(食少事煩)이라는 네 글자로
정리해준 셈이다.

●《삼국지(三國志)》〈촉서(蜀書) 제갈량전(諸葛亮傳)〉(배송지주 위씨춘추(魏氏春秋) 인용)

제갈량의 최후

수년간 무거운 짐을 지고 고군분투했던 촉의 승상 제갈량의 마지막 모습이 그려진다.

위분지체 位分之體

역할에 따라 업무를 분담하는 체계 〈정사〉 유래

국가나 큰 조직을 다스리는 요체를 짚은 성어이다. 뛰어난 재능을 지닌 제갈량의 한계를 설명하는 중요한 단서로 회자되는 일화이기도 하다. 식소사번(食少事煩)과 함께 봐야 할 성어이다.

하루는 승상 제갈량이 주부(主簿)의 문서를 일일이 직접 교정하고 있었다. 이를 본 주부 양옹(楊顒)이 제갈량에게 정중히 간하였다. 양옹은 양의(楊儀)의 친척으로 당시 제갈량을 보좌하는 역할을 하고 있었다. 정확한 생몰년은 알려져 있지 않은 인물이다.

"대저 다스림에는 체계가 있는 것이니 상하가 서로 침범하지 말아야 합니다. 승상께 청컨대 집안일에 비유해서 말씀드려 볼까 합니다. 지금 어떤 사람이 사내종에게 농사일을 맡기고, 여자 종에게 부엌일을 맡기고, 닭에게는 새벽을 알리게 하고, 개에게는 도둑을 지키게 하고, 소에게는 무거운 짐을 지게하고, 말에게는 먼 길을 가는 역할을 맡긴다면 각자 맡은 일에 충실하며 모두가 잘 살게 될 것입니다.

그런데 어느 날 갑자기 주인이 그 역할들을 스스로 다 하려 한다면, 어느 것 하나 제대로 할 수 없을 것입니다. 이것이 집주인의 지혜가 그들보다 못해서이겠습니까? 이는 한 집의 주인으로서 법도를 잃었기 때문입니다. 바로 그래서 옛사람들은 앉아서 도(道)를 논하는 이들을 3공(三公)이라 했고, 이를 실행하는 이들을 사대부(士大夫)라 했습니다.

이런 연유로 전한(前漢)의 승상 병길(邴吉)*은 길거리에 죽어 있는 사람에 대해서는 관심을 갖지 않고, 소가 숨을 헐떡거리는 것을 보고는 걱정했다고 합니다. 사람이 죽은 것을 살피는 일은 지방관이 처리할 일이고, 소가 헐떡거리는 것은 농사와 기후에 직결된 것으로 재상이 살펴야 할 일이기 때문입니다. 또 승상 진평(陳平)은 화폐와 곡물의 수량에 대해 알려고 하지 않았는데, 이는 담당자가 따로 있기 때문이라 했습니다. 이것이야말로 진정 위분지체인 것입니다(彼誠達於位分之體也). 지금 승상께서 주부의 문서를 친히 교정하며 하루 종일 땀을 흘리시니 너무 과하지 않은지요!" 이에 제갈량이 양옹에게 감사하였다.

* 《한서(漢書)》에서는 병길(丙吉)로 표기하고 있다.

✚ 병길에 대한 이야기는 소위 병길문우천(邴吉問牛喘)이라 불리는 고사로, 여기 언급된 이상의 별 내용이 없다고 봐도 무방하다. 하지만 진평(陳平)에 대한 이야기는 보충 설명이 필요해 보인다. 《사기(史記)》〈진승상세가(陳丞相世家)〉에 이에 대한 자세한 이야기가 기술되어 있다.

한문제(漢文帝) 재위 초기인 BC 179년의 일이다. 당시 진평이 좌승상, 주발(周勃)이 우승상을 맡고 있었다. 한번은 한문제가 조회에서 우승상 주발에게 "1년 동안 처결하는 옥사의 건수가 얼마나 되오?"하고 물었다. 이에 주발이 "잘 모르겠습니다."라 답하였다. 이어 한문제가 "그러면 1년간 거둬들이는 금전과 곡식의 출입은 얼마나 되오?"라 물었다. 이번에도 주발은 "잘 모르겠습니다."라며 땀으로 등을 적시면서 부끄러워하였다. 그러자 이번에는 한문제가 좌승상 진평에게 물었다. 그러자 진평이 자신 있게 "주관하는 관원이 있습니다."라며 "옥사 처결이 궁금하면 정위(廷尉)에게 묻고, 전곡 출입이 궁금하면 치속내사(治粟內史)에게 물으면 됩니다."라고 답하였다.

그러자 한문제가 "각기 주관하는 관원이 있으면 승상이 주관하는 일은 무엇이오?"라고 물었다. 이에 진평은 "무릇 재상은 위로는 천자를 보필하며 아래로는 만물을 어루만지고, 밖으로는 사방의 이민족과 제후들을 어루만지고 안으로는 백성을 가까이하며 경대부들이 자신의 직무를 제대로 이행하도록 하는 자이옵니다."라 답하였다. 이를 들은 한문제가 진평을 크게 칭찬하였다.

조회가 끝난 후 우승상 주발이 진평에게 "그대는 어찌하여 평소에 내게 답을 일러주지 않은 것이오!"라며 원망하듯 따졌다. 그러자 진평이 웃으며 "그대는 승상의 자리에 있으면서 승상의 임무도 모르고 있었단 말이오! 만일 폐하께서 장안의 도적의 수를 물었으면 그대로 억지로라도 대답할 생각이었소?"라고 답하였다.

●《삼국지(三國志)》〈촉서(蜀書) 등장종양전(鄧張宗楊傳)〉(배송지주 양양기(襄陽記) 인용)

혼비백산 魂飛魄散

혼백이 이리저리 날아 흩어지다   -《연의》 인용

깜짝 놀라 정신 못 차리는 모습을 형용할 때 흔히 사용하는 표현이다. 본래
는 사람이 죽은 이후 혼백(魂魄)이 흩어짐을 의미하는 말이다.

234년 8월, 마침내 오장원(五丈原)의 진중에서 제갈량이 병사하였다. 이
때 제갈량의 나이 54세. 이후 촉군은 서둘러 퇴각하였고, 사마의가 남은
군영과 보루를 살펴보고는 "천하의 기재(奇才)로다!"라며 감탄하였다. 그
러고는 전군에 명을 내려 촉군을 추격하게 하였다. 이때 제갈량이 살아
있을지도 모른다는 의견이 있었지만 사마의는 그의 죽음을 확신하였다.

그런데 일대에 뾰족뾰족한 질려(蒺藜)가 많다는 보고를 듣고는 선봉
대 2천 명에게 바닥이 평평한 나막신을 신게 하였다. 이에 질려가 나막신
에 모두 박히고 난 뒤 본격적으로 본대를 몰아 추격하기 시작했다. 그리
고 적안(赤岸)이란 곳에 당도한 뒤에야 제갈량이 사망하였음을 확실히
알게 되었다. 당시 백성들이 이에 관해 말하기를 "죽은 공명이 산 중달을
달아나게 했다(死諸葛走生仲達)"고 하였다. 중달은 사마의의 자(字)이다.
사마의가 이를 전해 듣고는 웃으며 "나는 살아 있는 자는 헤아릴 수 있
으나 죽은 자를 헤아릴 수는 없어서 그런 것이다."라고 하였다.

이상이 《진서(晉書)》의 기록이다. 하지만 뭔가 허전한 것이 사마의를
변호한다는 느낌을 지울 수 없다. 이 대목 《연의》에서는 어떻게 그렸는

지 한번 살펴보자.

사마의가 군사를 몰아 급히 추격하던 중 갑자기 포향이 울리더니 대장기가 바람에 흩날리는 것이 보였다. 거기에는 '한승상 무향후 제갈량(漢丞相 武鄉侯 諸葛亮)'이라고 큰 글씨로 써져 있었다. 그리고 사륜거에 제갈량의 모습이 보였다. 이에 깜짝 놀란 사마의가 "공명이 아직 살아 있었구나. 내가 그만 경솔하게 계교에 떨어졌구나!"라며 급히 말머리를 돌려 달아났다. 그때 등 뒤에서 강유(姜維)가 달려들며 "적장은 달아나지 말라. 너는 우리 승상의 계교에 떨어졌느니라."라고 외쳤다. 이를 들은 사마의와 병사들이 혼비백산하였다(魏兵魂飛魄散). 이에 투구와 창칼을 버리고 제각기 달아나기 바빴다. 기실 살아생전 제갈량의 모습을 본 딴 나무 조각에 이리도 놀랐던 것이다. 작가의 상상이 가미된 것일 테지만 정사보다 신빙성 있어 보인다.

✛《예기》에서 제사 의식과 관련된 여러 가지 설명 중에 이런 표현이 등장한다. "(주나라 제례에서는) 제물을 바치고 술을 땅에 부은 후 쑥과 서직을 볶아 태우는 의식을 행하였다. 제례에서는 대체로 이 두 의식을 삼가 행하였던 것이다. 사람이 죽고 나면 혼(魂)과 기(氣)는 하늘로 돌아가고 형(形)과 백(魄)은 땅으로 돌아간다(魂氣歸于天 形魄歸于地). 따라서 제사를 지낸다는 것은 음(陰)과 양(陽), 곧 하늘과 땅의 이치를 구하는 것이다."

● 《예기(禮記)》〈교특생(郊特生)〉, 《진서(晉書)》〈선제기(宣帝紀)〉, 《삼국지연의》104회

신상미한 身尚未寒

시신이 아직 식지도 않았다 　　　　　　　　　　　　　　　 -《정사》유래

숨을 거둔 지 얼마 되지 않아 아직 시신에 온기가 남아 있다는 의미이다.

이렇게 제갈량이 병사하고 촉군이 급히 철군할 당시에도 전투를 계속 이어가자고 주장했던 이가 있었으니, 바로 촉의 맹장 위연(魏延)이었다. 제갈량의 병이 위독해질 무렵 제갈량은 강유 등을 은밀히 불러 자신이 떠난 후의 일을 의논하였다. 여기서 제갈량은 '위연을 최후방에 남겨 적을 막게 하되 만약 위연이 철군을 거부하더라도 나머지 부대는 그대로 철군하라'는 지시를 남겼다.

　며칠 뒤 제갈량이 숨을 거두자 장사(長史) 양의(楊儀)는 발상하지 않고 위연의 속내부터 떠보았다. 이에 위연은 "비록 승상께서 돌아가셨더라도 나 위연은 아직 건재합니다. 승상부의 관리들이 영구를 모시고 돌아가 장례를 치르고 우리는 적들과의 싸움을 이어가야 하거늘 어찌 한 사람이 죽었다 하여 나라의 대사를 멈출 수 있습니까? 더구나 내가 누구인데 양의 따위의 지휘를 받으며 후방에 남아야 합니까!"라며 불만을 토로하였다. 이에 양의는 위연을 무시한 채 모든 군영이 철군할 준비를 진행하였다. 그러자 끝까지 이에 따를 마음이 없는 위연이 지름길로 이동해 잔도를 불태워버렸다.

　그리고는 위연과 양의가 조정에 표문을 올려 서로 상대가 반역했다고

주장하였다. 하지만 조정의 신료들은 모두 양의의 표문에 동조하였다. 그리고 얼마 지나지 않아 양의와 위연의 군사들이 맞붙게 되었다. 그러자 양의는 왕평(王平)을 내보냈다. 이에 왕평이 위연의 군사들을 향해 "승상께서 돌아가시고 아직 그 시신이 식지도 않았는데 어찌 너희들이 감히 이럴 수 있느냐(公亡 身尙未寒 汝輩何敢乃爾)!"라며 큰소리로 꾸짖었다. 그러자 위연의 군사들이 흔들리기 시작했고 결국 위연은 패퇴하여 도망치는 신세가 되었다. 이후 양의가 마대(馬岱)를 보대 위연을 참수함으로서 잠시 동안의 내분은 끝이 났다.

사실 위연으로서는 억울한 죽음이라 할 수 있다. 평소 양의와 사이가 좋지 않았고 제갈량 사후 대처에 대한 의견이 달랐을 뿐이었는데 반역자라는 이름으로 처형되었으니 말이다.

● 《삼국지(三國志)》〈촉서(蜀書) 유팽요이유위양전(劉彭廖李劉魏楊傳)〉

좌임 左衽

왼쪽으로 옷깃을 여미다 -《정사》 인용

윗옷의 왼쪽 깃을 오른쪽 깃 안에 넣는다는 말로, 중국과는 다른 이민족의
복식을 상징하는 대표적 표현이다. 간혹 '左袵'이라 쓰는 경우도 종종 볼 수
있다.

제갈량이 진중에서 병사했다는 소식이 전해지자 촉(蜀)은 나라 전체가
큰 충격에 빠졌다. 그런데 그 중에는 좀 다른 이유로 제갈량의 죽음을 슬
퍼하는 이들이 있었으니 바로 이엄(李嚴)과 요립(廖立)이었다.

이엄은 이때로부터 3년 전인 231년 후방에서 기산으로 군량 공급을
담당했던 인물이다. '뱃속에 비늘갑옷이 있다'는 자로, 거짓말로 자신의
책임을 면해보려다 재동(宰棟)군으로 유배되었었다. 이후 3년간 이엄은
재동군에서 제갈량이 자신을 다시 불러주기만을 기다리고 있었다. 그런
데 제갈량이 사망했다는 소식을 전해지자 복귀할 수 있는 희망이 사라
졌다는 생각에 그만 울분으로 병사하고 만다.

한편 요립은 서쪽 변방인 문산(汶山)에서 제갈량의 소식을 접하였다.
당초 제갈량은 요립을 방통(龐統)에 비견할 인재라 칭찬하기도 했었다.
하지만 이후 요립은 오만하게 행동하였고 다른 사람을 비방하는 말도 함
부로 입에 담았다. 그러다 파직되어 문산으로 쫓겨나 있었다. 이후 요립
또한 언젠가 제갈량이 다시 자신을 불러줄 것이라 믿으며 기다리고 있었

다. 그러던 중 제갈량이 사망했다는 소식을 접하자 "이제 나는 죽을 때까지 왼쪽으로 옷깃을 여미어야 하는구나(吾終爲左衽矣)!"라며 하늘을 향해 탄식하였다.

✚ 좌임(左衽)은 《논어(論語)》와 《예기(禮記)》 등 다양한 문헌에서 흔히 볼 수 있는 표현이다. 그 중에서 《논어》에 사용된 예를 들어보겠다. 춘추오패 중 첫 번째 패자인 제환공(齊桓公)과 재상 관중(管仲)에 관한 이야기이다.

자공(子貢)이 공자에게 묻기를 "관중은 어질지 못한 자인지요? 제환공이 공자 규(糾)를 죽였지만 관중은 자신이 섬기던 주인을 따라 죽지 않았습니다. 오히려 이후에 제환공을 보필하기까지 하였습니다."라고 하였다. 이에 공자가 말하길 "관중이 제환공을 보필하여 패자(霸者)가 되게 하고 천하를 하나로 묶었던 바, 지금까지도 백성들은 그 혜택을 입고 있는 것이다. 만약 관중이 없었더라면 우리들은 지금쯤 머리를 풀어 헤치고 왼쪽으로 옷깃을 여미고 있을 것이다(吾其被髮左衽矣). 어찌 평범한 이가 사소한 의를 위해 스스로 목숨을 끊어도 알아주는 자가 없는 것과 같을 수 있겠느냐!"

● 미상(未詳) /
《논어(論語)》〈헌문(憲問)〉, 《삼국지(三國志)》〈촉서(蜀書) 유팽요이유위양전(劉彭廖李劉魏楊傳)〉

8장

빼앗는 자와 빼앗긴 자

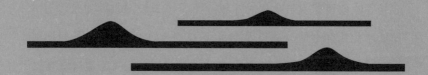

1

조예의 행보

조조의 손자이자 조비의 아들인 명제 조예. 즉위한 이후로 수년간에 걸쳐 제갈량의 공세를 막아내기 바빴던 조예는 제갈량이 병사한 이후엔 과연 어떤 모습을 보여주었을까?

화중지병 畫中之餠

그림의 떡   -《정사》 유래

겉만 그럴싸하고 실속이 없음을 표현하는 성어이다.

237년 명제 조예(曹叡)가 조서를 내리며 이렇게 말하였다. "중서랑(中書郎)을 천거함에 적임 여부는 노육(盧毓) 정도면 족하다. 인재를 천거할 때 명성 따위는 중요하지 않다. 무릇 명성이란 땅에다 그린 떡과 같아 먹을 수 없는 것이다(名如畫地作餠 不可啖也)."

노육은 노식(盧植)의 아들이다. 노식은 유비의 스승으로 우리에게 친숙한 이름이다. 노육이 10세일 때 부친인 노식이 병사하였다. 이후 노육은 조비에게 임용되었고, 조비와 조예 치하에서 관료로서 성실히 직무를 수행해 왔다. 그런데 조예의 조서에 대해 노육은 이렇게 대답하였다.

"특별한 인재를 찾는데 명성이 없다면 그는 보통 사람과 같을 것입니다. 보통 인재가 선행을 하면 명성을 얻을 수 있으니, 명성을 꼭 나쁘게만 볼 필요는 없을 것입니다. 신은 우매하여 특이한 인재를 알아보지 못

합니다." 이에 조예는 노육에게 명하여 관리의 고과(考課)에 관한 규정을
만들게 하였다.

➕ 참고로 화중지병(畫中之餅)과 대비되는 표현으로 명불허전(名不虛傳)을 들 수 있
다. 명불허전(名不虛傳)은 '명성은 헛되이 전하지 않는다'는 의미이므로 조예가 했
던 말과 정면으로 배치된다고 할 수 있다. 《사기》〈맹상군열전(孟嘗君列傳)〉의 말미
에 이런 말이 있다.
　"전하는 말에 맹상군이 빈객을 좋아해 스스로 즐거워했다고 하는데 헛된 소
문은 아닌 듯하다(世之傳孟嘗君好客自喜 名不虛矣)."

● 《삼국지(三國志)》〈위서(魏書) 환이진서위노전(桓二陳徐衛盧傳)〉

대기만성 大器晚成

큰 그릇은 늦게 만들어진다 　　　　　　　　　　　　　 －《정사》 인용

뒤늦게 재능을 발휘하여 큰 성과를 이루는 사람을 일컫는 말이다. 어릴 때부터 뛰어난 재주나 능력을 보이는 신동(神童)이나 영재(英才)와 대비된다.

최림(崔林)이라는 인물이 있었다. 최림은 최염(崔琰)의 사촌동생이다. 최염은 앞서 '아연실색(啞然失色)'에 등장한 인물로 원소가 패망한 이후 조조 휘하에 들게 된 신료이다. 최염은 어려서부터 매우 뛰어난 능력을 보였던 데 반해 최림은 별다른 재주가 없었다. 때문에 친척들 모두가 최림을 대수롭지 않게 여겼다. 허나 최염만은 그렇게 생각하지 않았다. "이 동생은 이른바 대기만성 할 인물이다(此所謂 大器晚成者也). 나중에는 높은 지위에 오를 것이다."라고 말하곤 했다.

　이후 최림은 점차 능력을 발휘하며 두각을 드러냈다. 그러던 237년 3공(三公)의 직위 중에서 사도(司徒)와 사공(司空)이 공석이 되자 사공에 임명되었다. 결국 사촌형 최염의 예측이 들어맞았다고 할 수 있겠다.

✚ 간혹 대기만성(大器晚成)이란 말의 유래가 《삼국지》라는 자료를 볼 수 있다. 하지만 이는 명백한 오류이다. 일단 '대기만성'은 노자(老子) 《도덕경(道德經)》에서 유래한 표현이라는 것이 중론이다. 뿐만 아니라 《삼국지》보다 앞서 편찬된 사서에서도 활용된 예를 찾아볼 수 있다. 그러므로 《삼국지》에서 '대기만성'이란 표현이 유래하지 않았다는 것은 단언할 수 있다.

《도덕경》에서는 "크게 모난 것은 모서리가 없고 큰 그릇은 늦게 만들어지며, 큰 소리는 희미하게 들리고 큰 형상은 형체가 없으며, 도(道)는 숨어 있어 그 이름이 없다(大方無隅 大器晚成 大音希聲 大象無形 道隱無名)."라고 하였다.

●《도덕경(道德經)》〈41장〉,
《삼국지(三國志)》〈위서(魏書) 최모서하형포사마전(崔毛徐何邢鮑司馬傳)〉

구우일모 九牛一毛

아홉 마리 소 중에서 한 오라기 털 　　　　　　　　　　　　 -《정사》 인용

매우 많은 것 가운데 극히 미미한 수를 일컫는 표현이다. 그런데 그 이면을
자세히 살펴보면 매우 가슴 아픈 사연이 담겨 있는 성어이다.

237년 겨울, 조예가 조서를 내리며 방림원(芳林園)에 대규모 토목공사를
명하였다. 아울러 공경들까지도 흙을 지고 나르고 나무를 심도록 하였
다. 이에 지위고하를 막론하고 원성이 자자하였다. 이를 보다 못해 사도
동심(董尋)이 상소를 올려 간하였다.

"공자께서 말씀하시길 '임금은 예로서 신하를 부려야 하고 신은 충성
으로서 임금을 섬겨야 한다'고 하였습니다. 허나 지금은 충도 없고 예로
없으니 나라가 어찌 바로 설 수 있겠습니까? 임금과 신하가 위아래로 소
통하지 못한 채 마음에 울결이 쌓이고 음양이 조화롭지 못하여 재해가
연이어 일어나고 흉악한 무리들이 일어나고 있습니다. 의당 누군가는 폐
하에게 이런 일들을 아뢰어야 하지 않겠습니까? 신이 이렇게 말하면 반
드시 죽음을 면치 못할 것을 알고 있습니다. 비유컨대 신은 소의 털 한
오라기나 마찬가지입니다(臣自比於牛之一毛). 살아 있은 들 무슨 득이 있으
며 죽은 들 무슨 손해가 있겠습니까? 붓을 들고 눈물을 흘리고 마음속
으로 세상을 하직하는 바입니다."

당시 위(魏)의 내부 상황을 짐작해볼 수 있는 단서를 제공하는 상소가

아닌가 한다.

✚ 구우일모(九牛一毛)는 BC 91년, 사마천(司馬遷)이 자신의 친구 임안(任安)에게 보낸 편지에 등장하는 말이다. 치욕과 고난 속에서도 《사기(史記)》라는 위대한 저작을 남긴 역사가 사마천의 마음이 녹아 있는 의미심장한 표현이다. 이때 사마천의 나이 55세로 숨을 거두기 불과 몇 년 전이다.

"나는 궁형(宮刑)을 받아 두고두고 천하의 웃음거리가 되었다. 아 슬프도다! 나의 일은 세인들에게 소상히 밝히기도 어렵다. (중략) 만일 내가 사형된다 한들 아홉 마리의 소 중에서 터럭 하나 없어진 것이나 마찬가지이니 나의 존재가 땅강아지나 개미와 무엇이 다르랴(若九牛亡一毛 與螻蟻何異)? 더구나 세상은 나를 절의(節義)를 위해 죽은 자로 보아주지도 않을 터이고 그저 사형 당할 만하였다고 생각할 것이다. 누구나 한 번은 죽는다. 하지만 죽음이 태산보다 무거울 때도 있고 털끝보다 가벼울 때도 있다. 어떻게 쓰느냐에 따라 그렇게 달라지는 것이다."

●《한서(漢書)》〈사마천전(司馬遷傳)〉,
《삼국지(三國志)》〈위서(魏書) 명제기(明帝紀)〉〈배송지주 위략(魏略) 인용)

격지원유 格之遠猷

원대한 계책을 이루려 하다 -《정사》 유래

원유(遠猷)란 원모(遠謀)와 동의어로 '원대한 계책'을 가리키는 말이다.

239년 1월, 명제 조예가 갑작스레 병사하고 말았다. 실로 안타까운 죽음이었다고 할 수 있다. 본인 입장에서도 그러했겠지만 이제 막 세워진 조(曹)씨 왕조 입장에서는 더욱 그러했다. 사실상 위(魏)나라는 이때부터 주인 없는 나라가 되어버리기 때문이다.《삼국지》의 편찬자인 진수는 조예에 대해 이렇게 평하고 있다. 헌데 뭔가 하고 싶은 말이 더 있는데 자제하는 듯한 뉘앙스를 풍긴다.

"명제는 침착하고 굳세며 결단력과 식견을 두루 갖추었다. 때문에 본인이 하고 싶은 대로 행동해도 군주로서의 기개가 있었다. 하지만 그 당시는 아직 백성들의 삶이 곤궁하고 천하가 갈라져 있던 시기였다. 마땅히 선대의 치적을 빛내고 나라의 기반을 튼튼하게 다졌어야 했지만 그러지 못했다. 오히려 진시황(秦始皇)이나 한무제(漢武帝)의 행적을 좇아 궁궐을 크게 짓고 원대한 계책을 이루려 하였으니 어찌 위태롭지 않았겠는가(而遽追秦皇漢武 宮館是營 格之遠猷 其殆疾乎)!"

진시황과 한무제는 강력한 권위를 갖고서 천하를 호령했던 군주들이다. 하지만 당시엔 중원이 통일되어 있었다. 진시황도 전국(戰國)을 통일하기 전까지는 매우 착실하게 앞만 보고 달렸던 군주였다. 이에 반해 조

368

예가 공사를 크게 일으켰던 237년은 아직 오(吳)와 촉(蜀)이 건재하던 시기였다. 상황이 이러한데 진시황과 한무제를 꿈꾸었다는 평은 사실상 '겉멋만 든 폭군'이라는 말과 다를 바 없어 보인다. 진수가 표현을 상당히 가다듬은 것이라 여겨지는 이유이다.

● 《삼국지(三國志)》〈위서(魏書) 명제기(明帝紀)〉

2

위(魏)와 촉(蜀)의 다툼

제갈량 사후 촉이 금세 패망했다고 생각한다면 그것은 소설이 주는 착시이다. 제갈량이 떠나고 난 상황에서 위와 촉 양국은 과연 어떤 대결을 이어갔을까.

기각지세 掎角之勢
사슴의 뿔과 다리를 붙잡은 형세   -《정사》 인용

공동작전 혹은 상호협력의 중요성을 강조하는 표현이다.

234년에 제갈량이 병사한 이후 촉은 장완(蔣琬)이 대장군의 직위를 맡으며 국정을 주도하고 있었다. 장완은 이미 오래 전부터 '사직을 떠받칠 큰 그릇'이라며 제갈량이 자신의 후계자로 낙점했던 인물이다. 그러던 238년, 후주 유선이 장완에게 조서를 내렸다. "전군을 이끌고 한중에 주둔하면서 오(吳)가 먼저 움직이기를 기다리라. 그리하여 동쪽과 서쪽으로 기각지세를 이루도록 하라(東西掎角)."

이후 촉과 오가 실제로 위(魏)를 상대로 공동 작전을 펼치는 일은 거의 일어나지 않았다. 하지만 촉과 오는 줄곧 동맹을 유지하면서 다투지 않고, 오직 위를 상대로만 전투를 벌였다. 때문에 위는 항상 동서로 전력을 나눠 양쪽 전선을 방어하는 입장에 설 수밖에 없었다. 결과적으로 향후 30년간의 전황 전체가 기각지세(掎角之勢)였다고 말할 수 있을 것이다.

✚ BC 559년, 진(晉)의 중신인 범선자(范宣子)와 융족(戎族)인 구지(駒支)가 나누는 대화의 일부이다. 이때 구지가 말하길 "지난날 효산(殽山)에서 진(秦)나라와 맞붙었을 때, 진(晉)나라 군은 앞에서 막고 우리 융족은 뒤에서 지켰습니다. 여기서 대승을 거둘 수 있었던 것은 기실 우리 융족의 도움이 있었기 때문입니다. 이를 사슴 사냥에 비유하자면 진(晉)나라 사람은 사슴의 뿔을 잡고 융족은 사슴의 뒷다리를 잡아당기며 함께 쓰러뜨린 것과 같습니다(晉人角之 諸戎掎之 與晉踣之)."라고 하였다.

참고로 掎(기)는 '끌어당기다, 다리를 잡아당기다'의 의미이다. 본래 奇(기이할 기)는 '구부린 자세의 사람'을 의미하는 글자로, 여기에 손(手)이 더해진 형태가 바로 掎(기)이다. 그리하여 '팔을 구부려 다리를 잡고 끌다'의 뜻을 나타내고 있는 것이다.

●《춘추좌전(春秋左傳)》〈양공(襄公)14년〉,
《삼국지(三國志)》〈촉서(蜀書) 장완비의강유전(蔣琬費禕姜維傳)〉

무공이환 無功而還

공을 세우지 못하고 돌아오다 　　　　　　　　　　　　 -《정사》인용

병력을 이끌고 출진하여 아무 소득 없이 회군하였을 때 사용하는 표현이다.
고사성어라기보다는 관용구로 봐야 할듯하다. 간혹 무소득이환(無所得而還)
이란 형태로도 접할 수 있다.

244년 위(魏)의 대군이 촉을 향해 움직이기 시작했다. 당시 위의 조정은
조상(曹爽)이 실권을 장악하고 있었다. 조상은 대장군 조진(曹眞)의 아들
이다. 239년 1월 조예가 갑작스레 병사하고 권력에 공백이 생긴 틈에 자
신의 입지를 넓혔던 것이다.

　이때 조상은 약 7~10만 가량의 병력을 이끌고 낙곡도(駱谷道)를 이용
해 한중을 향해 출병하였다. 이때 한중을 지키고 있던 인물은 왕평(王平)
이었다. 하지만 당시 촉의 주력은 부현(涪縣)에 있었기 때문에 한중에 있
는 병력은 3만도 채 되지 않았다. 이에 한중의 장수들은 대부분 방어선
을 물리고 지키며 원군을 기다리자고 건의하였다. 하지만 왕평은 낙곡도
가 끝나는 흥세산(興勢山)에서 적극적으로 방어하기를 결정하였다.

　그런데 이때 공격하는 위군의 사정도 그다지 좋지는 않았다. 당초 사
마의는 여러 여건이 불리함을 들어 이 출병을 적극적으로 반대하였다.
하지만 조정의 실권을 조상과 그 일족들이 장악하고 있었기 때문에 사
마의의 의견이 받아들여지지 않았다. 실제로 조상의 병력은 진군에 애

를 먹으며 큰 어려움에 빠져 있었다. 길이 험해 군량 수송이 원활하지 않았고 곳곳에서 산적들마저 출몰하였던 것이다. 이후 악천후까지 겹치게 되니 조상으로서도 더는 어찌할 수 없었다. 얼마 지나지 않아 철군을 결정하게 되고 조상은 결국 아무런 공도 세우지 못한 채 귀환하였다(爽果無功而還).

● 미상(未詳) / 《진서(晉書)》〈선제기(宣帝紀)〉

낭고 狼顧

이리가 뒤를 돌아보다   -《정사》 인용

이리가 이동하면서 힐끔힐끔 뒤를 돌아보며 경계하는 모습을 표현한 말이다. 보통 여러 방면에서 적을 맞아 싸우게 되어 어디에 전력을 집중해야 할지 갈피를 못 잡을 때 사용한다.

이후로 위와 촉은 국지적인 전투를 계속 이어갔다. 248년 무렵에는 촉의 강유(姜維)와 위의 곽회(郭淮) 간의 대결이 연이어 펼쳐졌다. 곽회는 219년에 정군산 자락에서 하후연이 전사할 당시 하후연의 부관이었고, 244년에 조상이 한중을 공략할 때에는 선봉부대로 참전했던 인물이다. 그리고 이 무렵에는 옹주자사로 일대 병력을 책임지고 있었다. 눈여겨 볼 것은 이 당시 전투에는 주변의 다양한 이민족들도 복잡하게 얽혀 있었다는 점이다. 때문에 아차새, 벌동, 서과, 아하, 치무대 같은 생소한 이름들이 자주 등장한다.

248년, 치무대(治無戴)라는 호인(胡人)이 무위(武威)군을 공격하였다. 이에 맞서 곽회가 출병하였다. 그런데 곧장 무위군으로 향하지 않고 치무대의 가족들이 있는 서해(西海)군으로 진격하였다. 이에 치무대가 급히 회군하자 교전을 벌여 치무대의 부대를 대파하였다. 이후 강유는 서쪽으로 이동하여 치무대와 합세하였다. 아울러 촉장 요화(廖化)는 인근 성중산(成重山)에 축성하면서 강족(羌族)들을 인질로 잡았다. 강족은 247

년과 248년 초에 이미 여러 차례 곽회에게 패한 바 있다. 즉 강유는 곽회에게 피해를 입은 호인과 강족의 세력을 이용해 곽회를 협공하려 했던 것이다.

이에 위의 여러 장수들이 입을 모아 '모든 전력을 모아 촉군과 호인들이 연결되는 것을 막아야 한다'는 의견을 냈다. 그러자 곽회가 고개를 저으며 말하길 "지금 우리가 진격하여 요화를 친다면 이는 적이 예상하지 못한 공격이 된다. 때문에 강유는 필시 '낭고'하게 될 것이다(出賊不意 維必狼顧)."라고 하였다.

＋ BC 334년, 소진이 각국을 돌며 합종책을 유세할 때의 일이다. 소진은 참 부지런히 돌아다니며 많은 이들에게 자신의 생각을 말했다. 당연히 많은 고사를 인용했고 많은 명언을 남겼다. 소진이 제선왕(齊宣王)에게 말하였다.

"한(韓)나라와 위(魏)나라가 진(秦)나라를 두려워하는 이유는 국경을 맞대고 있기 때문입니다. 하지만 진나라가 제(齊)나라 칠 경우에는 사정이 다릅니다. 이 경우에는 한나라와 위나라를 등지고 험지를 지나야 합니다. 설령 진나라가 깊숙이 쳐들어가고 싶어도 마치 이리가 겁을 먹고 뒤를 돌아보듯 가야하니 계속 전진할 수 없습니다(秦雖欲深入 則狼顧 恐韓魏之議其後也)."

앞서 언급했던 낭패(狼狽)와 낭발(狼跋) 그리고 낭고(狼顧)를 모아놓고 보면 확실히 공통적으로 풍기는 분위기가 있다. 아무리 살펴봐도 민첩하고 용맹한 맹수의 위용은 찾을 수 없다.

●《사기(史記)》〈소진열전(蘇秦列傳)〉,《삼국지(三國志)》〈위서(魏書) 만전견곽전(滿田牽郭傳)〉

일거양득 一擧兩得

한 번 움직여 두 가지를 얻다 -〈정사〉 인용

일석이조(一石二鳥), 꿩 먹고 알 먹고, 도랑 치고 가재 잡고 등 한 가지 행동으로 둘 이상의 효과를 누릴 수 있을 때 사용하는 표현이다.

앞 장에서 이어지는 상황이다. 곽회가 말하길 "때문에 강유는 요화를 구원하러 갈 수밖에 없다. 하지만 강유가 도착할 무렵엔 우리가 이미 요화를 격파할 수 있으며 강유는 지쳐 달아날 것이다. 그러면 촉군이 멀리 서쪽까지 갈 수 없게 되고 호인(胡人)과의 연결도 자연스레 끊어지게 된다. 이것이 바로 한 번 일어나 둘을 한꺼번에 얻는 방책이다(此一擧而兩全之策)."라고 하였다.

이렇게 곽회는 요화를 공격하였고, 강유는 요화를 구원하기 위해 출진하였다. 결국 곽회의 예측대로 전황이 펼쳐지게 된 것이다.

✤ 옛날 춘추시대, 변장자(卞莊子)가 범을 찔러 잡으려 하였다. 변장자는 《논어(論語)》에도 이름이 등장하는 인물로, 당시 용맹함의 대명사였던 것으로 보인다. 그런데 객관에서 심부름하는 아이가 변장자에게 "범 두 마리가 이제 막 소를 잡아먹으려 합니다. 그러니 둘이 서로 다툴 것입니다. 그러면 작은 놈은 죽고 큰 놈은 상처를 입을 것입니다. 그 후에 상처 입은 놈을 잡으면 한꺼번에 범 두 마리를 잡았다고 소문이 날 것입니다."라며 만류하였다.

이에 변장자가 기다려보니 과연 범 두 마리가 싸워 작은 놈이 죽었다. 이에 변장자가 상처 입은 범을 찔러 죽이니 단번에 범 두 마리를 잡게 되었다. 이를 일러 한 번의 행동으로 둘을 얻는 것이라 하였다(一擧必有兩實).

● 《사기(史記)》〈장의열전(張儀列傳)〉, 《전국책(戰國策)》〈진책(秦策)〉,
《삼국지(三國志)》〈위서(魏書) 만전견곽전(滿田牽郭傳)〉

3

사마씨와 조씨의 대결

조조가 사망한 이후 그의 자리를 이어받은 자손들은 조조만큼 출중한 지도력을 보여주지 못하였다. 어느새 후한(後漢) 말의 황제들과 별반 다를 바없어진 위(魏)의 황제들. 그리고 어김없이 벌어지는 권력다툼.

명재단석 命在旦夕

목숨이 아침저녁에 달려 있다 　　　　　　　　　　　　　　　　　　-《정사》 인용

명재경각(命在頃刻)과 같은 의미로, 금방 숨이 다할 정도로 위독한 상태를 일컫는 표현이다.

248년 겨울, 조상(曹爽)의 심복 중 한 명인 이승(李勝)이 형주자사로 부임하게 되었다. 그러면서 도중에 사마의를 찾아갔다. 명목은 인사차 들리는 것이었지만 기실 사마의의 동태를 살피기 위함이었다. 당시 사마의는 태부(太傅)라는 고위직에 있었지만 실권이 거의 없는 명예직에 가까웠다. 여기서 사마의는 그동안 숨겨두었던 뛰어난 연기 실력을 발휘한다.

　이승이 도착하니 사마의가 시녀들의 부축을 받으며 인사를 하였다. 그런데 옷자락이 땅에 질질 끌렸다. 그리고 목이 마르다는 손짓을 하니 시녀가 죽을 올렸다. 사마의가 죽그릇을 들고 마시는데 죽이 줄줄 흘러 옷을 다 적셨다. 이를 지켜본 이승이 "많은 사람들이 공께서 풍병이 도졌다고 했습니다만 이 정도인줄은 몰랐습니다."라고 말하였다.

이에 사마의가 숨을 헐떡헐떡 대며 겨우 말하길 "이제 나는 늙고 병들어, 죽음이 아침저녁에 달렸네(死在旦夕). 이제 자네가 병주에 가게 되었다고 들었네. 병주는 흉노와 가까운 땅이니 잘 방비하도록 하게나." 그러자 이승이 "병주가 아니라 형주로 부임하는 것입니다."라고 하였다. 그러자 사마의가 "뭐? 이제 막 병주에 도착했다고?"라고 되물었다. 이에 다시 "송구하게도 제 고향인 형주로 부임합니다."라고 대답하였다. 그제야 사마의가 "나는 이제 기운이 쇠해 그대의 말도 제대로 알아듣지 못하는구려. 이제 자네의 고향으로 돌아간다고 하니 공훈을 잘 세우시오!"라고 말하였다. 그 길로 이승은 조상에게 '이제 사마의는 걱정할 필요가 없다'고 보고하였다. 이후 조상과 그 심복들은 더 이상 사마의를 경계하지 않게 되었다.

● 미상(未詳) / 《진서(晉書)》〈선제기(宣帝紀)〉

유예미결 猶豫未決

머뭇거리며 결정하지 못하다   -《정사》 인용

유예(猶豫)와 미결(未決)은 각각 독립적으로 사용되는 말이다. '미루다, 결정하지 않다' 등의 의미로 현대에도 다용되고 있다. 합쳐져 결정하지 못하고 머뭇거림을 강조하고 있다. 간혹 유예미결(尤豫未決)의 형태로도 쓴다.

249년 1월, 위(魏)의 황제 조방(曹芳)이 고평릉(高平陵)에 참배하였다. 고평릉이란 명제 조예의 능을 말한다. 조예가 239년에 갑자기 병사하는 바람에 뒤를 이어 즉위한 조방의 나이는 고작 8세였다. 이때부터 위의 황제는 말 그대로 허수아비가 되어버린다.

고평릉은 낙양 남쪽을 흐르는 낙수(洛水) 건너편에 위치해 있었다. 이때 조상(曹爽) 형제들이 모두 조방을 수행하였다. 그러자 그동안 호시탐탐 기회를 노리고 있던 사마의가 병마를 지휘하여 무기고를 점거하였다. 아울러 낙수의 부교에 진을 쳤다. 그러는 한편으로 황태후에게 상주하여 조상 형제를 파면하라는 조서도 받아냈다. 이어 조방에게 상주하여 조상을 고발하면서, 황태후의 명이라며 조상 형제들의 관직과 군권을 모조리 박탈해버렸다.

이 당시 조상 형제들과 그의 심복들이 모든 권력을 독점하고 있었고, 사마의는 실권을 잃은 상태였다. 이에 사마의가 정변을 일으킨 것이다. 황제가 허수아비나 마찬가지인 상황에서 신하들 간의 권력다툼이라 할

수 있다. 한편 이를 들은 조상은 어찌할 바를 몰랐다. 이때 궁 안에 있던 조상의 심복 환범(桓範)이 급히 궁을 빠져 나가 조상에게로 달려갔다. 환범의 별명은 지낭(智囊), 즉 꾀주머니이다. 그런데 환범이 궁을 빠져나갔다는 소식을 들은 사마의는 '환범이 책략을 마련해도 조상이 이를 따르지 않을 것'이라며 걱정하지 않았다. 그렇게 조상을 만난 환범은 '허창으로 가서 병사들을 소집할 것'을 건의하였다. 그러나 조상 형제들은 모두 머뭇거리며 아무런 결정도 내리지 못하였다(爽兄弟猶豫未決).

● 미상(未詳) / 《삼국지(三國志)》〈위서(魏書) 제하후조전(諸夏候曹傳)〉

부가옹 富家翁

부잣집 늙은이

-《정사》 인용

더 이상 권력이나 지위에는 관심이 없고, 그저 경제적으로 여유 있게 여생을 보내고 싶다는 심정을 표현하는 말이다.

이어지는 상황이다. 조상은 적극적인 행동은 하지 못한 채 사마의의 눈치 살피기에 급급했다. 그래서 밤중에 시중 허윤(許允)과 상서 진태(陳泰)를 보내 사마의의 의중을 살펴보게 하였다. 이때 사마의는 조상의 죄를 열거하면서도 그의 관직을 박탈하는 데 그칠 것이라고 말하였다. 그러자 진태가 이를 조상에게 그대로 보고하며 상주문을 올릴 것을 권하였다. 이때도 환범은 '외부 병사들을 불러 와야 한다'고 간언해보지만 아무런 소용이 없었다.

조상은 "사마공(司馬公)은 내 권한을 빼앗으려 할 뿐이다. 내가 자리에서 물러난다면 부잣집 늙은이로 살게 해줄 것이다(吾得以侯還第 不失為富家翁)."라고 말하였다. 이에 환범은 "경에 연루되어 내 일족이 멸하게 되었소!"라며 한탄하였다. 결국 조상은 사람을 보내 본인의 죄를 자청하였다. 아울러 그의 형제들도 모두 관직을 내려놓고 자택에서 대기하였다.

하지만 이후 사마의는 이들을 가만히 두지 않았다. 얼마 지나지 않아 모조리 모반죄에 연루되어 처형하고야 말았다. 환범의 우려가 현실이 된 것이다. 부가옹(富家翁)은 말 그대로 '부잣집 늙은이'를 뜻한다. 모든 권한을 내려놓은 채 편안하게 살게만 해주면 족하다는 의미이다. 당시 조상의 솔직한 심정이 그대로 담긴 말이라 하겠다.

이상이 249년 1월에 일어난 이른바 '고평릉의 변'이다. 사실상 이때부터 위(魏)는 조(曹)씨의 나라가 아닌 사마(司馬)씨의 나라가 되었다. 그리고 이로부터 16년 후인 265년, 선양의 형식으로 사마의의 손자가 제위에 오른다.

✚ 부가옹(富家翁)이란 표현은 후한 시대 저작물인 《논형(論衡)》에서 찾아볼 수 있다.

"부잣집 늙은이가 천금의 재물을 모으는 것은 부유한 골상(骨相)을 타고났기 때문이다. 생업에 종사하며 재물을 쌓으니 노년에 이르러서 부유한 늙은이가 되는 것이다(治生積貨 至於年老 成為富翁矣)."

● 《논형(論衡)》〈초품(初稟)〉, 《진서(晉書)》〈선제기(宣帝紀)〉

지피지기 知彼知己

적을 알고 나를 알다　　　　　　　　　　　　　　　　　　　　　　-《연의》 인용

전투에 임할 때는, 적군과 아군의 장단점을 모두 잘 알아야 한다는 병법 격언이다.

249년, 위(魏)에서 큰 변란이 일어났다는 소식이 전해지자 촉(蜀)의 장군 강유는 이를 절호의 기회라 여겼다. 더구나 조상 등이 주살된 직후 위의 장군 하후패(夏候覇)가 촉으로 망명하였다. 하후패는 명장 하후연의 아들이다. 평소 조상과 가까웠던 하후패는 조만간 자신에게도 화가 미칠 것을 염려하여 촉에 투항하였던 것이다. 공신의 아들이 투항했다는 것만으로도 분명 큰 반향을 일으켰을 것이다. 더구나 강유는 이전부터 자신이 북서쪽 지역의 풍속을 잘 알고 있어 일대 이민족들도 촉의 우군으로 삼을 수 있다고 자신하고 있었다.

하지만 이때까지도 강유는 촉의 병권을 좌지우지할 수 있는 입장이 아니었다. 번번이 비의(費禕)의 견제에 막혀 1만명 정도의 병력을 운영할 수 있을 따름이었다. 234년에 제갈량이 병사한 이후 촉의 국정운영은 장완(張琬)이 주도하였다. 그리고 246년에 장완이 병사한 이후에는 비의가 그 지위를 이어받았다. 즉 서열상 비의가 강유보다 위였던 것이다. 하지만 《연의》에서는 장완과 비의를 그리 주목하지 않는다. 오히려 의도적으로 비하하는 경우도 많은데 이는 정사와 상당한 차이가 있는 설정이다.

《연의》에서 이 대목을 한번 살펴보겠다. 투항한 하후패와 함께 강유가 유선을 찾아가 이렇게 건의하였다. "사마의가 조상을 주살하자 하후패 장군이 우리에게 투항하였습니다. 지금 사마의 부자가 국정을 농락하고 위주 조방은 나약하여 나라가 위태롭습니다. 청컨대 하후패를 향도관 삼아 중원으로 진출하여 한실을 중흥하도록 하겠습니다."

그러자 옆에 있던 비의가 "근자에 장완과 동윤이 차례로 세상을 떠나 내정을 다스릴 만한 사람이 없습니다. 지금은 함부로 군사를 움직일 때가 아니라 봅니다. 아울러 지피지기면 백전백승이라 하였습니다(知彼知己 百戰百勝). 우리 모두 제갈 승상보다 뛰어나다 할 수 없습니다. 승상께서도 중원을 회복하지 못하고 돌아가셨는데 하물며 우리가 어찌 가능하겠습니까?"라며 반대하였다.

✚ 지피지기(知彼知己) 하면 의례히 뒤에 따라붙는 표현, 바로 백전백승(百戰百勝)이다. 허나 《손자병법》에서는 "적을 알고 나를 알면 백번 싸워도 위태롭지 않다(知彼知己 百戰不殆). 적을 모른 채 나에 대해서만 알면 한 번은 이기고 한 번은 질 것이다. 적에 대해서도 모르고 나에 대해서도 모르면 싸울 때마다 반드시 위태로울 것이다"라고 하였다. 하지만 《연의》에서는 '지피지기 백전백승'이란 표현이 매우 빈번하게 등장한다.

● 《손자병법(孫子兵法)》〈모공(謀攻)〉,
《삼국지(三國志)》〈촉서(蜀書) 장완비의강유전(蔣琬費褘姜維傳)〉, 《삼국지연의》 107회

진심갈력 盡心竭力

모든 정성과 힘을 다 바치다

-《연의》 인용

온힘을 다 쏟아 최선을 다한다는 수많은 표현 중에 하나이다. 동일한 글자를 가지고도 어순이 다양한 매우 특이한 성어이기도 하다.

249년 가을, 강유가 유선으로부터 부절을 하사받고 옹주 일대로 출병하였다. 《연의》의 이 대목에서는 유선이 강유에게 "경이 위나라를 토벌하고자 한다면 온힘을 다하여 충성하도록 하라(卿既欲伐魏 可盡忠竭力)"며 조칙을 내린다. 결국 유선이 비의의 반대에도 불구하고 강유의 의견을 받아들인 것이다. 다시 정사를 살펴보겠다.

248년에 강유에게 쓰라린 패배를 안겼던 곽회는 이 당시 정서장군(征西將軍)으로 승진한 상태였다. 그리고 후임 옹주자사로는 진태(陳泰)가 부임해 있었다. 진태는 얼마 전에 일어난 '고평릉의 변' 당시 상서(尚書)라는 내직에 있었던 인물이다. 진태는 실전에서 과연 어떤 활약을 펼치게 될 것인가.

이렇게 옹주를 향해 의기양양 출진한 강유는 먼저 산에 의지하여 두 개의 성을 쌓기 시작했다. 그리고 각 성에 부하 장수들을 보내 지키게 한 후 일대의 고을들을 공략하였다. 이에 곽회와 진태가 함께 대책을 논의했다. 이때 진태가 건의하길 "촉군의 성곽이 견고하지만 보급로가 험하고 멀어 군량을 운반하기 쉽지 않습니다. 이번에 포위하며 성을 빼앗으면 손쉽게 성들을 차지할 수 있습니다. 산길이 험하여 구원하기도 쉽지 않을 것입니다."라고 하였다.

이에 위군은 성을 포위한 뒤 군량 수송로와 성 밖 냇물을 막아버렸다. 그러자 성안에 고립된 촉군은 쌓인 눈을 모은 후 녹여 마시며 겨우 버티었다. 이때 강유가 구원을 하러 출진하였지만 진태가 보루를 굳게 지키며 막았다. 여기에 곽회가 강유의 퇴로마저 차단하려 하자 강유는 어쩔 수 없이 퇴각하게 된다. 결국 성안에 고립된 군사들이 모두 투항하고 말았다. 촉으로서는 매우 뼈아픈 패배가 아닐 수 없었다.

➕ 진심갈력(盡心竭力)은 비슷한 형태의 표현이 매우 다양하다. 일례로 《춘추좌전(春秋左傳)》에는 진심력(盡心力), 《논어(論語)》〈학이(學而)〉편에서는 능갈기력(能竭其力), 《예기(禮記)》〈연의(燕義)〉편에서는 갈력진능(竭力盡能)의 형태를 확인할 수 있다.

이외에도 여러 서적에서 진충갈력(盡忠竭力), 갈충진력(竭忠盡力), 갈력진충(竭力盡忠) 등 다양한 형태로 접할 수 있는 성어이다. 비단 한 가지 형태만이 올바른 표현이라고 고집해서는 곤란할 듯하다.

● 《춘추좌전(春秋左傳)》〈소공(昭公)19년〉外,
《삼국지(三國志)》〈위서(魏書) 환이진서위노전(桓二陳徐衛盧傳)〉《삼국지연의》107회

제갈각의 성쇠

손권이 사망하고 오(吳)에는 어린 황제 손량(孫亮)이 등극하였다. 이에 국정을 책임진 인물은 제갈근의 아들이자 제갈량의 조카인 제갈각(諸葛恪). 자신의 숙부와 똑같은 입장에 서게 된 제갈각은 과연 어떤 모습을 보여주게 될까?

남전생옥 藍田生玉

남전에서 옥이 난다   −《정사》 인용

좋은 집안에서 좋은 인재가 태어남을 일컫는 표현이다. 남전(藍田)은 장안 인근에 위치한 지역으로 예로부터 좋은 옥이 많이 나기로 유명했다고 한다.

제갈근의 맏아들 제갈각(諸葛恪)은 어려서부터 재주가 뛰어나기로 이름이 났다. 그런 제갈각의 어린 시절 영특함을 보여주는 유명한 일화가 있다. 대략 210년대에 있었던 일로 추정된다.

제갈근은 얼굴이 긴 편이었다. 그런데 한번은 손권이 여러 신하들과 함께 한 자리에서 나귀 한 마리를 끌고 오게 하였다. 그러고는 제갈자유(諸葛子瑜)라고 세로로 써진 팻말을 달아놓았다. 자유(子瑜)는 제갈근의 자(字)이다. 그러자 모두들 놀려대며 웃었다. 이때 어린 제갈각이 무릎을 꿇으며 "두 글자만 쓸 수 있게 해주십시오."라고 청하였다. 손권이 허락하며 붓을 주니 제갈각이 제갈자유(諸葛子瑜) 아래에 '지려(之驢)'라고 썼다. 조금 전까지는 나귀가 제갈근이었는데, 순식간에 '제갈근의 나귀'로

변해 버린 것이다. 그러자 자리에 모인 모두가 크게 웃었다. 이에 손권도 웃으며 나귀를 제갈각에게 선물하였다.

이후 제갈각이 20세가 될 무렵 태자 손등(孫登)에게 학문을 강론하며 빈우(賓友)가 되었다. 제갈각이 손등보다 6살 많으니 손등도 아버지뻘 되는 스승들보다는 한결 편했을 것이다. 이런 제갈각을 특별히 여긴 손권이 제갈근에게 말하길 "남전에서 옥이 난다고 하더니 빈말이 아니구려(藍田生玉 眞不虛也)."라며 흐뭇해하였다.

● 미상(未詳) / 《삼국지(三國志)》〈오서(吳書) 제갈등이손복양전(諸葛滕二孫濮陽傳)〉
(배송지주 강표전(江表傳) 인용)

골육상잔 骨肉相殘

혈족끼리 해치며 싸우다 〈정사〉 인용

과거 형제나 친족끼리의 권력다툼을 가리키는 표현이다. 현재에는 주로 내전(內戰)의 의미로 사용되며 우리나라에도 가슴 아픈 사례가 있다.

252년, 손권이 사망하고 막내아들 손량(孫亮)이 10세의 나이로 즉위하였다. 사망하기 직전에 손권은 제갈각을 비롯한 여러 중신들에게 어린 손량을 부탁하였다. 그리고 이후 제갈각이 조정의 실권을 장악하게 된다.

눈에 띄는 것은 이 당시 손량의 형이 셋이나 있었다는 점이다. 이들을 두고 어린 손량이 즉위하기까지 속사정이 꽤나 복잡했다. 그런데 형 중 하나인 손분(孫奮)이 무창(武昌)에 머물고 있었다. 당시 무창은 군사적 요충지였는데 손분은 함부로 군사를 움직이는 등 법도를 어기는 일이 잦았다. 이에 제갈각이 서신을 보내 손분의 봉지를 옮겨야 함을 단호하게 설명하였다.

"옛날 한(漢)이 건국되고 많은 왕과 자제들에게 봉지를 나누어 주었습니다. 허나 강한 제후가 반역하게 되면 위로는 사직이 위태로웠고 아래로는 골육 간에 서로 싸우는 싸움이 벌어졌습니다(上則幾危社稷 下則骨肉相殘). 그리하여 이후에는 이런 일을 경계하여 크게 꺼리게 된 것입니다."

결국 손분은 제갈각의 권고를 따를 수밖에 없었다.

● 미상(未詳) / 《삼국지(三國志)》〈오서(吳書) 오주오자전(吳主五子傳)〉

긍기능인 矜己陵人

자신을 뽐내며 남을 무시하다

-《정사》 유래

바람이 불어 풀이 일제히 쓰러지는 모습을 표현한 성어이다. 참고로 현대에
는 '한 시대를 풍미(風靡)하다'는 형태로 흔히 접할 수 있다.

252년 겨울, 제갈각이 위(魏)와의 싸움에서 대승을 거두었다. 그러고는
의기양양하게 건업으로 귀환하니 백성들 사이에서 제갈각에 대한 인기
가 하늘을 찌를 듯하였다. 그런데 여기서 큰 문제가 발생하였다. 채 몇 달
도 지나지 않은 이듬해 봄, 제갈각이 또다시 대규모 출병을 결정했던 것
이다. 그러자 너무 잦은 출병으로 군대가 피폐해졌다며 다들 한목소리
로 반대하였다. 하지만 제갈각은 끝내 자신의 고집을 꺾지 않았고 각지
에서 20만의 병력을 동원하였다.

이렇게 출병을 강행한 제갈각은 합비의 신성(新城)을 포위하였다. 신
성은 손권이 집권하던 시절부터 수없이 공격했지만 함락시키지 못했던
성이다. 오(吳)로서는 언제고 넘어야 할 오랜 숙원이었다고 할 수 있는 곳
이다. 하지만 제갈각의 파상공세에도 신성은 함락되지 않았다. 그리고
시일이 지남에 따라 무더위와 전염병으로 사상자들이 속출하였다. 결국
제갈각은 아무런 소득도 없이 퇴각하게 되었다. 하지만 이후에도 제갈각
은 독단적인 행보를 이어갔다. 이에 제갈각을 원망하는 목소리가 끊이지

않았다. 마침내 종실인 손준(孫峻)이 어린 황제인 손량과 모의하여 제갈 각을 주살하게 된다.

긍기능인(矜己陵人)은 253년에 제갈각이 주살된 이후, 제갈각의 장례 문제를 언급한 상소문에 실린 표현이다. 아울러 《삼국지》의 편찬자인 진수가 제갈각을 평하며 인용한 말이기도 하다. "자신을 뽐내며 남을 무시하니 어찌 패망하지 않겠는가(矜己陵人 能無敗乎)!"

어려서부터 신동이라는 이야기를 들으며 자란 제갈각이었다. 아버지는 오의 중신인 제갈근, 숙부는 촉의 승상 제갈량이었다. 더구나 신성에서의 실패 이전까지 늘 승승장구하였다. 하지만 단 한번의 조급한 출병으로 인해 한 순간에 바닥으로 추락해버린 것이다. 진수로서도 제갈각의 패인을 긍기능인(矜己陵人)이란 표현보다 더 명확하고 확실하게 정리하기는 어렵다고 보았던 것이리라.

●《삼국지(三國志)》〈오서(吳書) 제갈등이손복양전(諸葛滕二孫濮陽傳)〉

5

이어지는 혼전

걱정 없는 집안이 어디 있고 우환 없는 나라가 어디 있으랴! 각 나라들이 서로 물고물리는 와중에 안팎으로 겪었던 어려움들을 살펴보자.

화사첨족 畫蛇添足

뱀을 그리며 발을 덧붙이다 　　　　　　　　　　　　　　　　　 -〈정사〉인용

보통 줄임 표현인 사족(蛇足)의 형태로 친숙한 말이다. 어떤 일에 쓸데없는 것을 덧붙여 도리어 망치게 되었을 때 흔히 사용한다.

255년 여름, 강유가 적도(狄道)현으로 대규모 병력을 거느리고 장안의 서북쪽 일대를 향해 출병하였다. 그런데 이번 출전에는 하후패(夏候覇)도 함께하였다. 정사에서는 249년에 촉으로 망명한 이래 255년 이전까지 전투에 참가했다는 기록이 없다. 이때가 촉에 항복한 이후 사실상 첫 군사행동이었던 것으로 보인다.

이렇게 벌어진 옹주자사 왕경(王經)과의 대규모 전투에서 강유와 하후패가 이끄는 촉군이 대승을 거두었다. 그러자 왕경은 전력에 큰 타격을 입은 채 퇴각하여 농성하기 시작했다. 이에 기세가 크게 오른 강유가 왕경을 추격하려 하였다. 그러자 강유의 부장 장익(張翼)이 "이제 그쳐야지 더 이상 진격하는 것은 좋지 않습니다. 여기서 더 진격하면 전공을 훼손할 것입니다."라며 강유를 만류하였다. 그러자 강유가 "뱀 그림에 다리

를 단다(爲蛇畫足)."며 장익의 의견을 일축하였다. 그러고는 멈추지 않고
진격을 이어갔다.

✛ 간단하게 사족(蛇足) 이야기를 해보겠다. 《사기(史記)》에 수록되어 있는 옛날이
야기이다.

　옛날 어떤 사람이 자신의 문객들에게 술 한 잔을 주었다. 그러자 문객 중 한
사람이 '여러 사람이 이 술을 마실 수 없으니 땅에 뱀을 그려 먼저 그린 사람이
마시기로 합시다.'라고 제의하였다. 그러자 다들 동의하고 제각기 뱀을 그리기 시
작했다. 이윽고 한 사람이 '내가 그린 뱀이 먼저 완성되었소.'라면서 자신 있게 술
잔을 집어 들었다. 그러고는 '나는 뱀에 다리도 덧붙일 수 있소이다.'라며 다리를
그려 넣었다. 그러자 그 다음 차례로 뱀을 완성한 사람이 그 술잔을 빼앗아서는
'원래 뱀은 다리가 없소. 뱀에다 다리를 그렸으니 이는 뱀이 아니요(蛇固無足 今爲
之足 是非蛇也.)'라며 술을 마셔버렸다.

●《사기(史記)》〈초세가(楚世家)〉, 《전국책(戰國策)》〈제책(齊策)〉,
《삼국지(三國志)》〈촉서(蜀書) 장완비의강유전(蔣琬費禕姜維傳)〉

오합지졸 烏合之卒

까마귀를 모아놓은 듯한 군사들 －《정사》 인용

임시로 모아 규율과 질서가 없는 병사들을 일컫는 대표적인 표현이다.

이어지는 이야기이다. 승세를 탄 강유가 군사들을 몰아 적도성을 포위하였다. 이 당시 적도성 남쪽 상규(上邽)에는 진태가 주둔하고 있었다. 얼마 전까지 정서장군이었던 곽회가 사망하자, 진태가 정서장군이 되어 옹주와 양주 일대의 군사들을 총괄하고 있었던 것이다. 적도성의 포위 소식이 전해지자 진태는 등애를 포함한 여러 장수들과 함께 출병하였다. 그리고 농서(隴西)에 다다랐을 때 등애가 이렇게 말하였다.

"왕경의 정예부대가 격파되면서 적군의 기세가 한창 올랐습니다. 승세를 탄 군대는 막을 수 없습니다. 게다가 장군은 오합지졸을 거느리고 패군의 뒷감당을 해야 합니다(將軍以烏合之卒 繼敗軍之後). 때문에 장졸들의 사기가 꺾이면서 농우(隴右) 일대가 불안합니다. 옛말에 '살무사에 손을 물리면 제아무리 장사라도 팔을 잘라야 한다.'고 했습니다. 또한 병법에 '때로는 공격할 수 없는 군사가 있고 지킬 수 없는 땅도 있다.'고 했습니다. 이는 작은 것을 잃고 큰 것을 보전하라는 말입니다."

하지만 진태의 생각은 달랐다. "지금 우리가 높은 곳에서 적의 목을 노리는 형세이며 싸우지 않아도 곧 적들은 물러갈 것이다. 허나 적을 그대로 놓아 보낼 수 없고 포위 또한 오래갈 수가 없거늘 무슨 말을 그렇게

하는가?"라 하고는 적도성 동남쪽 산을 향해 진군하였다. 그리고 산에
올라 횃불을 들고 소리를 크게 울렸다. 이에 성 안의 위군들은 구원군이
도착했음을 알고 기세를 올렸다. 결국 강유는 진태가 이끄는 구원군에
게 격파당하고 만다. 결과적으로 보았을 때 강유 스스로 사족(蛇足)을 달
아 자신의 공을 깎은 모양새가 된 것이다.

✚ AD 31년, 광무제(光武帝) 유수(劉秀)가 활약하던 시절의 일이다. 이때 파촉 지
역은 공손술(公孫述)이 차지한 상태였다. 이 무렵 공손술의 신하 중 형한(荊邯)이
'동쪽 방면이 평정되고 나면 유수가 이끄는 세력이 이리로 향할 것'이라 예상하며
선제적으로 세력을 확장할 것을 건의하였다. 이에 공손술이 신하들에게 의견을
물었다.

그러자 "과거 무왕(武王)이 주왕(紂王)을 토벌하기 전, 8백 명의 제후들이 모여
성토를 하였지만 군사를 돌리고 천명을 기다렸습니다."라는 반대 의견이 나왔다.
이에 형한이 다시 말하길 "유수는 한 자의 땅을 봉할 권세도 없었습니다. 그런데
도 까마귀를 모아놓은 것 같은 병사들을 거느리고 전장을 누비며 가는 곳마다
평정하였습니다(驅烏合之衆 跨馬陷敵 所向輒平). 지금 그와 공을 다투지 않고 앉아서
무왕의 사례를 본받는 것은 당치 않습니다."라고 하였다.

참고로 《사기(史記)》〈역생육가열전(酈生陸賈列傳)〉에서 '규합지중(糾合之衆)'이란 표현
을 확인할 수 있다. 즉 오합지졸(烏合之卒)에서 까마귀(烏)에 방점을 둔다면 《동관한
기》가 유래라 할 수 있겠지만 《사기》에서 유래했다고 하여도 틀린 견해는 아니다.

●《동관한기(東觀漢記)》〈공손술전(公孫述傳)〉,
《삼국지(三國志)》〈위서(魏書) 환이진서위노전(桓二陳徐衛盧傳)〉

경적필패 輕敵必敗

적을 가벼이 여기면 반드시 패한다 -《정사》 인용

병가(兵家)의 격언 중 하나로, 자만(自慢)을 경계하는 의미로 자주 언급되는 표현이다.

257년 5월, 위(魏)의 장군 제갈탄(諸葛誕)이 수춘성에서 반란을 일으켰다. 그런데 이전 해인 256년에 제갈탄은 오(吳)의 공격에 대비해 수비 병력을 증원해야 한다는 표문을 올린 바 있다. 하지만 조정에서는 현재의 병력만으로도 충분하다고 판단하여 제갈탄의 요청을 받아들이지 않았다. 오히려 제갈탄의 저의를 의심하면서 조성으로 불러들이려 하였다. 이에 이듬해인 257년 4월 제갈탄을 사공(司空)으로 임명하였다. 영광스런 3공의 벼슬이건만 제갈탄은 이를 두려워하였고 급기야 위(魏)에 반기를 들게 된 것이다.

그런데 이미 지난 수년 간 수춘을 근거로 여러 차례 반란이 일어났었다. 251년 왕릉(王凌)을 시작으로 255년 관구검(毌丘儉)과 문흠(文欽) 등이 연이어 반기를 든 곳이 바로 수춘이었다. 그렇게 반란을 일으킨 제갈탄은 다량의 군량을 비축한 뒤 수춘성의 성문을 폐쇄하였다. 그러고는 오에 투항하며 원군을 요청하였다. 이에 오의 조정에서도 적극적으로 제갈탄을 지원하기로 하였다. 이렇게 하여 제갈탄의 반란은 위와 오 사이의 대규모 전투 양상을 띠게 되었다.

그러자 위의 대장군 사마소(司馬昭)가 대군을 이끌고 출병하여 수춘성을 포위하였다. 이후 포위가 장기화되면서 성안의 군량도 점차 줄어들고 내분이 일어나게 되었다. 이에 투항자가 속출하며 결국 258년 2월에는 수춘성이 함락되고 만다. 아울러 사마소는 이 기회를 이용하여 오의 영역 깊숙이까지 진격하려 하였다. 이때 장군 왕기(王基)가 사마소에게 간하길 "무릇 크게 이긴 뒤에는 대장부터 병졸들까지 적을 가벼이 여기게 됩니다. 적을 가벼이 여기면 여러 여건들을 따지기 어렵습니다(輕敵則慮難不深). 지금 오군은 원정에 실패한 후이고, 내부의 환란도 가라앉지 않았기에 여러 가지를 대비하고 있을 것입니다."라고 하였다. 결국 이를 옳게 여긴 사마소가 추가적인 공세를 멈추었다.

✚ 경적(輕敵) 즉 '적을 얕잡아 보다'는 말은 많은 서적에서 다용하는 말이다. 하지만 막상 '적을 얕보면 반드시 패한다'라는 표현은 찾기가 쉽지 않다. 그런데 《손자병법》에 "생각 없이 적을 쉽게 여기는 자는 반드시 사로잡힌다(夫惟無慮而易敵者 必擒於人)"는 말이 있다. 고전 중에서 경적필패(輕敵必敗)의 의미에 가장 근접한 표현이라고 조심스레 주장해본다.

●《손자병법(孫子兵法)》〈행군(行軍)〉, 《삼국지(三國志)》〈위서(魏書) 서호이왕전(徐胡二王傳)〉

전국위상 全國爲上
상대 국가를 온전히 두고 굴복시키는 것이 최상이다 　　　　　　 -《정사》 인용

용병에 관한 격언으로, 되도록이면 살상과 파괴를 최소화하면서 승리를 거두는 편이 최선임을 일컫는다.

수춘성이 함락되며 제갈탄의 반란이 진압되자 위(魏)의 조정에서는 이후 처리 문제에 대한 의견들이 분분했다. 지난 수년 동안 수춘 일대에서 연이어 반란이 일어났었기 때문이다. 또한 이번에 투항한 오군들도 그대로 석방하게 되면 그들의 연고지인 장강 이남으로 되돌아갈 것이 뻔했다. 그러므로 일대 백성들과 투항한 병사들 모두를 생매장해버려야 한다는 살벌한 주장에 제법 무게가 실리고 있었다.

　그러나 대장군 사마소의 생각은 달랐다. 사마소가 말하길 "이는 과거에 용병하던 방법이고 지금은 온전히 굴복시키는 것이 최상책이다(以爲 古之用兵 全國爲上). 그러니 그 주동자만 처형하면 된다."고 하였다. 그리하여 수춘 일대에 거주하는 일반 백성들에 대해서는 처벌을 하지 않았다. 아울러 투항한 오의 병사들도 황하 인근에 위치한 하동(河東), 하남(河南) 등지의 군현으로 이동시켜 정착해 살도록 조치하였다.

✚ 이는 《손자병법》에서 찾아볼 수 있는 표현이다. "용병의 법칙에 의하면, 적국을 온전한 상태로 두고 굴복시키는 것이 최선이고 적국을 파괴하여 승리하는 것은 차선이다(全國爲上 破國次之). 적의 군대를 온전히 두고 항복을 받아내는 것이 최선이고 전투를 벌여 깨뜨리고 승리하는 것은 차선이다."

　　사실 매우 실리적인 사고방식이라 할 수 있다. 적국의 시설과 인력을 오롯이 우리 것으로 만들 수만 있다면 그대로 국가의 자산이 증대되는 것이기 때문이다. 아울러 백 번 싸워 백 번 이기는 것보다 '싸우지 않고 굴복시키는 것이 최선'이라는 용병 원칙과도 일맥상통한다고 하겠다.

● 《손자병법(孫子兵法)》〈모공(謀攻)〉,
《삼국지(三國志)》〈위서(魏書) 왕관구제갈등종전(王毌丘諸葛鄧鍾傳)〉

구양입호 驅羊入虎

양을 몰아 범에게 가다

아무런 승산 없이 무모하게 함부로 달려드는 상황을 빗댄 표현이다.

249년에 일어난 '고평릉의 변' 이후 위(魏)는 사마의를 중심으로 한 사마(司馬)씨가 실권을 쥐게 되었다. 그렇게 어느새 10여 년이 흐른 260년의 일이다. 이때 황제는 조모(曹髦)였고, 조정의 실권은 사마의의 둘째 아들 사마소(司馬昭)가 쥐고 있었다. 조모는 조비의 손자로 254년 14세의 나이로 제위에 올랐고 이때에는 20세였다.

260년 5월 어느 날, 갑자기 조모가 몇몇 신하들을 불러 모았다. 그러고는 "더 이상은 이런 수모를 당할 수 없으니 지금 경들과 함께 사마소를 토벌하겠노라."라고 말하였다. 신하들 입장에서는 당황스러울 수밖에 없었다. 이에 신하들이 이런저런 말로 말려보았지만 소용없었다. 조모는 "과감하게 행동해야 한다. 죽는다 한들 무엇이 두렵겠는가!"라며 분연히 일어섰다. 그러자 얼른 달려가 사마소에게 알리는 신하도 있다. 이어 조모는 궁중에 있는 종복 수백 명을 거느리고 소리를 치며 궁을 나섰다.

《연의》의 이 대목에서는 상서 왕경(王經)이 울면서 "지금 폐하께서 수백의 종복을 거느리고 사마소를 치러 가시는 것은 마치 양이 범의 입으로 들어가는 것과 같습니다(是驅羊而入虎口耳). 이는 헛된 죽음일 뿐입니다. 신은 목숨이 아까워서가 아니라 실제 보건데 일이 성사될 수 없기 때

8장. 빼앗는 자와 빼앗긴 자 401

문입니다."라고 큰 소리로 간하였다. 하지만 조모는 "내 이미 군사를 일으켰으니 경은 막지 마시오."라며 진군을 멈추지 않았다.

다시 정사의 기록이다. 조모가 계속해서 진군하자 이번에는 중호군 가충(賈充)이 조모를 제지하였다. 하지만 조모가 칼을 빼들자 병사들이 멈칫하며 물러났다. 이때 부하 중에 성제(成濟)라는 자가 가충에게 "일이 다급한데 어찌 해야 합니까?"라고 물었다. 이에 가충이 대답하길 "자네들을 기르는 것은 오늘 같은 날 쓰기 위함일세. 물을 게 뭐가 있겠나."라고 대답하였다. 이에 성제가 조모를 찌르며 황제의 소박한 거병은 허망하게 끝나고 말았다.

✚ 이 표현은 《사기》와 《전국책》에 모두 등장한다. BC 311년, 장의가 합종책을 깨고 연횡책을 성사시킬 생각으로 초회왕(楚懷王)을 만나 유세하였다.

"진나라는 그 영토가 천하의 절반에 달하고 병력은 나머지 제후국들을 일거에 대적할 만합니다. 또한 산이 자연 요새를 이루고 황하가 둘러싸고 있어 사방이 견고하고 험합니다. (중략) 무릇 합종책이란 양떼를 몰아 사나운 범을 공격하게 하는 것과 다름이 없습니다(無以異於驅群羊而攻猛虎也). 범에게 양이 상대가 되지 않는 것은 자명합니다. 지금 대왕은 범의 편이 되지 않고 오히려 양의 편을 들고 계시니 이는 잘못된 계책이라 여겨집니다."

● 《사기(史記)》〈장의열전(張儀列傳)〉, 《전국책(戰國策)》〈초책(楚策)〉, 《삼국지(三國志)》〈위서(魏書) 삼소제기(三少帝紀)〉(배송지주 한진춘추(漢晉春秋) 인용), 《삼국지연의》 114회

9장

분구필합(分久必合)

1

촉(蜀)의 패망

험한 지형을 방패삼아 수십 년간을 버텨온 촉에 큰 위기가 찾아온다. 이에
촉의 두 번째 황제 유선은 과연 어떤 모습을 보여줄 것인가?

농권 弄權

권력을 멋대로 휘두르다 　　　　　　　　　　　　　　　　　－〈정사〉 인용

군주가 아닌 다른 누군가 제멋대로 권력을 부릴 때 사용하는 표현이다. 여
기서 弄(희롱할 롱)은 구슬(玉)과 두 손(廾)이 더해진 형태로 '두 손으로 구슬을
갖고 노는 모습'을 나타낸 글자이다.

262년 무렵의 일이다. 이 당시 촉의 대장군 강유는 변방 요새인 답중(沓
中)에 주둔하고 있었다. 지난 수년간 강유는 위(魏)와의 크고 작은 전투를
이어가며 이기고 지기를 반복하고 있었다. 그런데 이 당시 촉(蜀)의 조정
은 환관 황호가 권력을 제멋대로 부리고 있었다(宦官黃皓等 弄權於內). 때
문에 강유는 도읍인 성도로 귀환하지 않고 계속 답중에 머무르고 있었
던 것이다.

　이듬해인 263년, 강유는 조정에 표문을 올려 위의 동향을 보고하였
다. 아울러 각 요충지에 병력을 증원하여 위군의 침공에 대비해야 한다
고 건의하였다. 하지만 촉의 황제 유선은 강유의 표문을 묵살하였다. 무
당이 황호에게 '적이 침입하지 않는다'고 하였고, 황호가 이를 유선에게

전하니 유선이 그 말을 그대로 믿은 것이다. 그래서 당시 조정의 신료들은 강유가 표문을 올린 사실조차 제대로 알지 못했다. 하지만 강유의 우려는 얼마 지나지 않아 그대로 현실이 되고 만다.

✚ 농권(弄權)과 비슷한 표현으로 농단(壟斷)이 있다. 하지만 보다시피 그 한자도 다르고, 본래 가지고 있는 의미나 유래도 별개이다. 하지만 실제 활용되는 상황은 크게 다른 것 같지 않다. 본래 농단(壟斷)이란 언덕 같이 주변보다 높은 지형을 가리키는 말이었다. 이것이 농권(弄權)과 유사한 의미를 지니게 된 것은 《맹자(孟子)》의 영향이다.

〈공손추(公孫丑)〉편에서 맹자가 말하길 "옛날에 시장에서 교역하던 사람들은 자기가 가진 물건을 필요한 물건과 바꾸었고, 시장을 맡은 관원들은 그저 관리만 할 뿐이었습니다. 그런데 어떤 졸장부(賤丈夫) 하나가 농단(壟斷)에 올라가서 여기저기 내려다보면서 시장의 이익을 그물질하듯 쓸어갔습니다. 그러자 모든 이들이 이를 천하게 여겼습니다. 이에 그 자에게 세금을 징수하니, 장사꾼들에게 세금을 거둔 것이 여기서부터 비롯된 것입니다."라고 하였다. 간혹 용단(龍斷)이라 기록된 경우도 있는데 이 역시 壟(언덕 롱)의 의미이다.

● 미상(未詳) / 《삼국지(三國志)》〈촉서(蜀書) 장완비의강유전(蔣琬費禕姜維傳)〉

출기불의 出其不意

적이 생각하지 못한 곳으로 나아가다 –《정사》 인용

병법의 격언 중 하나로 적이 방심하고 있는 곳을 공략하라는 의미이다.

263년 5월, 위의 사마소(司馬昭)가 촉에 대한 대대적인 공격을 결정하였다. 이에 등애(鄧艾)와 종회(鍾會) 등이 대규모 병력을 거느리고 출진하였다. 그리고 얼마 지나지 않아 촉의 최전방에 위치한 성들이 차례차례 함락되었다. 이에 촉의 대장군 강유는 검각(劍閣)에 병력을 집결한 채 결사적으로 이들의 진격을 저지하였다. 때문에 공성하는 종회로서도 쉽지 않은 전투가 이어졌다. 더구나 군량수송마저 원활하지 않았기 때문에 종회는 철군까지도 심각하게 고려하고 있었다. 그런데 이때 등애가 의견을 냈다.

"이제 적들의 기세는 꺾였고 우리는 승세를 타고 있습니다. 그러니 우리가 음평(陰平)의 샛길을 이용하여 진격한다면 부성(涪城)에 금세 당도할 수 있습니다. 부성은 검각에서 서쪽으로 1백리이고 성도와는 3백리입니다. 적의 심장부를 기습할 수 있게 됩니다. 그리되면 검각을 지키던 군사들은 부성으로 가게 될 것이니 그리되면 본대는 평탄한 길로 진군할 수 있습니다. 만약 강유가 그대로 검각을 지킨다면 부성의 병력만으로는 우리를 막지 못할 것입니다. 병서에 이르길 '방비가 없는 곳을 공격하고 적이 생각하지 못한 곳으로 나아가라(攻其無備 出其不意)'고 하였습니다.

지금 적의 빈틈을 공격한다면 틀림없이 격파할 수 있습니다."

✚ 여기서 등애가 했던 말은《손자병법》에서 확인할 수 있다.

"무릇 병법은 기만술이다. 때문에 할 수 있어도 할 수 없는 듯이 보이게 하고, 쓰지만 쓰지 않는 듯이 보이게 하고, 가깝지만 먼 듯이 보이게 하고, 멀지만 가까운 듯이 보이게 한다. 이익으로 적을 유인해내고 어지럽게 한 후 기회를 노리며, 적이 튼실하면 대비를 갖추고 강하면 일단 피한다. 쉽게 노하는 적은 도발하고 아군을 얕보는 적은 더욱 교만하게 만들며, 적이 충분히 쉰 상태라면 피곤하게 만들고 내부가 친밀하다면 이간시킨다. 적의 방비가 없는 곳을 공격하며 생각하지 못한 곳으로 나아간다(攻其無備 出其不意). 이것이 전쟁에서 승리하는 길이다. 하지만 미리 세운 계획에 얽매여서도 아니 된다."

●《손자병법(孫子兵法)》〈시계(始計)〉,
《삼국지(三國志)》〈위서(魏書) 왕관구제갈등종전(王毌丘諸葛鄧鍾傳)〉

무인지경 無人之境

사람이 아무도 살지 않는 곳 　　　　　　　　　　　　　　　　　　　-《정사》 인용

본래 사람이 아무도 살지 않는 외진 곳을 일컫는 말이다. 현재는 주로 '마치 무인지경을 달리는 것 같다'의 형태로 거칠 것 없이 누비는 모습을 표현할 때 사용하는 경우가 대부분이다.

263년 10월, 등애가 별동대를 거느리고 출발하였다. 그러고는 음평의 7백여 리 길 사람이 아무도 살지 않는 곳으로 들어섰다(艾自陰平道 行無人之地 七百餘里). 그런데 막상 병력을 이끌고 진입해보니 듣던 것보다 훨씬 험준한 지형이 눈앞에 펼쳐졌다. 이에 등애의 군사들은 산을 뚫고 교량을 만들며 한발 한발 매우 힘들게 전진하였다. 낭떠러지를 만나면 몸에 담요를 두르고 굴러서 내려가기도 하였다.

그렇게 힘겹게 다다른 곳이 강유성(江油城)이었다. 그런데 이때 강유성을 지키고 있던 성주 마막(馬邈)은 험한 지형만 믿고서 방심하고 있었다. 그러다 생각지도 못한 곳에서 등애의 군사들이 나타나자 별다른 저항도 하지 못한 채 곧바로 투항해버렸다.

그러자 강유성이 적의 수중에 들어갔다는 소식이 성도에 전해졌다. 어떻게든 검각만 막으면 된다고 여태껏 생각하고 있던 유선과 그 신료들에게는 그야말로 청천벽력과 같은 소식이었다. 이에 성에 남아 있는 병력을 끌어 모아 등애를 막아보기로 하였다. 이때 지휘를 맡은 이가 바로 제

갈량의 아들 제갈첨(諸葛瞻)이었다. 아울러 장비의 손자인 장준(張遵)도 부장으로 참전하였다. 전투 초반에는 제갈첨이 이끄는 촉군이 상당히 선전하였다. 하지만 등애의 아들 등충(鄧忠)과 부장인 사찬(師纂)이 활약하며 결국 격파되고 말았다. 이때 제갈첨과 장준도 전사함으로서 촉의 마지막 희망의 불꽃마저 꺼지고 말았다.

● 미상(未詳) / 《삼국지(三國志)》〈위서(魏書) 왕관구제갈등종전(王毌丘諸葛鄧鍾傳)〉

면박여츤 面縛輿櫬

손을 뒤로 묶고 수레에 관을 싣다 — 《정사》 인용

항복을 의미하는 고대의 의식인 면박(面縛)과 여츤(輿櫬)이 합해진 성어이다.
스스로 죄인임을 인정하며 상대의 처결을 기다린다는 의미가 들어 있다.

제갈첨이 이끄는 결사대마저 격파한 등애는 거칠 것 없이 낙성(雒城)에
이르렀다. 낙성은 성도에서 160여 리에 위치한 성으로 과거 유비가 유장
과 싸울 때에도 약 1년 동안 공방을 벌였던 곳이다. 사실상 성도로 가는
마지막 관문이라 할 수 있지만 이미 촉의 조정은 전의를 잃어버린 상태
였다. 이에 유선이 급히 군신회의를 소집하여 대책을 물었다. 그러자 오
(吳)로 도망가자는 의견, 익주 남부로 물러나 지키자는 의견 등이 나왔
다. 그러자 중신인 초주(譙周)가 나섰다.

"대저 대국이 소국을 병합하는 것이 자연스러운 이치입니다. 장차 위
(魏)가 오(吳)를 병탄할 수는 있겠지만 오가 위를 병합하기는 어려울 것
입니다. 어차피 신하를 칭해야 한다면 차라리 어느 편이 낫겠습니까? 그
리고 만약 익주 남부로 피난하려고 한다면 진작부터 이에 대한 준비를
했어야 합니다. 이제 급하게 떠난다 한들 앞으로 무슨 일이 일어날지 알
수도 없습니다. 남쪽에 제대로 자리나 잡을 수 있겠습니까!"

결국 한참의 망설임 끝에 유선이 내린 결론은 등애에게 투항하는 것
이었다. 이에 낙성으로 국서를 보내 투항 의사를 밝혔다. 이에 유선의 투

항을 받아들인 등애가 성도 북쪽에 당도하였다. 그러자 유선은 자신의 아들들과 신하 등 60여 명을 인솔하여 손을 뒤로 묶은 채 수레에 관(棺)을 싣고서 군문에서 등애를 맞이하였다(禪率太子諸王及群臣六十餘人 面縛 輿櫬詣軍門). 이를 본 등애가 직접 유선의 밧줄을 풀어주고 관을 불태워 버렸다. 그러고는 자신의 군사들이 함부로 행동하지 못하도록 단속하는 등 촉의 백성들을 안심시켰다. 한편으로 유선은 아직도 저항을 계속하고 있는 강유(姜維)에게도 칙령을 내려 항복하게 하였다.

✛ 고대로부터 항복의 뜻을 드러내는 의식은 매우 다양하게 존재하였다. 대표적으로 상반신을 드러내는 육단(肉袒), 양을 끌고 가는 견양(牽羊), 띠를 손에 쥐는 파모(把茅), 무릎으로 걷는 슬행(膝行), 옥을 입에 무는 함벽(銜璧) 그리고 손을 뒤로 묶고 얼굴을 드러내는 면박(面縛), 수레에 관을 싣는 여츤(輿櫬) 등이 있다. 이 중에서 유선은 면박과 여츤을 택했던 것이다. 참고로 여츤은 '관을 등에 짊어진다'라고 풀이하기도 한다.

이런 의식들의 유래는 보통 미자(微子) 계(啓)에게서 찾는다. 미자 계는 은(殷)나라의 마지막 왕인 주왕(紂王)의 이복형으로 송(宋)나라의 시조이다. 주무왕(周武王)이 은나라를 무너뜨리자 미자 계가 이런 행동들을 하며 동생의 잘못을 사죄하였던 것이다. 이에 주무왕이 직접 그 포박을 풀어주고 관을 불태워버리고는 이후로 은나라의 제사를 받들도록 해주었다. 흔히 송나라를 은나라의 후예라 부르는 이유도 바로 이 때문이다.

● 《춘추좌전(春秋左傳)》〈희공(僖公)6년〉, 《사기(史記)》〈송미자세가(宋微子世家)〉,
《삼국지(三國志)》〈위서(魏書) 왕관구제갈등종전(王毌丘諸葛鄧鍾傳)〉

석권 席卷

자리를 말 듯 휩쓸다   -《정사》 인용

석권은 '자리를 둘둘 말듯이 닥치는 대로 영토나 세력을 휩쓸다'의 의미를
나타낸다. 과거에도 席卷과 席捲이 병용되었고, 현재 국어사전에도 병기되
어 있다.

263년 10월에 힘들게 고개를 넘었던 등애는, 12월에는 성도에 편안히 앉
아 상소를 올리고 있었다.

"지금 촉을 평정한 여세를 몰아 오(吳)를 공격한다면 그들은 두려워
떨 것입니다. 지금이 바로 석권할 수 있는 때입니다(席卷之時也). 그러나
큰일을 치른 직후라 병사들이 극도로 지쳐 있기에 곧바로 동원할 수는
없고 잠시 늦추어야 할 것입니다. 농서(隴西)의 군사 2만 명과 촉병 2만 명
으로 하여금 소금을 제조하고 철광을 제련하게 하여 군사와 농사에 사
용하도록 해야 할 것입니다.

그리고 전선을 만들어 장강을 따라 동오를 공격할 준비를 하면서 한
편으로 사자를 보내 이해관계로 설득해야 합니다. 그러면 필시 동오는
우리에게 귀화할 것이니 굳이 군사를 일으키지 않고도 평정할 수 있을
것입니다. 그러니 지금 유선을 후하게 대우하여 동오의 손휴(孫休)가 스
스로 투항하도록 만들어야 할 것입니다."

✛ '석권'은 꽤 오래전부터 다용된 표현으로 여러 서적에서 접할 수 있다. 그 중에서 전한 초기의 문신 가의(賈誼)가 쓴 〈과진론(過秦論)〉의 표현을 옮겨본다. 가의는 앞서 '투서기기(投鼠忌器)'에서 등장한 바 있다.

"진효공(秦孝公)은 험준한 요새에 의거하며 옹주를 지키고, 군주와 신하가 굳게 지키며 주(周)의 왕실을 엿보았다. 이후 천하를 석권하고, 세상을 보자기로 싸고, 사해의 마음을 주머니 속에 묶고, 사방의 마음을 병탄할 수 있었던 것이다(有席卷天下 包擧宇內 囊括四海之意 幷呑八荒之心)."

살펴보면 천하를 휩쓸어 버리는 상황을 '자리를 말다, 보자기로 싸다, 주머니에 묶다, 아울러 삼키다'와 같이 다양한 방식으로 표현하고 있다. 이 중에서 '석권'과 '병탄'이 현재까지도 널리 사용되고 있다. 참고로 진효공의 재위기간은 BC 362년에서 338년이며 상앙(商鞅)을 등용해 진(秦)을 강국의 반열에 올려놓은 군주이다.

● 미상(未詳) / 《사기(史記)》〈진시황본기(秦始皇本紀)중 과진론(過秦論)〉,
《삼국지(三國志)》〈위서(魏書) 왕관구제갈등종전 (王毌丘諸葛鄧鍾傳)〉

2

촉 패망 그 이후

유선이 등애에게 항복하며 마침내 촉은 망하였다. 승자와 패자가 갈린 상황. 하지만 이후에 펼쳐질 각자의 운명은 과연 어떻게 될 것인지.

백기지혹 白起之酷

백기 장군의 한 　　　　　　　　　　　　　　　　　　　　 -《정사》 인용

백기(白起)는 진(秦)의 명장으로 전국시대 후반기를 대표하는 장수이다. 酷(혹)은 본래 '진하고 독한 술'을 의미하는 글자인데, 파생하여 '혹독하다, 심하다, 잔인하다, 원통하다, 한(恨)' 등 여러 의미를 나타낸다.

263년 12월에 성도를 점령한 등애는 군사들을 철저히 단속하며 민심을 안정시켜 나갔다. 아울러 누대(樓臺)를 지어 자신의 전공을 널리 알리게 하였다. 이에 위의 조정에서도 조서를 내려 등애의 전공을 치하하였다. 그러자 등애는 기세등등하여 자신의 의견을 연이어 조정에 건의하였다. 하지만 대장군 사마소는 '모든 일을 보고 한 후에 처리할 것이며 함부로 실행하지 말라'는 명을 하달하였다. 그럼에도 등애는 거듭해서 상소를 올리며 자신의 뜻을 조정에 알리려 하였다.

　그러자 그동안 등애와 함께 했던 여러 장군들이 '등애에게 변란의 싹이 보인다'며 참소하였다. 이에 조정에서는 등애를 압송하기로 결정하였다. 그리고 얼마 지나지 않아 조서가 내려왔고 등애와 아들 등충은 함거

에 태워져 압송되는 신세가 되고 말았다. 그러자 등애가 하늘을 우러러 보며 한탄하길 "나는 충신인데 어찌 이럴 수 있는가! 백기 장군의 한을 오늘날 다시 보게 되는구나(白起之酷 復見於今日矣)!"라고 하였다. 그리고 얼마 후 압송 중에 처형되고 말았다.

➕ BC 260년, 장평(長平)에서 진(秦)나라 장군 백기가 조(趙)나라를 상대로 대승을 거두었다. 이후 백기는 승세를 타고 조나라에 대한 공세를 이어갔다. 그러자 존 망의 위기에 처한 조나라는 진나라의 승상 범수에게 사람을 보내 '백기의 지위가 높아지면 범수가 그 아래에 있어야 한다'고 설득하였다. 이에 범수가 진왕에게 '병 력이 지쳐 있다'는 이유로 진군을 멈출 것을 건의하였고, 곧 철군 명령이 내려졌 다. 하지만 철군하고 얼마 지나지 않아 백기는 이런 내막을 모두 알게 되었다.

그리고 이후부터 백기는 왕의 출전 명령에도 병을 핑계로 응하지 않았다. 결 국 백기는 사병으로 강등되어 함양을 떠나게 되었는데, 이후에도 백기에 대한 참 소가 계속 이어졌다. 마침내 BC 258년 11월, 진왕이 백기에게 검을 내리며 자진 을 명했다. 그러자 검을 받은 백기가 하늘을 쳐다보며 "내가 무슨 죄가 있어 이런 지경에 이르렀는가?"라며 한탄하였다.

● 《사기(史記)》〈백기왕전열전(白起王翦列傳)〉, 《삼국지(三國志)》〈위서(魏書) 왕관구제갈등종전(王毌丘諸葛鄧鍾傳)〉(배송지주 위씨춘추(魏氏春秋) 인용)

군자표변 君子豹變

군자가 자신의 허물을 과감히 고치다　　　　　　　　　　　　－《정사》 인용

표변(豹變)이란 표범의 무늬가 뚜렷하고 아름다운 것 같이 사람의 면목을 일신한다는 의미이다. 환골탈태(換骨奪胎)와 개과천선(改過遷善)의 의미를 모두 지닌 말이라고 보아도 크게 틀리지 않을 것이다.

촉이 패망한 이후 촉의 마지막 황제 유선이 낙양에 도착하였다. 그리고 264년 3월, 위의 조정에서는 유선에게 이런 내용의 조서를 내렸다.

"황제는 유선을 안락현공(安樂縣公)에 봉한다. 앞으로 나와서 짐의 명을 들을지어다. (중략) 오랫동안 전쟁이 그치지 않아 백성들이 그 목숨을 부지하기도 어려운 시절이 거의 60년에 가까웠다. 짐은 선조의 유지를 계승하여 사해를 안정시키고 온 땅의 모두가 같은 길을 가도록 전군을 동원하여 위엄을 보이었다. 공은 큰 덕의 도량을 헤아려 받들고 큰 정의의 뜻을 따라 몸을 낮춰 위탁하기를 마다하지 않았다. 또한 백성들을 사랑하고 나라를 귀하게 여겼도다. 그렇기에 마음을 낮추어 상황에 맞게 태도를 적절히 바꾸었다(降心回慮 應幾豹變). 아울러 신의와 순함을 생각하여 백성들과 함께 무안한 편안함을 누리고자 하였으니, 이 어찌 깊다고 하지 않겠는가!

짐은 공에게 높은 지위와 복록을 보장하노니 전훈에 따라 봉국을 세우고 의식을 행하여 오랫동안 번신으로서 나라를 보필하도록 애쓸지어

다. 공은 짐의 명령에 복종하고 인의와 덕을 넓혀 끝까지 좋은 명성을 지켜나가도록 하라."

＋《주역(周易)》혁괘(革卦) 상사(象辭)에 "군자가 표변하니 그 무늬가 화려하다(君子豹變 其文蔚也)."는 말이 있다. 즉 '과감하게 자신의 허물을 고친다'는 긍정적인 의미이다. 그런데 간혹 '사람의 태도가 돌변하였다'는 부정적인 상황에 사용하는 경우가 있는데, 본연의 의미와 비교해 봤을 때 명백한 오용이라 할 수 있다. 변절(變節)이나 반복(反覆)과는 상당히 거리가 있는 말이다.

이렇게 볼 때 표변(豹變)이라는 말은 유선에게 어울리는 표현이라고 할 수 없다. 어디까지나 위(魏)의 입장에서 유선을 칭찬하는 글이기에 등장한 표현일 뿐이다. 끝까지 결사항전하지 않고 적절한 때에 투항한 것을 그럴싸한 말로 포장해준 셈이다.

● 《주역(周易)》〈혁괘(革卦)〉, 《삼국지(三國志)》〈촉서(蜀書) 후주전(後主傳)〉

낙불사촉 樂不思蜀

즐거워서 촉이 생각나지 않는다 —《정사》유래

촉이 망한 이후 망국 군주 유선이 과연 어떤 모습으로 살았는지 단적으로
보여주는 일화이다.

유선이 하루하루를 조용히 지내고 있던 어느 날 사마소가 유선을 불러
연회를 열었다. 그러고는 옛날 촉의 음악을 연주하게 하였다. 그러자 곁
에 있던 옛 관료들이 모두 눈물을 흘렸다. 하지만 유선만은 싱글벙글 웃
으며 즐거워하였다. 이를 본 사마소가 곁에 앉은 신하에게 "사람이 어찌
저리 무정할까! 제갈량이 보필했어도 오래 가지 못했을 터인데, 하물며
강유 따위가 어찌할 수 있었겠는가?"라고 말하였다.

며칠 후 사마소가 유선에게 "공은 촉이 그립지 않은가?"라고 물었다.
그러자 유선이 대답하길 "이곳의 생활이 즐거워 촉이 그립지 않습니다
(此間樂 不思蜀)."라고 하였다. 유선이 일부러 이런 척을 했다는 얘기도 있
다. 어차피 항복한 처지이고 달리 뾰족한 수도 없는 상황이었다. 불필요
한 오해나 의심을 불러올 만한 행동은 하지 않는 게 남은 목숨이나마 유
지할 수 있는 길이라 생각했을 수 있다. 어찌 보면 이게 진정 현명한 것인
지도 모른다.

하지만 대부분의 독자들은 이리 생각하지 않을 것이다. 그냥 아무 생
각 없는 유선의 행동이라고 여긴다. 17세의 어린 나이에 제위에 올라 어

느덧 환갑을 바라보는 나이가 되었건만, 아직도 아두(阿斗)라 불리던 시절에서 별반 나아진 것이 없어 보인다. 이후 유선은 271년 65세의 나이로 사망할 때까지 편안하고 조용하게 여생을 보낸다. 유선은 봉지의 지명을 따 안락현공(安樂縣公) 혹은 안락공(安樂公)으로 불린다. 누군가 의도했는지는 알 수 없지만 유선에게 참 잘 어울리는 이름인 것 같다.

● 《삼국지(三國志)》〈촉서(蜀書) 후주전(後主傳)〉(배송지주 한진춘추(漢晉春秋) 인용)

읍양이선 揖讓而禪

두 손을 모으고 제위를 선양하다 　　　　　　　　　　　　-〈정사〉 인용

무력을 사용하지 않고 '제위를 양보한다'는 뜻을 나타내는 표현 중 하나이다.

촉이 패망한 직후인 264년 5월, 사마소는 그동안 미루어왔던 일을 하기 시작했다. 아버지 사마의를 선왕(宣王)으로, 형 사마사를 경왕(景王)으로 추존했던 것이다. 그리고 그해 9월에는 사마소의 아들 사마염(司馬炎)을 자신의 세자로 책립하였다. 하지만 사마소는 스스로 제위에 오르지는 않고 진왕(晉王)에서 그쳤다. 비록 황제와 다름없는 권력과 각종 격식을 다 갖추었지만 어쨌든 표면적으로는 왕의 신분이었다. 과거 조조도 제위에 오르지 않았는데, 사마소는 조조를 그대로 모방한 셈이다. 대신 아들 사마염이 조조의 아들 조비를 그대로 따라했다.

이듬해인 265년 8월, 사마소가 사망하자 태자 사마염이 사마소의 모든 작위와 관직을 계승하였다. 그리고 12월 위의 마지막 황제 조환(曹奐)으로부터 제위를 선양받았다. 조환이 제위에 오른 지 5년만이고, 조비가 헌제로부터 선양 받은 지 45년만이다. 이 때 모든 예법과 형식을 220년 당시와 똑같이 시행하였다. 이렇게 하여 조(曹)씨의 위(魏)가 막을 내리고 사마(司馬)씨의 진(晉)이 세워지게 된다.

아! 망탁조의(莽卓操懿)라 하였던가. 조조의 자손들은 한(漢)으로부터 나라를 빼앗은 후, 사마의의 자손들에게 똑같은 형태로 나라를 빼앗기

고 만 것이다.

✦ 揖(읍)은 두 손을 가슴에 모으고 절하는 예를 일컫는 말이다. 그래서 읍양(揖讓)은 '겸손한 뜻을 표시하다'의 의미를 지닌다. 그런데 간혹 확대되어 읍양(揖讓)만으로도 '제위를 선양하다'의 뜻을 나타내기도 한다. 이 경우 읍양이선(揖讓而禪)에서 생략된 형태로 볼 수 있을 것이다.

《삼국지》의 편찬자 진수는 조환을 평하며 읍양이선(揖讓而禪)이라는 표현을 사용하였다. 이렇게 폐위된 조환은 이후 58세까지 조용하게 여생을 보낸다. 선양할 당시 나이 20세. 조모가 용감하게 거병하였다가 칼에 찔려 생을 마감할 때의 나이와 같았다. 개인적으로 필자는 조환과 유선이 서로 안부를 주고받으며 친하게 지냈는지 의문이다.

● 미상(未詳) / 《삼국지(三國志)》〈위서(魏書) 삼소제기(三少帝紀)〉

3

죽림칠현의 출현

죽림칠현(竹林七賢)이란 위(魏)에서 진(晉)으로 넘어갈 무렵에 활동했던 7명의
인물들을 말한다. 혜강(嵆康), 완적(阮籍), 완함(阮咸), 상수(向秀), 유령(劉伶), 산
도(山濤), 왕융(王戎)을 가리켜 부르는 말이다. 이 중에서 완적과 완함은 숙질
간이다.

혜금완소 嵆琴阮嘯

혜강은 거문고를 잘 타고 완적은 휘파람을 잘 분다   –《정사》 유래

죽림칠현을 대표하는 두 인물인 혜강과 완적에 대한 이야기이다.

《천자문(千字文)》에 '포사료환 혜금완소(布射僚丸 嵆琴阮嘯)'라는 문구가
있다. 풀이하면 "여포(呂布)는 활을 잘 쏘고 웅의료(熊宜僚)는 구슬을 잘
다루고, 혜강(嵆康)은 거문고 잘 타고 완적(阮籍)은 휘파람을 잘 분다."이
다. 여포의 뛰어난 활솜씨는 앞서 '원문사극(轅門射戟)'에서 확인한 바 있
다. 웅의료는 춘추시대 사람으로 구슬(丸)을 잘 다루었다고 한다.

진수가 편찬한 《삼국지》에는 '혜강은 노자(老子)와 장자(莊子)를 담론
하길 좋아했다' '완적은 욕심이 없고 장자를 본받으려 했다'고고 간략하
게 소개되어 있다. 이들에 대한 보다 자세한 설명은 《진서(晉書)》에서 찾
을 수 있다. 그런데 혜강은 진(晉)이 세워지기 직전인 263년 무렵, 뜻하지
않게 모반에 연루되어 처형되었다. 당시 혜강을 구명하기 위해 많은 선비

들이 나섰지만 조정의 결정을 바꾸지 못하였다.

그런데 처형되기 얼마 전 혜강은 해 그림자를 보면서 거문고를 연주하였다(康顧視日影 索琴彈之). 자신이 살아 있을 때 마지막으로 했던 거문고 연주였다. 그러면서 "내 일찍이 광릉산(廣陵散)이란 곡조를 배웠었다. 헌데 내가 인색하여 이를 아무에게도 전해주지 않았구나. 이제 광릉산의 명맥이 끊어지게 되었도다!"라며 애석해 하였다.

✚ 흔히 죽림칠현(竹林七賢)이라 하면 '위진남북조(魏晉南北朝) 시대 현실 정치에 등을 돌린 7명의 선비'라는 식으로 막연하게 소개하는 경우가 많다. 하지만 이들은 모두 삼국지의 배경이 되는 시기를 살았던 인물들이다.

이들 중 가장 연장인 산도(山濤)는 명제 조예, 후주 유선과 나이가 비슷하다. 또한 혜강과 비슷한 연배의 인물로 촉(蜀)을 무너뜨렸던 종회(鍾會)와 장차 오(吳)를 무너뜨릴 두예(杜預)가 있다. 하지만 《연의》에서 죽림칠현에 대한 언급이 거의 없다. 때문에 대부분의 독자들이 이들을 삼국지와 별개의 존재로 인식하고 있었을 뿐, 이들도 엄연히 삼국시대를 장식했던 인물들이다.

● 《진서(晉書)》〈완혜상유사호필왕양광전(阮嵇向劉謝胡畢王羊光傳)〉, 《천자문(千字文)》

백안시 白眼視

눈의 흰자위가 보이도록 상대를 흘겨보다 　　　　　　　　　 -《정사》유래

상대방을 업신여기거나 냉대한다는 의미로 지금껏 널리 쓰이고 있는 말이
다. 혜금완소(嵇琴阮嘯)에 등장했던 완적에 얽힌 이야기이지만 완적이 휘파람
부는 장면은 등장하지 않는다.

시간을 되돌려 혜강이 살아있던 시절이다. 완적은 앞서 소개한 '불능증
손(不能增損)' 성어에서 등장했던 명문장가 완우(阮瑀)의 아들이다. 그런
데 완적은 장자(莊子)를 본받으려 했던 인물로, 예의범절에 얽매이는 것
을 싫어하였다. 또한 술을 무척 좋아하여 자신이 하고 싶은 대로 행동하
는 경우가 많았다. 좋게 말하면 자유로운 영혼이고 나쁘게 보면 무례한
사람이라 하겠다.

　평소 완적은 검은 눈동자와 흰자위가 각각 확연히 보이도록 눈을 잘
돌리곤 했다. 휘파람 부는 능력뿐 아니라 안구 운동 능력도 뛰어났던 모
양이다. 완적은 자신이 좋아하는 사람을 대할 때는 검은 눈동자가 주로
보이게 하였다. 반면 세속적인 예절에 얽매이는 사람들을 대할 때는 흰
자위가 많이 보이도록 하였다(見禮俗之士 以白眼對之).

　언젠가 완적이 모친상을 당하였다. 이에 당대의 명사인 혜희(嵇喜)가
조문을 왔다. 이때 완적은 혜희를 대할 때 흰자위가 많이 보이게 하였다.
때문에 혜희는 매우 불편한 심기로 물러갔다. 그런데 혜희는 다름 아닌

혜강의 형이다. 형의 이야기를 들은 혜강은 술과 거문고를 가지고서 조문을 왔다. 그러자 완적이 크게 기뻐하면서 검은 눈동자를 보이며 혜강을 맞이하였다.

●《진서(晉書)》〈완혜상유사호필왕양광전(阮稽向劉謝胡畢王羊光傳)〉

군계일학 群鷄一鶴

닭 무리 중에 있는 한 마리 학 -《정사》 유래

무리 중에서 독보적으로 눈에 뜨이는 존재를 가리킬 때 흔히 사용하는 표현이다.

혜강이 처형될 당시 혜강에게는 혜소(嵇紹)라는 10살 남짓의 아들이 있었다. 어느덧 세월이 흘러 혜소가 성인이 된 274년의 일이다.

하루는 죽림칠현 중 한 사람인 산도(山濤)가 진무제(晉武帝) 사마염에게 "폐하! 《서경》에 이르기를 '부자간의 죄는 서로에 미치지 않는다.'고 하였습니다. 혜소가 비록 처형된 혜강의 자식이나 매우 총명하오니 비서랑(秘書郎)의 벼슬을 내려주시옵소서."라 청하였다. 그러자 사마염은 "경이 이렇게 추천하는 자라면 비서랑이 아니라 비서승(秘書丞)의 벼슬도 감당하리라 생각하네."라고 답하였다.

이렇게 임용된 혜소가 얼마 지나지 않아 낙양에 당도하였다. 이때 멀리서 혜소를 본 누군가가 왕융(王戎)에게 말했다. 왕융 또한 죽림칠현 중 한 사람이다. "어제 여러 사람들이 모인 중에 혜소를 보았습니다. 헌데 그 훤한 모습이 마치 닭 무리 중에 서 있는 학을 보는 것 같았습니다(如野鶴之在雞群)." 그러자 이를 들은 왕융이 그 사람을 바라보며 대답하기를 "당신은 그 아버지를 보지 못한 모양이군요."라고 하였다.

●《진서(晉書)》〈충의전(忠義傳)〉

4

기울어지는 오(吳)

263년에 촉(蜀)이 패망하면서 오랜 기간 이어 온 삼자 구도가 깨져버렸다. 이제 진(晉)과 오(吳)의 양자 구도로 급변해버린 상황. 과연 오의 황제 손호 (孫皓)는 어떤 모습을 보여줄 것인가.

복소파란 覆巢破卵

둥지가 뒤집어지면 알이 깨진다 　　　　　　　　　　　　　－《정사》 인용

근본이 망가지면 그 나머지도 결코 무사할 수 없음을 일컫는 말이다.

손호(孫皓)가 오(吳)의 황제로 재위하던 시절의 일이다. 266년에 좌승상 으로 임명된 육개(陸凱)는 손호에게 여러 차례 상소를 올리며 간하곤 했다.

　"신이 알기로 사람의 길흉은 하늘에 달려 있습니다. 마치 본체에 그림 자가 따르고 소리에 울림이 있는 것과 같습니다. 이는 일정한 규칙에 따르는 것으로 사람의 말에 따라 달라지는 것들이 아닙니다. 옛날 진(秦)이 천하를 잃은 이유는 상에 비해 벌이 너무나 무겁고 형사(刑事)가 어지러워졌으며, 사치로 인해 백성들의 힘은 바닥났고 미색에 눈이 가려지고 재물에 심지가 흐려졌기 때문입니다. 간신들이 득세하니 어진 신하들이 숨어버렸고 백성들은 불안해하며 천하는 고통에 신음해야 했습니다. 이렇듯 둥지가 뒤집어지니 알들이 깨지는 환난을 당했던 것입니다(是以遂

有覆巢破卵之憂). 과거 한(漢)이 강성했던 것은 군주가 성실과 신의를 지키며 간언을 받아들이고 현인들을 초빙했기 때문입니다. 또한 농민들에게 혜택을 베풀었고 숨은 인재까지 초빙하며 인재를 모아 큰 뜻을 성취하게 하였기 때문입니다."

✚ BC 493년, 공자가 제자들과 같이 여러 나라를 전전하고 있을 때의 일이다. 이 무렵 공자는 조간자(趙簡子: 조앙(趙鞅))를 만나기 위해 진(晉)나라로 향하고 있었다. 그런데 공자가 황하에 이르렀을 무렵 진나라의 대부 두명독(竇鳴犢)과 순화(舜華)가 피살됐다는 소식을 전해 들었다. 그러자 "아름답구나! 황하여! 내가 이 황하를 건너지 못하는 것도 운명이로다!"라며 탄식하였다.

이에 제자가 이유를 물으니 "두명독과 순화는 어진 대부였다. 조간자가 뜻을 얻기 전에는 이 두 대부의 도움을 받으며 정사를 펼쳤다. 허나 이제 뜻한 바를 이루자 이들을 제거하고 정권을 장악하였다. 내가 듣기로 '배를 갈라 어린 것을 죽이면 기린이 교외에 이르지 못하고, 연못의 물을 마르게 하여 고기를 잡으면 교룡이 음양의 조화를 이루지 못하고, 둥지가 뒤집어져 알이 깨지면 봉황이 날아오르지 못한다(覆巢毁卵 則鳳皇不翔).'고 하였다. 이는 군자가 자신과 같은 무리가 상하는 것을 꺼리기 때문이다."라고 대답하였다.

● 《사기(史記)》〈공자세가(孔子世家)〉, 《삼국지(三國志)》〈오서(吳書) 반준육개전(潘濬陸凱傳)〉

송구영신 送舊迎新

오래된 것을 보내고 새 것을 맞이하다   -《정사》 인용

연말연시면 의례히 접하게 되는 표현이다. 과거 어떤 의미로 사용되었는지 살펴보는 것만으로도 무척 흥미롭다.

육개가 쓴 상소 중에는 예전의 손권과 비교하여 손호의 잘못한 점을 무려 20가지나 나열한 글도 있었다. 하지만《삼국지》의 저자 진수는 육개가 실제 이 글을 상주했는지 여부는 확실하지 않다고 말하고 있다. 때문에 육개의 열전 말미에 참고삼아 수록하여 놓았다.

"교사(校事: 감찰관)는 관리와 백성들의 원수입니다. 선제(손권) 말년에 여일(呂壹) 같은 자가 전횡을 부리다가 처형되었고 이에 대해 선제께서 백성들에게 사과한 바 있습니다. 헌데 지금 교사 제도를 확대하여 시행한다 하니 이는 선제를 따르지 않는 18번째 사실입니다.

또한 선제 때 관리들은 자신의 직책에 오랜 기간 근속하면서 실적을 평가받아 승진하거나 좌천되었습니다. 허나 지금 지방 관리들은 발령이 난 지 얼마 되지도 않고 전직되고 있습니다. 이때 신임 관리를 맞이하고 전임 관리를 전송하며 수많은 이들이 길거리에 모이며 재물을 낭비하고 있습니다(迎新送舊 紛紜道路). 이로 인해 백성들에게 해악이 심하니 이것이 선제를 따르지 않는 19번째 사실입니다."

그런데 사실 이 당시 이런 취지의 간언을 올리는 신하가 비단 육개만

은 아니었다.

● 미상(未詳) / 《논형(論衡)》〈해제(解除)〉, 《삼국지(三國志)》〈오서(吳書) 반준육개전(潘濬陸凱傳)〉

430

순망치한 脣亡齒寒

입술이 없으면 이가 시리다 　　　　　　　　　　　　　　-《정사》 인용

매우 밀접한 관계에서 한 쪽이 무너졌을 때 다른 쪽에도 영향이 갈 수밖에 없음을 표현하는 말이다.

267년, 오의 황제 손호가 큰 규모의 궁궐을 짓기 시작했다. 263년에 촉이 패망하고 이제 진(晉)과 일대일 구도가 되었건만 위기의식을 제대로 느끼지 못하고 있었던 듯하다. 게다가 한여름 농번기라 백성들의 고충이 매우 컸다. 이에 화핵(華覈)이라는 신하가 상소를 올려 간하였다.

"촉은 우리의 서쪽 울타리였고, 산천이 험준하여 적당히 지키기만 해도 오래 존속할 수 있었습니다. 하지만 하루아침에 나라가 뒤집어져버렸습니다. 무릇 입술이 없으면 이가 시리다고 하는 것이니 옛사람들도 이를 걱정하였습니다(脣亡齒寒 古人所懼)."

하지만 손호는 화핵의 간언을 받아들이지 않았다. 그 무렵 창고에는 비축한 곡식이 없었는데도 황실의 사치는 점점 더 심해져 갔다. 화핵은 이에 대해서도 거듭 상소를 올렸건만 나아지는 것은 없었다. 그리고 275년에 사소한 잘못을 견책 받아 사직하게 된다.

✚ BC 655년의 일이다. 진(晉)나라가 소국인 곽(虢)나라 정벌을 구실로 우(虞)나라에게 길을 빌려달라고 하였다(晉復假道於虞以伐虢). 이에 우나라의 군주가 응하려 하자 궁지기(宮之奇)라는 신하가 "진나라에 길을 빌려주어선 안 됩니다. 그러면 장차 우나라도 멸망시킬 것입니다."라며 간하였다. 이에 "그럴 리 없다"고 말하니 궁지기가 다시 "우나라와 곽나라는 마치 입술과 이 같은 관계입니다. 입술이 없어지면 이가 시리게 될 것입니다(脣亡則齒寒)."라고 간하였다. 하지만 결국 진나라에게 길을 허락해주고 말았다. 그리고 그해 겨울 진나라가 곽나라를 멸하고 돌아오면서 우나라를 습격해 멸망시켜버렸다.

여기서 순망치한(脣亡齒寒)과 가도멸곽(假道滅虢)이란 말이 함께 유래하였다. 보다시피 이 두 고사는 마치 '입술과 이'처럼 서로 떼어 놓고 설명하기 어렵다고 할 수 있다.

●《춘추좌전(春秋左傳)》〈희공(僖公) 5년〉, 《사기(史記)》〈진세가(晉世家)〉,
《삼국지(三國志)》〈오서(吳書) 왕누하위화전(王樓賀韋華傳)〉

금수강산 錦繡江山

비단을 수놓은 듯한 강과 산

-《연의》 인용

아름다운 자연의 모습을 일컫는 표현이다. 금수(錦繡)는 좋은 옷을 나타내며 오래전부터 사용되었지만 언제부터인가 멋진 자연 경치를 빗댈 때도 쓰였다.

앞에서 이어지는 내용이다. 손호에게 간언하는 화핵의 모습은 《연의》에서도 볼 수 있다. 다만 정사에서 수년 동안에 걸쳐 일어났던 일들이 《연의》에서는 한데 뭉쳐져 있다고 보면 되겠다.

하루는 손호가 점을 쳐보았더니 길조가 나왔다. 이에 화핵에게 "짐은 한(漢)의 땅을 차지하고 촉주의 원수도 갚아주려 하오. 당장 어디를 먼저 취하는 것이 좋겠소?"라고 물었다. 그러자 화핵이 "촉은 성도를 지키지 못하고 패망하였습니다. 이제 진은 우리를 병탄하려 할 것입니다. 폐하께선 마땅히 덕을 닦고 백성들을 안돈하는 것이 상책입니다. 만약 억지로 군사를 움직인다면 이는 베옷을 입고 불을 끄려는 것과 같아 필시 다 타버릴 것입니다. 숙고하시기 바라옵니다."라고 하였다.

그러자 손호는 "짐이 때를 만나 구업을 회복하려는데 이리 불리한 말을 하느냐! 구신의 체면을 보지 않았다면 당장 참수하였을 것이다."며 끌어내게 하였다. 그러자 화핵이 조정을 나오며 "슬프도다. 금수강산이여(可惜錦繡江山)! 이제 머잖아 남의 손에 넘어가겠구나."며 한탄하였다.

● 미상(未詳) / 《삼국지연의》 120회

조불급석 朝不及夕

저녁에 일어날 일을 아침에 어찌할 수 없다 　　　　　　　-《정사》 인용

형세가 매우 다급하여 앞일을 내다볼 겨를이 없음을 일컫는 표현이다. 조불
보모(朝不保暮)도 같은 의미의 성어이다.

276년, 손호는 연호를 천책(天冊)에서 천새(天璽)로 바꾸고 사면령을 내렸
다. 손호가 재위에 오른 지 13년째인데 어느새 일곱 번째 연호이다. 그야
말로 툭하면 연호를 바꾸었던 것이다. 그런데 이 해에 손호는 회계(會稽)
태수 차준(車浚)과 상동(湘東)태수 장영(張詠)을 참수하였다. 이유는 상인
들에게 부과하여 징수한 세금을 제대로 바치지 않았다는 것. 그러고는
이들의 수급을 각 군현에 돌려 태수들이 보도록 하였다.

　동서고금을 막론하고 패망 군주에 대한 평이 좋은 경우는 매우 드물
것이다. 하지만 치세 말기 손호의 행동은 폭정이란 표현이 지나치지 않은
것 같다. 《삼국지》의 편찬자 진수도 이런 손호에 대해 매우 혹독한 평가
를 내리고 있다.

　"손호가 제멋대로 형을 집행하여 죽이고 쫓아낸 자들을 어찌 다 셀
수 있겠는가? 때문에 수많은 사람들이 두려움에 떨어야만 했다. 모두들
그저 하루하루 살아 있기를 바랄 뿐이었으며 저녁에 일어날 일을 아침에
도모할 수조차 없었다(皆日日以冀 朝不謀夕)."

✚ BC 653년, 제(齊)나라가 정(鄭)나라를 공격하였다. 그러자 제나라의 신하인 공숙(孔叔)이 정문공(鄭文公)에게 말하길 "옛말에 '심지가 굳지 못하면서 굴욕은 왜 꺼려하는가!'라 했습니다. 강하게 맞설 수도 없고 그렇게 약하게 행동할 수조차 없다면 실로 패망하는 길 뿐입니다. 지금 사태가 위급하니 제나라에 항복하여 일단 나라를 구해야 할 것입니다."라고 하였다.

그러자 정문공이 "제나라가 쳐들어 온 까닭을 알고 있소. 그러니 조금만 기다려 보시오."라고 대답하였다. 그러자 공숙이 "지금 당장 저녁에 일어날 일을 아침에 어찌할 수 없는 상황인데 어찌 기다리라 하십니까?(朝不及夕 何以待君)"라고 하였다.

●《춘추좌전(春秋左傳)》〈희공(僖公)7년〉,《삼국지(三國志)》〈오서(吳書) 삼사주전(三嗣主傳)〉

5

진(晉)의 통일

나뉘어진 지 오래되면 반드시 합해지고, 합해진 지 오래되면 다시 나뉜다고 하였던가. 황건적의 난 이래 100년 가까이 이어져 온 분열과 혼란이 이제 마무리 국면에 접어들었다.

양육지교 羊陸之交

양호와 육항의 사귐 　　　　　　　　　　　　　　　　　　　　　 -《정사》 유래

진(晉)의 명장 양호(羊祜)와 오(吳)의 명장 육항(陸抗)이 서로 믿고 교류하였던 일을 일컫는 말로, 적장과의 우호적인 관계를 표현하는 성어이다.

272년, 오(吳)의 서릉(西陵) 도독 보천(步闡)이 성을 들고 진(晉)에 투항하는 사건이 일어났다. 서릉은 이릉(夷陵)을 개칭한 것으로, 222년 이릉대전 당시 주된 전장이었고 이때에도 오의 서쪽 최전방이었다. 이에 육항(陸抗)이 출병하였다. 진에서는 장군 양호(羊祜)로 하여금 보천을 구원하게 하였다. 아울러 형주자사 양조(楊肇)도 출병하여 육항을 공격하였다. 하지만 결국 보천이 육항에게 포로로 잡히며 반란은 실패하였다. 오로서는 큰 위기가 아닐 수 없었지만 잘 수습한 것이다.

그런데 이 무렵 양호와 육항이 대치하고 있을 때 사신이 오고가면서 서로의 덕을 칭찬하였다. 한번은 육항이 양호에게 술을 보내니 양호가 의심하지 않고 마셨다. 또 육항이 병에 걸렸을 때에는 양호가 약을 보내

기도 하였다. 그러자 주변에서 다들 위험하다고 말렸지만 육항은 "양호가 약에다 독을 탈 사람인가(羊祜豈酖人者)!"라며 스스럼없이 약을 복용하였다. 간혹 이 부분만을 떼어 육항상약(陸抗嘗藥)이라는 성어로 부르기도 한다.

그러자 이 소식을 들은 손호가 육항을 꾸짖었다. 이에 육항이 말하길 "작은 고을에도 신의가 없을 수 없거늘 하물며 큰 나라 간에 신의가 없겠습니까? 신이 이리 하지 않더라도 양호의 미덕을 선양해줄 뿐 그에게는 어떤 해도 입힐 수 없습니다."라고 대답하였다.

●《진서(晉書)》〈양호두예전(羊祜杜預傳)〉

사직지신 社稷之臣

사직을 떠받치는 신하   -《정사》 인용

충신(忠臣)과 능신(能臣)을 넘어 나라의 기둥과 같은 역할을 하는 중요한 신하를 일컫는 표현이다.

274년 가을, 육항이 48세의 나이로 병사하였다. 그해 여름 육항은 병석에서 나라를 걱정하는 마음으로 상소를 올렸다. 참고로 서릉(西陵)은 이릉(夷陵)이 개칭한 곳이며, 건평(建平)은 의도(宜都)군에서 분할한 지역이다.

"서릉과 건평은 나라의 울타리로서 장강의 하류에 위치하며, 서쪽과 북쪽 양면으로 적을 맞고 있습니다. 만약 적군이 배를 타고 순류를 타고 오면 번개처럼 빨라 미처 손 쓸 틈도 없이 큰 위기에 빠지게 됩니다. 이는 곧 사직(社稷)의 안위가 달린 중요한 문제이며 그저 영토를 조금 잃는 문제가 아닙니다. 과거 신의 선친(육손)이 말하기를 '서릉은 나라의 서쪽 문이며 지키기도 쉽지만 잃기도 쉽다'라고 한 바 있습니다. 만약 이곳을 지키지 못한다면 일개 고을을 잃는 데에 그치는 것이 아니라 형주 전체를 잃게 된다고 하였습니다. 때문에 이 일대에서 예측치 못한 일이 일어난다면 의단 나라의 온힘을 기울여 싸워야 합니다. (중략) 만약 병력을 증강하지 않고 현재의 제도를 개선하지도 않으면서 국가 대사가 잘 이루어지기를 바란다면 이는 신이 가장 우려하는 바입니다. 신이 죽은 이후에라도 서쪽 변경에 관심을 가져주시기 바랍니다. 폐하께서 신의 말씀을 들

어 주신다면 신은 죽더라도 썩어 없어지지 않을 것입니다."

《삼국지》의 편찬자 진수는 육손과 육항 부자에 대해 이렇게 평하였다. "육손은 충성이 지극하였고 나라를 걱정하다 숨을 거두었으니 가히 사직지신이라 할 만하다(庶幾社稷之臣矣). 육항은 곧고 지혜로워 부친의 풍모가 있다는 칭송을 들었다. 치적은 부친보다 적었지만 부친의 뜻을 잘 이어 실천했다고 할 수 있다."

✚ BC 547년에서 544년 사이의 일이다. 위(衛)나라에 유장(柳莊)이란 신하가 있었다. 그런데 유장이 큰 병으로 앓아 눕게 되었다. 이를 들은 위헌공(衛獻公)이 좌우에 명하길 "유장의 병이 위독해지거든 곧바로 알리도록 하라. 혹 과인이 제사를 거행하고 있다 하더라도 반드시 알리도록 하라"고 하였다.

얼마 지나지 않아 위헌공이 제사를 거행하는 사이에 유장이 숨을 거두었다. 이에 급히 부고를 전하니 위헌공이 두 번 절하고 머리를 조아리며 말하길 "유장이란 신하가 있습니다. 비단 과인만의 신하가 아니라 사직을 떠받드는 신하입니다(非寡人之臣 社稷之臣也). 지금 그의 부고를 들었으니 가보기를 청합니다."라고 하였다. 그러고는 제복도 갈아입지 않은 채 조문하였다.

참고로 위헌공(衛獻公)의 재위 기간은 BC 577년에서 BC 559년, BC 547년에서 544년 이렇게 두 시기로 나뉜다. BC 559년에 정변으로 인해 제나라로 쫓겨 달아났다가 BC 547년에 복위하였기 때문이다. 유장은 위헌공이 복위한 이후에 병사하였다.

● 《예기(禮記)》〈단궁(檀弓) 하(下)〉, 《삼국지(三國志)》〈오서(吳書) 육손전(陸遜傳)〉

좌전벽 左傳癖

춘추좌전을 늘 곁에 두고 읽다　　　　　　　　　　　　　　-《정사》유래

벽(癖)은 '버릇'이라는 의미이지만, 경우에 따라 마니아(mania)로 풀이해야 하는 경우도 적지 않다. 즉 '좌전벽'이란 틈 날 때마다《춘추좌전(春秋左傳)》을 읽던 어떤 인물을 가리키는 표현이다.

오의 명장 육항이 병사하고 손호의 폭정이 계속되자 진에서는 대규모 출병을 계획하였다. 하지만 당시 진의 조정에서는 이를 반대하는 의견도 매우 강했다. 때문에 진무제 사마염은 양호와 두예(杜預) 등 소수의 장군들과 일을 진행하고 있었다. 그러던 278년 양호가 병사하였다. 양호를 중심으로 진행되던 작전에 차질이 불가피해 보였다. 이때 양호는 자신의 후임으로 두예를 천거하였다.

두예에게는 이런 일화가 있다. 당시에 왕제(王濟)라는 자는 말(馬)의 관상을 잘 보았고 또한 말을 매우 좋아하였다. 그리고 화교(和嶠)라는 자는 돈을 많이 모았다. 이에 평소 두예가 말하길 "왕제는 마벽(馬癖)이 있고 화교는 전벽(錢癖)이 있다."라고 하였다. 이를 들은 사마염이 두예에게 "그러면 경에게는 어떤 벽(癖)이 있는가?"라고 물었다. 이에 두예가 대답하길 "신에게는 좌전벽이 있습니다(臣有左傳癖)."라고 하였다.

●《진서(晉書)》〈양호두예전(羊祜杜預傳)〉

파죽지세 破竹之勢

대나무가 쪼개지는 듯한 기세 -《정사》 유래

거침없이 진격해 나가는 기세를 나타내는 말이다. 스포츠 기사에서 연승하는 팀을 보도할 때 흔히 볼 수 있는 표현이다.

280년, 마침내 오에 대한 진의 대대적인 공격이 시작되었다. 진의 병력은 물밀 듯이 오의 성들을 함락시키며 진군하였다. 이렇게 도읍인 건업(建業)을 향해 한창 진격하던 중, 장군 두예와 여러 장수들이 회의를 하였다. 이때 어떤 장수가 "이제 곧 여름이 되어 장마가 지면 장차 전염병도 돌게 될 것입니다. 의당 겨울이 오기를 기다렸다가 다시 거병해야 합니다."라고 건의하였다. 고온 다습한 기후이니 여름, 특히 장마철이 되면 대규모 전염병으로 인한 피해를 우려하지 않을 수 없었던 것이다. 과거 적벽대전을 비롯해 많은 전투에서 역병으로 인한 피해가 컸던 것도 사실이다.

그러자 두예가 나서서 "지금 우리 군의 위세는 비유컨대 대나무를 쪼개는 것과 같소(今兵威已振 譬如破竹). 몇 마디만 쪼개고 나면 나머지는 칼날이 닿기만 해도 저절로 벌어져 다시 손을 댈 필요도 없는 것이오."라며 철군 주장을 일축하였다. 그러고는 전군에 명령을 내려 건업을 향해 계속 진군하였다. 그렇게 280년 오의 손호가 항복하며 비로소 삼국은 하나로 합해지게 된다. 184년에 황건적의 난이 일어난 지 어언 96년 만이다.

● 《진서(晉書)》〈양호두예전(羊祜杜預傳)〉

6

번외 이야기

시기가 명확하지 않거나 이야기의 흐름 때문에 부득이 따로 모아 묶어 놓은 성어들이다.

개과천선 改過遷善

지난 허물을 고치고 착해지다 　　　　　　　　　　　　　-《정사》인용

자신의 잘못을 고치고 착해진다는 의미로 흔히 쓰이는 표현이다. 본래《주역(周易)》에서 유래하였지만 삼국시대를 배경으로 하는 재미있는 에피소드와 얽혀 있는 성어이기도 하다.

배경은 오(吳)나라로, 손권 재위 후반기로 추정되는 시기부터 이야기는 시작된다. 어릴 적 아버지를 여읜 주처(周處)라는 인물이 있었다. 주처의 부친은 파양태수으로 재직했던 주방(周魴)이다. 주방은 228년 위(魏)의 장군 조휴를 환성(皖城)에서 대파하는 데 결정적인 기여를 했던 인물이다. 정확한 생몰 연대는 알려져 있지 않지만 안타깝게도 아들이 어릴 때 사망하고 말았다. 이때부터 아들 주처는 방황의 사춘기를 보내게 된다. 아버지를 닮았는지 타고난 힘은 센데 자랄수록 성격이 점점 비뚤어져 마을의 골칫거리가 되어버린 것이다. 덩치도 크고 힘도 센 놈이 걸핏하면 마을 사람들을 두들겨 패니 이만저만한 골칫거리가 아니었을 터이다.

　그러다 조금씩 철이 들면서 '이래선 안 되겠다. 새로운 사람이 되어야

지'라는 생각을 하게 되었다. 그러던 어느 날 마을 노인에게 "지금 세상이 태평한데 왜 다들 그렇게 괴로워하십니까?"라고 물었다. 그러자 노인이 "세 가지 해로움이 있는데 어찌 즐거울 수 있겠느냐!"라고 하였다. 이에 주처가 "그게 뭔데요?"라고 물으니 "남산에 있는 사나운 호랑이, 다리 아래에 있는 교룡(蛟龍) 그리고 자네. 이렇게 셋일세."라고 대답하였다. 이를 들은 주처가 "제가 그 세 가지 문제를 해결해 보겠습니다."라고 큰소리쳤다. 그러자 노인은 "자네가 만약 이를 제거한다면 그야말로 우리 고을의 큰 경사일 것일세."라며 격려해주었다.

이에 주처는 곧바로 산으로 들어가 먼저 호랑이를 활로 쏘아 죽이고 장교 아래 물로 뛰어들어 교룡을 손으로 붙잡았다. 그러고는 교룡과 함께 떴다 가라앉았다를 반복하며 무려 10리를 떠내려갔다. 그렇게 사흘 밤낮이 지나자 마을 사람들은 주처가 죽었다고 여기며 서로 축하하면서 기뻐하였다. 그런데 막상 주처가 교룡을 죽이고 살아서 돌아오자 뭔가 분위기가 이상해졌다. 웃을 수도 슬퍼할 수도 없는 어색함. 마을로 돌아가는 길에 주처는 분명 '우리 주처가 달라졌군. 자네가 마을의 고민들을 싹 해결했군!'이라는 축하와 격려를 기대했을 터이다. 그러니 사람들의 어색한 낌새를 주처도 분명 느꼈을 것이다. 더구나 자신이 죽은 줄 알았을 때 사람들이 서로 기뻐했다는 사실도 얼마 지나지 않아 듣게 되었다. 그제야 마을 사람들의 가장 큰 골칫거리는 호랑이도 교룡도 아닌 바로 자신이었다는 것을 절감하게 된다.

자! 이 장면에서 몇 년 전의 주처였다면 과연 어떻게 행동했을까. 짐작컨대 당장 그 노인을 찾아가 멱살부터 잡지 않았을까? 그러고는 "호랑이나 교룡에게 잡아먹히게 하려고 나를 꼬드겼던 거로구만! 근데 이를 어쩌나. 이렇게 멀쩡히 살아 돌아왔으니 마을의 가장 큰 골칫거리가 여전히 남아 있는 거네. 어디 골칫거리 맛 좀 보슈"라며 성질을 부리지 않았을까? 하지만 주처는 그러지 않았다. 진심으로 마음을 고쳐먹은 주처는 그 길로 당시 유명한 학자였던 육기(陸機), 육운(陸雲) 형제를 찾아갔다. 육기와 육운 형제는 다름 아닌 육손(陸遜)의 손자들이자 육항(陸抗)의 아들들이다.

주처가 처음 도착했을 때 육기는 자리에 없었고 동생 육운이 주처를 맞아주었다. 주처가 "스스로 지난 잘못들을 고치려 합니다만 너무 늦은 것 같아 두렵습니다."라고 말하였다. 이에 육운이 "옛말에 '아침에 잘못을 들으면 저녁에 고친다(朝聞夕改)'고 하였습니다. 군은 아직 앞날이 창창하신데 무엇을 걱정하십니까!"라며 격려를 아끼지 않았다. 이후 주처는 학문에 힘을 써 역사를 편찬하는 관직에까지 오르게 된다. 이상이 주처에 관한 《진서(晉書)》의 기록이다. 《삼국지》〈오서(吳書)〉에는 '주방의 아들 주처가 문무를 겸하였고 오 말기에 역사 편찬을 담당하는 관직에 올랐다'고 기록되어 있다.

✚ 대중적으로 개과천선(改過遷善)은 진(晉)의 주처라는 인물에게서 유래했다고 널리 알려져 있다. 이는 주처에 대한 자세한 이야기가 《진서》에 실려 있기 때문이다. 하지만 개과천선(改過遷善)이라는 표현은 《진서》 어디에서도 찾을 수 없다. 내용인 즉 '어릴 때 잘못을 스스로 깨우치고 훌륭한 인물로 자라다'이니 개과천선의 의미인 것이 분명하다. 하지만 그 문구 자체가 여기서 연원했다는 말은 원전을 제대로 확인하지 않은 주장이다. 이 표현은 《주역(周易)》에서 유래하였다고 보아야 한다. 《주역》 익괘(益卦) 상사(象辭)에 "군자는 선(善)을 보면 옮겨가고 과(過)가 있으면 고친다(君子以見善則遷 有過則改)."는 말이 있다.

주처의 이야기가 개과천선(改過遷善)의 대표적인 사례로 꼽히게 된 데는 5세기의 저작물인 《세설신어(世說新語)》의 영향이 컸던 것으로 보인다. 주처 이야기는 《세설신어》〈자신(自新)〉편에 소개되어 있는데 '자신(自新)'이라는 편명이 곧 '스스로 자신의 과오를 고쳐 새로이 하다'라는 의미이다. 이후 《세설신어》가 널리 읽히면서 '개과천선' 하면 주처가 제일 먼저 떠오르게 되었을 것이다. 간혹 주처의 이 이야기를 주처삼해(周處三害)라고 이름 지어 부르기도 한다.

●《주역(周易)》〈익괘(益卦)〉,
《진서(晉書)》〈주처주방전(周處周訪傳)〉,《세설신어(世說新語)》〈자신(自新)〉

폐월 閉月

달이 얼굴을 숨기다   -《정사》 유래

미인을 형용하는 표현으로 '침어낙안 폐월수화(沈魚落雁 閉月羞花)'라는 문구
가 친숙할 것이다. 하지만 본래 침어, 낙안, 폐월, 수화는 모두 별개의 표현으
로 각기 다른 유래를 품고 있다.

〈낙신부(洛神賦)〉는 조조의 아들인 조식(曹植)이 지은 매우 유명한 작품
이다. 먼저 서문을 살펴보면 "황초 3년에 나는 낙양에서 천자를 알현하
고 돌아오는 길에 낙수(洛水)를 건넜다. 옛 사람들이 말하길 낙수의 신령
의 이름은 복비(宓妃)라고 하였다. 문득 과거 송옥(宋玉)이 초왕(楚王)에게
말해준 여신의 일이 떠올라 이 부(賦)를 짓는 바이다."라 설명하고 있다.

    황초 3년은 서기로 222년에 해당한다. 그러므로 〈낙신부〉는 조식의
형수인 견(甄)황후가 숨을 거둔 이후에 쓴 작품이다. 그런데 〈낙신부〉는
'조식이 견황후를 낙수의 여신에 빗대어 쓴 작품'이라고 널리 알려져 있
다. 후대의 주석가들이 마치 정설인양 그렇게 주장하는 경우가 많기 때
문이다. 하지만 이는 어디까지나 글을 지은 당사자만이 확인해줄 수 있
는 사안이 아닐까 한다. 다만 여신의 미모를 묘사하는 표현이 너무나 구
체적인 것은 사실이다. 원문 중 일부만 옮겨본다.

翩若驚鴻 婉若游龍

나는 듯한 몸매는 놀란 기러기와 같고 유연함은 노니는 용과 같다네.

榮曜秋菊 華茂春松

빛이 나기는 가을 국화와 같고 화려함은 봄 소나무 같도다.

髣髴兮若輕雲之蔽月

보일 듯 말 듯 얇은 구름이 달을 가린 듯하고

飄飄兮若流風之回雪

한들한들 바람에 흩날리는 눈송이 같다네

遠而望之 皎若太陽升朝霞

멀리서 바라보면 태양이 뜰 때 아침놀처럼 환하고

迫而察之 灼若芙蕖出淥波

가까이 다가가 살펴보면 연꽃이 물결 위로 나온 듯 곱구나.

●《조자건집(曹子建集)》〈낙신부(洛神賦)〉

형설지공 螢雪之功

반딧불과 눈(雪)으로 이룬 공   -《정사》 유래

어려운 여건 속에서 열심히 학문을 닦아 성공함을 일컫는 표현이다.

바야흐로 진(晉)이 천하를 통일한 이후의 일이다. 남평(南平)현에 차윤(車胤)이란 자가 있었다. 차윤은 어려서부터 성실하였고 학문에 큰 뜻을 두었다. 차윤의 증조부는 차준(車浚)으로, 과거 오(吳)의 회계태수로 재직하였다. 그런데 손호(孫皓)가 재위에 있던 시절인 276년, 처형된 관료 중에 회계태수 차준(車浚)이 있었다. 동일인물일 가능성이 매우 높아 보인다.

차윤의 집안 형편은 몹시 어려웠다. 그래서 밤에 글공부를 하려 하여도 등불을 밝힐 기름을 살 수 없었다. 궁리 끝에 차윤은 여름이면 얇은 명주 주머니에 반딧불이 수십 마리를 잡아넣고 그 불빛을 비추어 책을 보았다(夏月則練囊盛數十螢火以照書). 이후 높은 관직에도 올랐고 학문으로도 이름을 널리 알리게 된다.

한편 손강(孫康)이란 자의 처지도 차윤과 크게 다르지 않았다. 그래서 겨울이 되면 창가에 앉아 눈(雪)에 비친 달빛으로 공부를 하였다. 그리하여 나중에 어사대부(御史大夫)의 자리에까지 오르게 된다.

✚ 형설지공(螢雪之功)은 차윤과 손강 두 사람의 이야기가 합쳐진 것이다. 기실 한 사람이 여름과 겨울에 공부하던 방법은 아니었다. 《몽구(蒙求)》에 차윤취형(車胤聚螢), 손강영설(孫康映雪) 이렇게 두 성어가 나란히 기재되어 있다. 그런데 차윤의 이야기는 《진서》에서, 손강의 이야기는 《손씨세록(孫氏世錄)》에서 각각 인용하고 있다. 손강영설(孫康映雪)은 손씨 집안에서 전해져 내려오던 이야기인 셈이다.

● 《진서(晉書)》 〈고화원괴강유전(顧和袁瑰江逌傳)〉, 《몽구(蒙求)》

맺음말

280년에 사마(司馬)씨의 진(晉)이 천하를 통일함으로서 삼국지(三國志)의
배경이 되는 삼국시대(184년~280년)는 어느덧 막을 내렸다. 하지만 역사의
강물은 이후로도 계속해서 흘렀으니, 바로 '5호 16국 시대' 혹은 '남북국
시대'라 불리는 혼란의 시기이다. 이때에도 분명 많은 전쟁이 있었고 다
양한 인물들이 활동하였고 숱한 사건들이 벌어졌다. 하지만 대중적으로
그리 알려져 있지 않다. 소위 '인기 없는 역사'인 것이다.

　본서의 가장 마지막 고사성어를 형설지공(螢雪之功)으로 한 것은, 역
사라는 강물이 삼국시대 이후로도 멈춤 없이 계속 흘렀다는 것을 말하
고 싶었기 때문이다. 사실 삼국시대 이후 진(晉) 시대에 벌어진 일들은 독
자들 입장에서 삼국지와 전혀 별개라고 생각하기 쉽다. 심지어 삼국시대
후반을 배경으로 하는 개과천선(改過遷善), 군계일학(群鷄一鶴) 같은 고사
성어들조차 그렇게 설명하는 서적들이 많다. 죽림칠현(竹林七賢)과 관련

된 이야기들도 마찬가지이다. 분명히 삼국시대 안에서 벌어진 일들이건만, 대부분의 자료들이 진(晉) 혹은 위진남북조 시대에 일어난 사건이라는 식으로 애매하게 표현하고 있다.

사실 소설로서 삼국지를 즐기는 독자 입장에서는 관우,조조,유비가 사망한 이후부터 읽는 재미가 반감되는 것을 부인하기 어려울 것이다. 그리고 제갈량마저 사망하면 잔치 끝나고 설거지하는 분위기라고 해도 과언이 아니다. 심지어 거기서 이야기를 끝맺어 버리는 번역서도 없지 않다. 솔직히 필자도 어릴 적에는 호걸들이 싸우고 땅 따먹는 삼국지 이야기에 매료되었었다. 그러다가 차츰 고대 중국사에 대한 호기심을 갖게 되고, 소설이 아닌 삼국시대의 역사에 관심이 생기면서 조금씩 지식을 넓혀 온 것이다. 즉 '삼국지가 중국사를 여는 열쇠였다'고 해도 지나친 말이 아니다.

여기에 중국사를 여는 또 하나의 열쇠가 바로 고사성어(故事成語) 아닌가 한다. 우리 일상에서 흔히 사용하는 고사성어들을 징검다리 삼아 해당 서적들을 뒤지다보면 고대 중국사가 친근해지는 걸 쉽게 경험할 수 있다. 도원결의(桃園結義), 삼고초려(三顧草廬)와 같이 삼국지에서 유래한 고사성어도 많지만, 삼국지 내에서 등장인물들이 인용하는 고사성어 또한 엄청나게 많다. 이 고사성어들의 유래를 되짚어 가다보면 삼국시대 이전의 역사들에 대해 관심을 가질 수밖에 없는 것이다. 이런 필자의 개인적인 경험들을 독자들과 함께 나눠보고 싶었다.

감수의 글

《허진모 삼국지》의 집필은 지난한 작업이었다. 비록 세상에는 흔한 삼국지 중 하나가 되겠지만 개인적으로는 그 무엇과도 다른 새로운 것을 만들어내는 산고(産苦)의 나날이었다. 셀 수 없이 많은 원전(原典)의 탐색과 선택은 물론 대부분 국내에 번역본이 존재하지 않는 고서(古書)들에 대한 해석과 비판은 상상 외의 큰 노력을 요했다. 또한 필자가 오랜 세월 수집해온 국내외 삼국지 관련 사료와 연구서들을 정리하고 비교적 근래에 발표된 새로운 주장을 더해 학설별로 분류하는 것에도 세월(歲月)이라 불릴 만한 시간이 들어갔다. 다행히 이 과정은 만족스러운 결과물을 낳게 해주었다.

《허진모 삼국지》, 필자에게 있어 자신이 쓴 글 중 어느 것이 소중하지 않고 사랑스럽지 않은 것이 있으며 어렵지 않았던 작업이 있었겠냐마는《허진모 삼국지》는 그 중에서도 더 각별했다. 아마 가장 긴 시간과 깊은 고민이 녹아들어갔기에 그러하다 생각된다. 물론 저자의 노력과 대중의 반응은 별개였다. 쓸쓸하지만 '글쓴이의 만족도와 읽는 이의 만족도는 아무 상관이 없다'는 말로만 듣던 출판계의 격언을 몸으로 확인하였다. 다만 그것으로 끝나지는 않았다.《허진모 삼국지》는 고맙게도 보람과 만족이라는 마음의 선물 외에《고사성어로 읽는 정사 삼국지》를 낳게 해준 것이다. 사료를 정리하고 분석하는 가운데 자연스럽게 배어나와 소중하게 모아둔 주옥같은 내용들이다.

삼국지에 고사성어. 20세기 이후 동아시아에서, 그리고 해방 이래 대한민국에서 구워먹고 삶아먹고 우릴 대로 우려먹은 소재이다. 여기에 조림 하나 더 만들어 얹었다고 자랑거리가 되지 않음을 잘 안다. 이미 나온 그것들과 같지 않다는 말을 해도 그 또한 구태(舊態)한 외침임을 잘 안다. 그러나 외치지 않을 수 없기에 분명히 하고 싶은 말은 '본서가 다르다'는 것이다. 삼국지라 하였지만 삼국지에 국한되지 않음과 서로 베껴가며 돌고 도는 흔한 대중서의 익숙한 고사성어가 아님을, 원전을 직접 보며 샅샅이 훑어내지 않으면 결코 건져낼 수 없는 표현들이 적절한 비율로 들어가 있음을 말하고 싶다.

한자문화권을 사는 동양인에게 고사성어(故事成語)란 말이라는 생활필수품의 수준 높은 장식품이다. 없어서는 안 되는 것은 아니나 있다면 품격을 높여주는 고급 장식재이다. 물론 장식으로만 그 효용을 다하는 것도 아니다. 고사성어는 특정한 상황을 우리가 사용하는 언어로 나타낼 수 있는 매우 수준 높은 표현방식이다. 그 안에는 사건이라는 역사와 그에 대한 고찰과 후세에 더해진 독특한 뉘앙스가 녹아 있어 색다른 흥취도 있다. 여기에 다양한 사회의 수많은 사람 사이에 회자(膾炙)되면서 변형되고 발전되어 전혀 색다른 쓰임을 낳기도 한다. 이는 개인의 언어생활을 풍요롭게 해주고 사회적으로는 문화의 깊이를 더하는 데 일조한다. 사고(思考)가 축적되어 새로운 어휘가 만들어지고 개념화된 어휘가 더 높은 단계의 사고를 가능케 하는 연쇄작용이 학문을 발전하게 한다. 이렇게 성장한 각 분야의 학문들은 얽히고설켜 문명을 일으키고 발전케 한다. 즉 언어(言語)는 생각의 원천(源泉)이며, 말의 수준이 사고의 수준을 결정하니 문명사(文明史)에서 말이 미치는 영향은 이렇게 거대한 것이다.

한편 고사성어는 언어구사에서 수준 높은 표현방식임이 분명하지만 단계를 높이기 위해 쓸 수 있는 가장 간단한 수단인 것도 사실이다. 흔히 '문자 쓴다'는 비아냥거림 섞인 말을 한다. 여기에서 문자란 많은 경우 고사성어를 말한다. 어떤 대화에서 또 어떤 사람이 그런 타박을 하며 문자를 쓰려는 사람의 의지를 꺾는지 알 수 없지만 필자는 그런 것에 굴하지 말고 꾸준히 '문자 쓰기'를 권하고 싶다. 한 걸음 더 디뎌 새로운 단어와 선인(先人)들의 고찰이 함축되어 있는 어휘를 더 많이 쓰기를 당부한다. 말은 사고를 만들고 대화는 그것을 돕는다는 사실을 잊지 말고 거듭 연마하여 더 세련되게 쓰기를 거듭 당부한다.

평소 고사성어에 일가견이 있는 사람이라 하더라도 본서에는 익히 보지 못했던 성어들을 많이 보게 될 것이다. 같은 것을 껍질만 달리 씌워 내놓지 않았다는 의미다. 《고사성어로 읽는 정사 삼국지》는 방대한 사료에 스며들어 있던 고사들, 그중 익히 알려진 것은 옥석을 가렸고 여기에 수준 높은 성어를 더하여 완성한 작품이다. 삼국지를 넘어 중국사 전반을 이해하고 중국사로 대표되는 동양사의 맥을 짚는 것이 《허진모 삼국지》가 추구하는 목표였기에 그 또한 망각하지 않았다. 하나의 돌로 대체 몇 마리의 새를 잡는지.

본서는 《허진모 삼국지》 3편이며 초원(草元) 정원제 작가의 단독 저작이다. 필자는 그 과정에서 감히 어떤 형태로든 공헌하였다 말할 자신이 없다. 게다가 최종 집필에 이르기까지 이루어진 모든 학문적 판단이 오롯이 그의 것이기에 이는 분명 그의 작품이다. 초원은 정통 한학을 수학한 실력자이다. 한자(漢子)와 한문(漢文) 해석에 관한 깊은 이해와 사료에 대한 지식은 필자가 따를 수 없는 수준에 도달해 있음을 본서를 감히 감수(監修)하면서 다시 절감하였다. 새삼 그가 나의 동생임에 큰 자부심을 갖는다. 그리고 동생이기에 기특함을 느낀다. 엎혀서 가는 마당이지만 한마디를 더 허락한다면 이리 말하고 싶다. 고생했다.

－ 허진모

부록

삼국시대 이전 간략 연표

삼국시대 이전 중국사 간략 연표.
(BC는 생략. 괄호는 연도가 명확하지 않아
그 무렵이라는 의미임)

연도	해당 고사성어	주요 사건
665		진헌공(晉獻公)의 늦둥이 해제(奚齊)가 태어나다.
660	두문불출(杜門不出)	진헌공의 장자 신생(申生)이 전장에 나서고 중이(重耳)의 외조부인 호돌(狐突)이 두문불출하다.
655	순망치한(脣亡齒寒) 가도멸괵(假道滅虢)	진(晉)나라가 괵(虢)나라 정벌을 구실로 우(虞)나라에 길을 빌리다.
653	조불급석(朝不及夕)	제환공(齊桓公)이 정(鄭)나라를 공격하다.
651	고굉지력(股肱之力)	진헌공이 대부 순식(荀息)에게 해제를 부탁하다.
638	송양지인(宋襄之仁)	송양공(宋襄公)이 홍수(泓水)전투에서 초(楚)나라에 패하다.
636	몽진(蒙塵)	주양왕(周襄王)이 정(鄭)나라의 범(氾)땅으로 달아나다.
(600)	절영지회(絕纓之會) 간담도지(肝膽塗地)	초장왕(楚莊王)이 연회에서 자신의 애첩을 희롱한 장수를 용서하다.
573	숙맥불변(菽麥不辨)	진도공(晉悼公)이 14세의 나이에 즉위하다. 형이 있었지만 콩과 보리도 구별하지 못하였다.
559	기각지세(掎角之勢)	융족(戎族)인 구지(駒支)가 범선자(范宣子)에게 과거의 효산(殽山) 전투에 대해 언급하다.
(546)	사직지신(社稷之臣)	위헌공(衛獻公)이 태사(太史) 유장(柳莊)을 조문하다.
514	경천위지(經天緯地)	진(晉) 대부 위헌자(魏獻子)와 성전(成鱄)이 구덕(九德)에 대해 논하다.
506	승승(乘勝) 굴묘편시(掘墓鞭尸)	오왕 합려(闔閭)가 오자서(伍子胥)와 초(楚)를 공격하다. 오자서가 초평왕(楚平王)의 시신을 무덤에서 꺼내 채찍질하다.

493	복소파란(覆巢破卵)	공자가 조간자(趙簡子)를 만나기 위해 진(晉)나라로 향하다.
492	동량지재(棟梁之材)	월왕 구천(句踐)이 대부 문종(文種)에게 국정을 일임하다.
484	양금택목(良禽擇木)	위(衛)나라의 공문자(孔文子)가 공자를 초빙하지만 곧 떠나다.
453		진(晉)나라의 지백(智伯)이 패망하다.
403		한(韓), 조(趙), 위(魏)가 제후로 공인받다.
353	위위구조(圍魏救趙)	위(魏)나라가 조(趙)나라를 공격하자 제(齊)나라가 전기(田忌)와 손빈(孫臏)을 원군으로 보내다.
(350)	도불습유(道不拾遺)	상앙(商鞅)의 개혁으로 진(秦)나라가 발전하다.
338		진효공(秦孝公)이 사망하고 상앙이 실각 후 피살되다.
334	초잠식지(稍蠶食之) 낭고(狼顧)	소진(蘇秦)이 연문공(燕文公) 등 각국의 제후들을 만나 합종책을 유세하다.
323	화사첨족(畫蛇添足)	진진(陳軫)이 초(楚)나라 장군 소양(昭陽)을 만나 유세하다.
317	고침(高枕)	장의(張儀)가 위(魏)나라를 상대로 연횡책을 유세하다.
311	망동(妄動) 구양입호(驅羊入虎)	장의가 연소왕(燕昭王)을 만나 연횡책을 유세하다. 장의가 초회왕(楚懷王)을 만나 연횡책을 유세하다.
295	교토삼굴(狡兔三窟)	맹상군(孟嘗君)의 식객 풍환(馮驩)이 맹상군의 채권을 소각해버리다.
294	세불양립(勢不兩立)	제민왕(齊湣王)이 맹상군을 쫓아내다.
284		악의(樂毅)가 연(燕)나라 등 5국 연합군을 이끌고 제(齊)나라를 공격하다.
281	백발백중(百發百中)	소려(蘇厲)가 주난왕(周赧王)에게 명궁 양유기(養由基)의 이야기를 들려주다.

273	부신구화(負薪救火)	위(魏)나라가 진(秦)나라에 크게 패하고 화친을 요청하다.
268	원교근공(遠交近攻)	범수(范雎)가 진소양왕(秦昭襄王)을 만나 유세하다.
266	애자지원(睚眥之怨)	범수가 재상에 임명된 후 예전의 일들을 하나하나 되갚다.
260		장평(長平)에서 진(秦)나라 장군 백기(白起)가 조(趙)나라군을 대파하다.
259	탄환지지(彈丸之地)	장평대전 직후 진나라와 조나라가 화친을 맺다.
258	삼촌지설(三寸之舌) 백기지혹(白起之酷)	조나라 평원군(平原君)이 초(楚)나라에 구원을 요청하다. 11월 진소양왕이 백기에게 자진을 명하다.
(240)	일자천금(一字千金)	진(秦)나라 여불위(呂不韋)가 《여씨춘추(呂氏春秋)》를 편찬하다.
227		자객 형가가 진왕 정을 암살하려 하였으나 미수에 그치다.
221		진왕 정이 제(齊)나라를 멸하고 천하를 통일하며 진시황(秦始皇)이라 자칭하다.
210		7월 진시황이 사망하다.
209	봉기(蜂起) 참사기의(斬蛇起義)	7월 진승(陳勝)이 거병하다. 9월 유방(劉邦)이 거병하다.
208		12월 항우(項羽)가 거록(鉅鹿)에서 진(秦)나라 군을 대파하다.
207	홍문지회(鴻門之會) 금의야행(錦衣夜行)	12월 항우와 유방이 홍문(鴻門)에서 연회를 갖다. 12월 항우가 고향인 초(楚)나라로 돌아갈 생각을 하다.
206		10월 항우가 의제(義帝)를 시해하다.
205	치주고회(置酒高會) 구상유취(口尚乳臭) 종풍이미(從風而靡)	4월 유방이 팽성(彭城)을 점령하고 매일 연회를 열다. 8월 한신(韓信) 등이 위왕(魏王) 표(豹)를 생포하다. 10월 한신이 조(趙)나라를 친 후 연(燕)나라의 항복을 받다.

203	개세영웅(蓋世英雄) 단병접전(短兵接戰)	12월 해하(垓下)에서 항우가 전사하다.
202	논공행상(論功行賞) 입조불추(入朝不趨)	유방이 공신들을 대상으로 논공을 하며 소하(蕭何)를 찬후에 봉하다. 유방이 소하에게 여러 가지 특전을 부여하다.
196		공신 영포(英布)가 반란을 일으키다.
195		한고조 유방이 사망하다.
179		좌승상 진평(陳平)과 우승상 주발(周勃)이 승상의 역할에 대해 논하다.
(173)	투서기기(投鼠忌器)	가의(賈誼)가 한문제(漢文帝)에게 상소를 올리다.
135	강노지말(强弩之末)	한안국(韓安國)이 한무제(漢武帝)에게 흉노와 화친할 것을 건의하다.
121		곽거병(霍去病)이 흉노족을 공격하여 혼야왕(昆邪王),김일제(金日磾) 등이 투항하다.
(120)	경국지색(傾國之色)	이연년(李延年)이 한무제 앞에서 누이의 아름다움을 노래하다.
91	구우일모(九牛一毛)	사마천(司馬遷)이 친구인 임안(任安)에게 서신을 보내다.
AD 28	신역택군(臣亦擇君)	마원(馬援)이 광무제(光武帝) 유수(劉秀)를 만나다.
AD 31	오합지졸(烏合之卒)	형한(荊邯)이 공손술(公孫述)에게 유수에 맞서 공세를 취할 것을 제의하다.
AD 32	득롱망촉(得隴望蜀)	유수가 잠팽(岑彭)에게 촉(蜀) 지역으로 진격할 것을 명하다.
AD 73	불입호혈 부득호자 (不入虎穴 不得虎子)	반초(班超)가 서역에 사신으로 파견되다.
AD 142	부중지어(釜中之魚)	장강(張綱)이 도적의 수괴 장영(張嬰)을 설복시키다.

삼국시대 연표

기록에 따라 상이한 시기는 본기(本紀)와 당사자 관련 기록을 우선하였음
' ─ '표시 된 부분은 시기가 불명확한 사건임

연도	주요 사건
184	2월 장각(張角)을 우두머리로 한 황건적(黃巾賊)의 난이 일어나다.
	3월 황보숭(皇甫嵩),주준(朱儁),노식(盧植)을 토벌군으로 파견하다.
	10월 장각의 수급이 낙양(洛陽)으로 전해지고, 황보숭이 거기장군(車騎將軍)으로 승진하다.
	11월 황보숭이 장각의 동생 장보(張寶)를 참수하며 황건적의 난이 일단락되다.
	12월 광화(光和)에서 중평(中平)으로 개원하다.
185	1월 역병이 창궐하다.
	- 황건적의 잔당인 흑산적 등이 계속 활동하다.
186	12월 유주(幽州)와 병주(幷州)에 선비족이 침범하다.
187	3월 대장군 하진(何進)의 동생 하묘(何苗)가 형양(滎陽)의 도적 무리를 격파하다.
	- 장사(長沙)태수 손견(孫堅)이 일대의 소요를 평정하다.
188	10월 청주(青州), 서주(徐州) 등지에서 황건적이 재봉기하다.
189	4월 영제(靈帝)가 34세의 나이로 병사하다.
	8월 대장군 하진이 피살되자 원소(袁紹),원술(袁術) 등이 환관들을 살육하다.
	혼란을 틈 타 동탁(董卓)이 낙양에 진입하다.
	9월 동탁이 소제(少帝)를 폐위하고 헌제(獻帝) 유협(劉協)을 옹립하다.
	12월 조조(曹操)가 진류(陳留)군에서 거병하다.
	- 여포(呂布)가 집금오(執金吾) 정원(丁原)을 살해하고 동탁에 투항하다.
190	1월 발해(渤海)태수 원소를 맹주로 전국의 자사와 태수들이 동탁에 맞서 거병하다.
	2월 동탁이 장안(長安)으로 천도를 결정하다.
191	봄 원소와 한복(韓馥)이 유주목 유우(劉虞)를 황제로 옹립하려 하였으나 유우가 거부하다.
	손견이 낙양에서 황릉을 정비하던 중 견궁(甄宮)의 우물에서 전국옥새를 얻다.
	4월 동탁이 장안에 입성하다.
	7월 원소가 한복에게서 기주(冀州)를 빼앗다.
	- 유비(劉備)가 평원국(平原國) 상(相)이 되다.

192	1월 손견이 양양 인근에서 황조(黃祖)와 교전 중 전사하다.
	4월 왕윤과 여포가 동탁을 주살하다. 동탁의 부하 이각(李催)과 곽사(郭汜) 등이 장안을 도륙하다.
	- 연주(兗州)자사 유대(劉岱)가 황건적과 전투 중 전사하다.
193	봄 원술이 조조에 쫓겨 구강(九江)군으로 도주하다.
	가을 조조가 부친의 원수를 갚는다는 명목으로 서주의 도겸(陶謙)을 공격하다.
194	여름 조조가 서주의 도겸을 다시 공격하며 일대를 살육하다. 이때 여포와 진궁(陳宮)이 견성(鄄城),복양(濮陽) 등을 급습하다.
	9월 조조가 견성으로 회군하다.
	-도겸이 사망하고 유비가 서주목으로 추대되다.
195	여름 여포가 조조에 패퇴하여 유비에게로 달아나다.
	7월 헌제가 장안을 탈출하여 동쪽으로 출발하다.
	- 손책(孫策)이 원술에서 자립하여 장강 일대에서 활약하다.
196	7월 양봉(楊奉)과 한섬(韓暹) 등이 헌제를 모시고 낙양으로 환도하다.
	9월 조조가 대장군에 임명되며 허현(許縣)으로 천도하다.
	- 유비가 원술과 다투는 사이 여포가 하비(下邳)를 기습하다. 얼마 후 유비와 여포가 화해하다.
	- 여포가 다시 유비를 공격하다. 유비는 조조에 의탁하고 예주목(豫州牧)에 임명되다.
197	1월 조조가 남양(南陽)군 완현(宛縣)으로 진군하자 장수(張繡)가 투항하다.
	며칠 후 장수가 배신하며 조조를 공격해 전위(典韋)가 전사하다.
	봄 원술이 황제를 참칭하다.
	9월 원술이 조조에 패하여 회수(淮水)를 건너 도주하다.
198	여름 조조가 남양군에서 유표(劉表)와 장수(張繡)를 상대로 승리를 거두다.
	가을-겨울 조조가 여포를 공격하여 강물을 이용해 하비성을 함락하다.
	여포와 진궁을 처형하다.
	- 유비는 조조를 따라 허도로 회군하여 좌장군(左將軍)에 임명되다.
199	여름 유비가 원술 공격을 명목으로 출병하다. 그 즈음 원술이 병사하다
	11월 장수(張繡)가 가후(賈詡)의 의견에 따라 조조에게 투항하다.
	12월 조조가 관도(官渡)에 주둔하다.
	- 원소가 공손찬(公孫瓚)을 격파하고 유주(幽州)를 차지하다.
	- 손책과 주유(周瑜)가 환현(皖縣)에서 대교(大橋),소교(小橋)와 혼인하다.

200	1월 동승(董承) 등이 조조를 암살하려던 계획이 누설되다.
	2~3월 유비가 조조에 패하여 원소에 의탁하다. 관우(關羽)는 조조에 투항하다.
	4월 백마(白馬)현에서 원소의 맹장 안량(顔良)이 전사하다.
	8월 원소와 조조가 전투를 이어가다. 조조군의 군량이 부족하여 회군을 고민하다.
	10월 조조가 오소(烏巢)에서 원소의 군량수송 부대를 격파하다.
	- 손책이 자객에서 입은 상처가 악화되어 26세의 나이로 사망하다.
	- 19세의 손권(孫權)이 손책의 뒤를 이어 강동(江東)을 다스리다.

201	4월 조조가 황하 부근에 군사를 집결하여 창정(倉亭)에 주둔한 원소군을 격파하다.
	9월 조조가 허도로 귀환하다.
	- 유비가 형주(荊州)의 유표에게 의탁하다.

202	5월 원소가 병사하다.
	9월 조조가 원소의 맏아들 원담(袁譚)을 공격하다.
	- 손권의 모친 오(吳)부인이 사망하다.

203	8월 조조가 잠시 물러나자 원담,원상(袁尙) 형제가 서로 다투다. 얼마 후 원담이 조조에 투항하다.
	10월 조조와 원담이 사돈을 맺다.
	- 손권이 강하의 황조를 공격하여 수군을 격파하다.

204	5월 조조가 강물을 이용해 업성(鄴城)을 공격하다.
	7월 조조가 원상의 구원군을 물리치다.
	8월 업성이 함락되다. 조비가 원희(袁熙)의 부인 견(甄)씨를 취하다.
	12월 조조가 원담과의 혼사를 파기하다.
	- 손권의 동생 손익(孫翊)이 부하들에게 피살되다.

205	1월 조조가 원담을 공격하여 주살하다.
	4월 흑산적 장연(張燕)이 무리를 거느리고 조조에 투항하다.
	10월 조조가 업현으로 귀환하다. 원소의 생질 고간(高幹)이 조조에 투항하고 병주(幷州)자사에 유임되다.

| 206 | 1월 고간이 배신하자 조조가 공격하다. 고간은 도주 중 피살되다. |

| 207 | 2월 조조가 업현으로 귀환하다. 북방 3군으로 출병을 결정하다. |

207	5월 조조가 우북평(右北平)군에 도착하다. 9월 조조가 요서군 유성(柳城)에 주둔하자 공손강(公孫康)이 원희와 원상의 수급을 보내오다. 11월 조조가 역수(易水)에 도착하자 오환족(烏丸族) 선우들이 찾아와 하례하다. - 유비가 유표에게 허도를 습격할 것을 건의하지만 유표가 불허하다. - 유비가 삼고초려 끝에 제갈량(諸葛亮)을 등용하다.
208	봄 손권이 황조를 공격하여 참살하다. 1월 조조가 업현으로 귀환한 후 현무지(玄武池)를 만들어 수군 훈련을 하다. 7월 조조가 형주로 출병하다. 8월에 유표가 사망하다. 채(蔡)씨 소생 유종(劉琮)이 뒤를 잇다. 9월 조조가 신야(新野)에 이르자 유종이 투항하다. 유비는 하구(夏口)로 도주하다. 12월 조조가 적벽(赤壁)에서 손권-유비 연합군에 패퇴하다. - 유표의 장자 유기(劉琦)가 강하(江夏)태수로 부임하다. - 손권이 유비에게 노숙(魯肅)을 파견하다.
209	3월 조조가 초현(譙縣)에 주둔하면서 수군 훈련을 하다. 주유와 조인(曹仁)이 1년간 남군(南郡)에서 대치하다. 결국 조인이 패주하고 주유가 남군태수가 되다.
210	겨울 조조가 동작대(銅爵臺)를 세우다. 이에 조조의 셋째아들 조식(曹植)이 시를 짓다. - 주유가 36세의 나이로 병사하다. - 손권이 유비에게 형주를 임차하다.
211	1월 조비가 오관중랑장(五官中郎將) 겸 부승상에 임명되다 3월 조조가 종요(鍾繇)를 파견해 한중군의 장로(張魯)를 토벌하게 하다. 7월 조조가 서쪽으로 출병해 마초(馬超) 등과 대치하다. 9월 조조가 이간계를 활용해 마초와 한수(韓遂)를 물리치다. - 익주목(益州牧) 유장(劉璋)이 유비와 부현(涪縣)에서 회동을 가지며 장로 토벌을 부탁하다. - 손권이 말릉(秣陵)으로 천도하다.
212	1월 조조가 칼을 차고 신을 신은 채 전각에 오를 수 있는 등의 특권을 허락받다. 10월 조조가 손권을 공격하기 위해 출병하다. 이에 손권이 유비에 구원을 요청하자 유비가 유장에게 각종 군수물자를 요구하다. - 말릉을 건업(建業)으로 개명하다.

213	1월 유수구(濡須口)에서 조조와 손권이 교전하다.
	5월 헌제가 조조를 위공(魏公)에 책봉하고 구석(九錫)을 하사하다.
	겨울 마초가 주변 이민족들을 규합하여 천수(天水)군 일대를 공격하다.
	- 유장의 아들 유순(劉循)이 유비에 맞서 1년 가까이 낙성(雒城)에서 농성하다.

214	1월 조구(趙衢),윤봉(尹奉) 등이 마초의 가족을 살해하다.
	5월 오(吳)의 여몽(呂蒙)과 감녕(甘寧)이 여강(廬江)군 환성(皖城)을 공격하여 함락하다.
	여름 유비가 낙성(雒城)을 함락하고 성도(成都)로 진격하다.
	7월 조조가 손권을 공격하다.
	10월 하후연(夏候淵)이 농서(隴西) 일대를 차지하고 있던 송건(宋建)을 참수하다.
	11월 헌제의 황후 복(伏)씨가 처형되다.
	- 방통(龐統)이 낙성 공격 중 화살에 맞아 전사하다.
	- 장비(張飛),조운(趙雲) 등의 증원병이 강주(江州)를 점령하여 엄안(嚴顏)을 생포하다.
	- 이회(李恢)가 마초를 설득하여 유비에게 투항하게 하다.

215	3월 조조가 장로(張魯)를 정벌하기 위해 출병하다.
	7월 조조가 양평관(陽平關)에 도착하다.
	8월 손권이 합비(合肥)를 포위하여 공격하였으나 장료(張遼) 등이 물리치다.
	11월 장로가 조조에 투항하다. 하후연을 남기고 조조는 귀환하다.
	- 손권과 유비가 상수(湘水)를 경계로 형주 남부를 분할하기로 합의하다.

| 216 | 5월 헌제가 조조의 작위를 위왕(魏王)으로 승격시키다. |
| | - 조조가 유수(濡須)를 공격하다. |

217	1월 조조가 여강군 거소(居巢)현에 주둔하다.
	4월 헌제가 조조에게 천자의 정기(旌旗) 사용 등 여러 의전을 허락하다.
	10월 조비가 위(魏)의 태자로 책봉되다.
	- 오(吳)의 노숙이 사망하다.

| 218 | 1월 태의령(太醫令) 길본(吉本) 등이 허도에서 조조에 반역하다. |
| | 7월 조조가 유비를 공격하기 위해 출병하다. |

219	1월 황충(黃忠)이 정군산(定軍山)에서 하후연을 상대로 대승을 거두다. 하후연이 전사하다.
	3월 조조가 사곡(斜谷)을 통과해 양평관에 도착하다.
	5월 조조가 장안으로 회군하다.

	7월 조인이 번성(樊城)에서 관우에 포위되자 우금(于禁)을 원군으로 파병하다. 8월 한수(漢水)가 범람하며 우금의 군영이 물에 잠기자 서황(徐晃)을 원군으로 파병하다. 12월 반장(潘璋)의 부하 마충(馬忠)이 관우와 관평(關平)을 생포하다. - 조조가 양수(楊修)를 처형하다.
220	1월 관우의 수급이 낙양에 도착하다. 얼마 후 조조가 66세의 나이로 사망하다. 5월 양주(凉州) 여러 군에서 위(魏)에 반기를 들다. 7월 촉(蜀)의 장수 맹달(孟達)이 위(魏)에 투항하다. 10월 헌제가 조비에게 제위를 선양하다. 황초(黃初)로 개원하다. 12월 조비가 낙양에 궁궐을 짓고 행차하다. - 노장 황충이 병사하다.
221	4월 유비가 제위에 등극하며, 연호를 장무(章武)로 정하다. 5월 오의(吳懿)의 여동생 오(吳)씨를 황후에, 유선(劉禪)을 황태자에 책봉하다. 7월 오(吳)에 대한 출병 준비 중 장비가 부하들에게 피살되다. 8월 조비가 손권에게 구석(九錫)을 하사하다. 손권이 우금을 송환하다. - 손권이 악현(鄂縣)으로 도읍하며 무창(武昌)으로 개명하다.
222	6월 이릉(夷陵)에서 육손(陸遜)이 유비가 이끄는 촉군을 대파하다. 9월 위(魏)가 오(吳)를 향한 공격을 시작하다. 12월 한가(漢嘉)태수 황원(黃元)이 유비의 위중함을 듣고 반란을 일으키다. - 손권이 독자 연호 황무(黃武)를 사용하다.
223	3월 조인이 사망하다. 4월 유비가 제갈량에게 태자 유선을 부탁하고 63세의 나이로 사망하다. 5월 성도에서 유선이 17세의 나이로 즉위하다. 건흥(建興)으로 개원하다.
224	봄 촉(蜀)의 관문을 폐쇄하고 백성들을 쉬게 하다. - 손권이 장예(張裔)를 촉(蜀)으로 송환하다.
225	3월 제갈량이 익주 남쪽으로 출병하다. 12월 제갈량이 성도로 귀환하다. - 익주 남부 행정구역을 개편하다.
226	5월 조비가 위독해지자 조예(曹叡)를 황태자에 책봉하다.

227	12월 신성군 태수 맹달이 반역하자 사마의(司馬懿)가 급히 출병해 진압하다.
228	봄 제갈량이 위(魏)를 공격하자 일대 여러 군들이 호응하다. 조예가 장안에 옮겨 머물다. 4월 조예가 낙양으로 환궁하다. 5월 오(吳)의 파양태수 주방(周魴)이 조휴(曹休)를 유인하다. 9월 환현(皖縣),석정(石亭) 인근에서 조휴가 육손에 대패하다. 12월 제갈량이 진창(陳倉)을 포위하였으나 군량 부족으로 철군하다. - 천수군 출신 강유(姜維)가 제갈량에 투항하다. - 요동태수 공손공(公孫恭)이 조카인 공손연(公孫淵)에게 지위를 빼앗기다.
229	6월 촉(蜀)에서 축하사절을 보내자 천하 양분을 약속하다. 겨울 제갈량이 한성(漢城)과 낙성(樂城)을 축조하다. - 손권이 칭제하며 연호를 황룡(黃龍)으로 개정하다. 아울러 손등(孫登)을 황태자에 책봉하다.
230	7월 조진(曹眞)과 사마의가 촉(蜀)을 공격하다. 9월 조진과 사마의가 회군하다.
231	3월 조진이 사망하다. 제갈량이 천수군으로 출병하자 사마의가 방어하다 7월 제갈량이 철군하다. 8월 제갈량이 이엄(李嚴)을 파직하여 유배 보내다.
232	10월 요동태수 공손연이 손권에게 사자를 보내 번신을 자청하다. - 제갈량이 목우(木牛)와 유마(流馬)를 완성하다.
233	3월 손권이 바닷길로 공손연에게 예물과 사자를 보냈으나 공손연이 이들을 참수하다. 12월 공손연이 손권의 사자를 참수한 후 그 수급을 낙양으로 보내다. 겨울 제갈량이 사곡구로 군량을 운반하며 군량 창고를 짓다. - 위(魏)의 연호를 태화(太和)에서 청룡(靑龍)으로 개정하다.
234	3월 헌제가 사망하다. 4월 제갈량이 사곡을 따라 출병하다. 5월 손권이 신성(新城)으로 출병하다. 8월 제갈량이 오장원에서 병사하며 촉군이 철군하다.
235	봄 대장군 사마의가 태위(太尉)가 되다. 4월 촉(蜀)의 장완(蔣琬)이 대장군에 임명되다.

236	오(吳)의 중신 장소(張昭)가 사망하다.
237	가을 공손연이 연왕(燕王)으로 자립하며 독자 연호를 사용하다.
238	1월 사마의가 요동으로 출병하다. 8월 사마의가 공손연을 양평현에서 포위하여 대파, 공손연을 참수하다. - 오(吳)의 교사(校事) 여일(呂壹)이 처형되다.
239	1월 조예가 36세의 나이로 사망하다. 조방(曹芳)이 황태자에 책립되고 당일 즉위하다.
240	4월 위(魏)의 거기장군 황권(黃權)이 사망하다.
241	5월 오(吳)의 주연(朱然)이 번성을 포위하자 사마의가 방어하다. - 오의 태자 손등(孫登)과 중신 제갈근(諸葛瑾)이 사망하다.
242	1월 손화(孫和)가 태자에 책립되다.
243	11월 비의(費禕)가 대장군에 임명되다.
244	2월 조상(曹爽)이 촉(蜀)의 한중군을 공격하자 왕평(王平)이 흥세(興勢)에서 방어하다. 4월 조상이 회군하다.
245	- 촉의 황태후 오(吳)씨가 사망하다.
246	2월 유주자사 관구검(毌丘儉)이 고구려를 공격하다. 11월 장완이 사망하다. - 촉의 시중(侍中) 동윤(董允)이 사망하자 환관 황호(黃皓)가 정사에 간여하기 시작하다.
247	강유가 문산(汶山)군 일대 이민족들의 봉기를 진압하다.
248	사마의가 흡사 풍병에 걸린 것처럼 연기를 하며 조상(曹爽)을 방심하게 만들다.
249	1월 고평릉(高平陵)의 변이 일어나다. 조상 등이 숙청되고 사마의가 정권을 잡다. 위(魏)의 우장군 하후패(夏候霸)가 촉(蜀)에 투항하다.
250	8월 손권이 태자 손화를 폐하다. 11월 손권의 막내아들 손량(孫亮)이 태자에 책립되다. 12월 위(魏)의 장군 왕창(王昶)이 장강을 건너 오(吳)를 급습하다.

| 251 | 4월 위(魏)의 태위(太尉) 왕릉(王淩)이 반역하자 사마의가 진압하다. |
| | 8월 사마의가 73세의 나이로 사망하다. |

252	1월 사마사(司馬師)가 대장군에 임명되다.
	4월 손권이 71세의 나이로 사망하다.
	12월 오(吳)의 대장군 제갈각(諸葛恪)이 동흥(東興)에서 위군을 격파하다.

253	1월 촉(蜀)의 대장군 비의가 피살되다.
	4월 오(吳)의 제갈각이 신성(新城)을 포위하다. 전염병으로 사상자가 속출하다.
	7월 제갈각이 철군을 결정하다.
	10월 손준(孫峻)이 제갈각을 주살하다.

254	2월 위(魏)의 장집(張緝),이풍(李豐) 등이 하후현(夏侯玄)을 대장군에 임명하려 모의하다 주살되다.
	3월 장집의 딸 황후 장(張)씨가 폐출되다.
	9월 조방이 폐위되고 조모(曹髦)를 옹립하다.

255	1월 관구검과 문흠(文欽)이 반역을 일으키자 대장군 사마사(司馬師)가 토벌하다. 얼마 후 사마사가 허창에서 병사하다.
	2월 사마사의 동생 사마소(司馬昭)가 대장군이 되다.
	8월 강유가 조서(洮西)에서 옹주자사 왕경(王經)을 대파하다.
	11월 위(魏)의 조정에서 농산 일대 여러 군에 대해 사면령을 내리다.
	- 오(吳)의 손준이 수춘성을 공격하자 제갈탄이 방어하다.

256	7월 위(魏)의 등애(鄧艾)가 상규(上邽)현에서 강유를 대파하다.
	9월 오(吳)의 손준이 갑작스레 병사하다.
	11월 손준의 사촌동생 손침(孫綝)이 대장군에 임명되다.

257	4월 위(魏)의 제갈탄(諸葛誕)이 수춘에서 반역을 일으키다.
	6월 오(吳)에서 제갈탄에게 원군을 보내다.
	9월 오의 손침이 장군 주이(朱異)를 처형하다.

258	2월 사마소가 수춘성을 함락하며 제갈탄이 전사하다.
	10월 손휴(孫休)가 즉위하다.
	12월 손휴가 손침을 주살하다.

259	6월 위(魏)의 왕창(王昶)이 사망하다.
260	5월 조모가 피살되다. 6월 조환(曹奐)이 즉위하다.
261	조환이 사마소에게 구석(九錫)을 여러 차례 하사하지만 매번 사양하다.
262	10월 강유가 조양(洮陽)을 공격하자 등애가 방어하여 후화(候和)에서 강유를 격파하다.
263	5월 위(魏)의 등애,종회(鍾會) 등이 촉(蜀)으로 출병하다. 11월 유선이 등애에게 투항하다.
264	1월 등애가 낙양으로 압송 중 피살되다. 2월 유선이 안락공(安樂公)에 봉해지다. 5월 사마의를 선왕(宣王), 사마사를 경왕(景王)에 추존하다. 7월 오(吳)의 손휴가 30세의 나이로 사망하다. 8월 손화의 아들 손호(孫皓)가 즉위하다. 10월 사마염(司馬炎)이 진(晉)의 세자로 책립되다.
265	8월 사마소가 사망하자 사마염이 작위와 관직을 계승하다. 12월 조환이 사마염에게 제위를 선양하다.
266	1월 오(吳)에서 사마소에 대한 조문 사절을 파견하다. 12월 손호가 무창에서 건업으로 환도하다.
267	1월 사마충(司馬衷)이 태자로 책봉되다.
268	11월 오의 정봉(丁奉)과 제갈정(諸葛靚)이 합비를 공격했지만 패퇴하다.
269	2월 옹주(雍州)와 양주(涼州) 일대를 재편하여 진주(秦州)를 설치하고 호열(胡烈)을 자사로 임명하다.
270	6월 진주자사 호열이 선비족과의 전투에서 패하여 전사하다.
271	8월 익주 남부 4군을 분리하여 영주(寧州)를 설치하다. - 안락공 유선이 사망하다.

272	8월 서릉(西陵)도독 보천(步闡)이 진(晉)에 투항하다. 진의 양호(羊祜)가 구원 출병하지만 오의 육항(陸抗)이 보천을 생포하다.
273	3월 육항이 대사마에 임명되다.
274	여름 육항이 서릉의 중요성을 아뢰는 상소를 올리다. 가을 육항이 사망하다.
275	12월 낙양에 역병이 창궐하다.
276	10월 양호가 상소를 올려 오(吳)를 정벌할 것을 청하다. - 손호가 회계태수 차준(車浚) 등을 처형하다.
277	5월 오의 장수 소의(邵顗)와 하상(夏祥)이 무리 7천여명을 이끌고 진에 투항하다.
278	11월 양호가 병사하기 전 두예(杜預)를 천거하다. - 오의 중신 화핵(華覈)이 사망하다.
279	여름 교주에서 곽마(郭馬)가 반란을 일으키다. 8월 손호가 곽마를 토벌하기 위해 병력을 보내다. 11월 진의 사마주(司馬伷),두예(杜預),왕준(王濬) 등이 오에 대한 공격을 시작하다.
280	3월 오의 신하들이 간신 잠혼(岑昏)을 처형할 것을 청원하다. 왕준이 가장 먼저 건업에 입성하자 손호가 왕준에게 투항하다. 5월 손호가 낙양에 도착하다.

참고 문헌

사기(史記). 사마천. 신동준 역. 위즈덤하우스. 고양. 2015

춘추좌전(春秋左傳). 좌구명. 신동준 역. 인간사랑. 서울. 2017

춘추좌전(春秋左傳). 좌구명. 신동준 역. 한길사. 파주. 2006

춘추좌씨전(春秋左氏傳). 권오돈 역해. 홍신문화사. 서울. 2014

국어(國語). 좌구명. 신동준 역. 인간사랑. 일산. 2017.

전국책(戰國策). 유향. 이상옥 역. 명문당. 서울. 2000

전국책(戰國策). 유향. 신동준 역. 인간사랑. 고양. 2004

자치통감(資治通鑑). 사마광. 권중달 역. 삼화. 서울. 2018

자치통감(資治通鑑). 사마광. 권중달 역. 삼화. 서울. 2007

오월춘추(吳越春秋). 조엽. 이명화 역주. 일조각. 서울. 2009

시경(詩經). 심영환 역. 홍익출판사. 서울. 2011

신완역 시경(詩經). 김학주 역저. 명문당. 서울. 2018.

서경(書經). 권용호 역주. 학고방. 고양. 2019

원본주역(原本周易). 학민문화사. 대전. 1996

논어(論語). 이기석,한백우 역석. 홍신문화사. 서울. 1993

예기(禮記). 경인문화사. 서울. 1983

예기(禮記). 이상옥 역. 명문당. 서울. 2003

맹자(孟子). 김문해 역해. 일신서적. 서울. 1994

맹자집주(孟子集注). 성백효 역주. 전통문화연구회. 서울. 2006

효경(孝經). 증자. 임동석 역주. 동서문화사. 서울. 2009

안자춘추(晏子春秋). 임동석 역주. 동문선. 서울. 1997

관자(管子). 김필수 외 역. 소나무. 서울. 2007

여씨춘추(呂氏春秋). 김근 역. 민음사. 서울. 1995

한비자(韓非子). 성동호 역해. 홍신문화사. 서울. 1998

한비자(韓非子). 허문순 역. 일신서적. 서울. 1994

손자병법(孫子兵法). 손무. 유동환 역. 홍익출판사. 서울. 2011

천자문(千字文). 주흥사. 임종욱 역. 나무아래사람. 서울. 2003

천자문(千字文). 주흥사. 정석용 역. 이화문화출판사. 서울. 2019

세설신어(世說新語). 유의경. 임동석 역. 동서문화사. 서울. 2011

세설신어(世說新語). 유의경. 안길환 역. 명문당. 서울. 2012

산해경(山海經). 정재서 역주. 민음사. 서울 2010

설원(說苑). 유향. 임동석 역. 동문선. 서울. 1997

습유기(拾遺記). 김영지 역. 한국학술정보. 파주. 2007

순자(荀子). 최대림 역해. 홍신문화사. 서울. 2009

도덕경(道德經). 노태준 역. 홍신문화사. 서울. 2007

장자(莊子). 최효선 역해. 고려원. 서울. 1997

장자(莊子). 신동준 역. 올재. 서울. 2015

공손룡자(公孫龍子). 공손룡. 염정삼 번역. 서울대학교출판문화원. 서울. 2018.

논형(論衡). 왕충. 이주행 역. 소나무. 서울. 1996

논형교감(論衡校勘). 왕충. 성기옥 교감. 동아일보사. 서울. 2016

법언(法言). 양웅. 이준역 해역. 자유문고. 서울. 2015

유양잡조(酉陽雜俎). 단성식 저. 정환국 역. 소명출판. 서울. 2011

몽구(夢求). 이한. 임종욱 역. 나무 아래 사람. 서울. 2002

몽구(夢求). 이한. 권오석 역. 홍신출판사. 서울. 1998

조자건집(曹子建集). 조식. 이치수,박세욱 역. 소명출판. 서울. 2010

정본완역 소동파시집. 류종목 역주. 서울대학교출판문화원. 서울. 2012

삼국지(三國志). 박종화 역. 어문각. 서울. 1997

삼국연의(三國演義). 삼민서국. 타이베이. 2017

삼국연의(三國演義). 모종강 평론. 박기봉 역주. 비봉출판사. 서울. 2014

삼국연의(三國演義). 나관중. 박을수 역주. 보고사. 파주. 2016

삼국지(三國志). 나관중. 송도진 역. 글항아리. 파주. 2019

정사 삼국지(正史 三國志). 진수. 진기환 역. 명문당. 서울. 2019

정사 삼국지(正史 三國志). 진수. 김원중 역. 휴머니스트. 서울 2018

한서(漢書). 반고. 이한우 역. 21세기북스. 파부. 2020

한서열전(漢書列傳). 반고. 홍대표 역. 범우사. 서울. 2003

후한서(後漢書). 범엽. 진기환 역. 명문당. 서울. 2018

동관한기(東觀漢記). 반고 등. 상무인서관. 중국. 1937

진서(晉書). 방현령. 중화서국. 북경. 1997

신오대사(新五代史). 구양수. 한어대사전출판사. 상해. 2004

삼국지 100년 도감. 바운드. 전경아 역. 이다미디어. 서울. 2018

속물들이 빚어낸 어둠의 역사-중국 오대십국의 역사. 짜오지엔민. 곽복선 역. 신아사. 서울. 2019

전쟁사 문명사 세계사2. 허진모. 미래문화사. 고양. 2020

고사성어로 읽는 춘추좌전. 최종례 편저. 현음사. 서울. 2004

고사성어 대사전. 해동한자어문회. 아이템북스. 서울. 2014

삼국지 고사성어사전. 진기환. 명문당. 서울. 2001

이야기 고사성어. 미리내공방. 정민미디어. 서울. 2000

고사성어 사전. 교학사출판부. 교학사. 서울. 2000

역주 삼국연의 성어용례사전. 박을수. 파주. 보고사. 2016

한한대자전. 민중서림편집국. 민중서림. 서울. 2003

한한대사전. 장삼식 편. 교육도서. 서울. 1993

설문해자주(說文解字注). 허신. 단옥재 주. 대성문화사. 서울. 1992

한의학사전. 한의학사전 편찬위원회 편. 정담. 서울. 1998

동아 새국어사전. 이기문 감수. 동아출판. 서울. 2018

참고 싸이트 中國哲學書電子化計劃 (https://ctext.org)